KB127048

AI시대
가치있는 것들

목 차

1부 자유민주주의 동맹

3부 공공부문 자유화

4부 교육·언론 자유화

AI시대의 한국 자유민주주의 갈림길

  2020년은 한국의 역사에서나 세계사적으로 매우 중요한 해였다. 2019년 12월 모습을 드러낸 코로나19 팬데믹이 전 세계를 강타했다. 세계는 국경을 닫고 사람의 이동을 제한했다. 항공업과 여행업을 비롯한 서비스업이 큰 충격을 받았고, 자동차 석유화학 등의 제조업까지, 모든 산업이 영향을 받았다. 수많은 자영업자들이 자신의 상점을 닫았다. 통신과 물류의 유통만 남긴 세계는 헨리 키신저(Henry Kissinger) 전 미국 국무장관의 말대로 '과거의 성곽사회'로 돌아간 듯한 모습을 연출했다. 물론 겉으로는 부족사회인 것 같았지만, 온라인(사이버) 세계는 더 활발하게 움직였다. 디지털 기술을 통해 재택근무, 화상 회의, 온라인 수업, 온라인 쇼핑, 원격 의료를 일상화함으로서 '디지털 전환(Digital Transformation)'을 앞당겼다는 평가를 받았다.

  한편으로는 미국과 중국의 패권 전쟁이 더욱 가열됐다. 경제와 첨단 기술을 중심으로 벌어지고 있는 두 국가의 충돌은 남중국해를 비롯한 인도 태평양 지역의 지정학적 긴장으로 확대되었다. 이런 가운데 2017년 등장한 미국의 트럼프 대통령은 '미국 우선주의'를 내걸고 자국 중심의 포퓰리즘 질서를 추구했다. 그러나 4년 뒤인 2021년에 집권한 바이든 대통령은 '동맹과 민주주의 가치'를 중시하고 미국의 글로벌 리더십을 복원하는 방향으로 선회하면서 국제질서를 복원했다.

국내에서는 2017년 5월 박근혜 대통령 탄핵으로 앞당겨진 대통령 선거에서 승리한 문재인 정권이 등장하고, 2020년 4월 15일 총선거에서 집권당이 압승을 거두었다. 총선 몇 개월 전만 하더라도 소득주도성장, 탈원전, 대북정책, 조국 사태 등 정권의 실정이 집권당에 부정적으로 작용할 것이라는 예상이 많았다. 그러나 코로나19 국면이 전개되고, 야당의 공천 잡음 등이 이어지며 우파가 참패하고야 말았다. 총선거에서 승리한 좌파 집권당은 토지공개념, 이익공유제와 같은 사회주의 정책을 본격화했다. 2020년 12월에는 공수처법을 비롯하여 경제 3법, 노동 3법, 중대재해기업처벌법, 5·18 역사왜곡처벌법, 대북전단금지법 등 정치·경제·사회의 자유를 제한하고, 사회주의적인 법들을 무더기로 통과시켰다.

지금 대한민국은 국내외적으로 매우 중요한 시기를 지나고 있다. 그 정도는 구한말 조선이 멸망하던 시기나, 해방 이후 한국의 운명을 결정지은 시기에 못지않다. 아니, 그 보다 더욱 심각한 수준이다. 그때 한국은 세계에서 가장 가난한 나라의 하나였고, 존재감도 없었으며, 세계사의 변혁기에 혼란을 겪었었다. 지도자들은 세계정세에 무지했고, 성리학 세계관에 갇혀있었다. 중국(청나라), 러시아, 일본의 각축전 속에 결국 전쟁에서 중국과 러시아를 이긴 일본의 식민 지배를 받았다. 그러나 독립 후 한국이 자유민주주의 진영에서서 이제는 세계 10위권의 선진국으로 올라서고 5천 년 역사상 처음으로 인류와 세계에 존재감을 드러내게 되었다. 그런데 벌써 하락의 길로 접어든 것일까? 한국은 세계의 역사에서 효력을 다한 공개념이니 공유제 등 금지가 난무하는 혼란에 빠져있다. 각종 여론에서 한국을 전체주의 히틀러 나치 정권과 비교하는 것을 많이 볼수 있을 정도가 되었다.

이런 상황에서 무엇을 할 것인가?

이미 많은 사람들은 자유 대한민국이 위기에 처해 있으며, 추락하고 있는 이 상황을 다시 반등시키는 것이 시급하다고 생각하고, 글과 동영상을 통해 정보를 제공하며 공감대를 확산하고 있다. 특히 코로나19 사태를 계기로 기존의 사회 시스템이 취약하고 우리 사회의 많은 것이 노후화 되고 있다는 것을 그래서 새로운 거버넌스가 필요하다는 목소리가 높았다.

필자 역시 그러한 시대적 요구에 공감하며, 새로운 거버넌스의 기준으로는 세계가 공감하는 방향이어야 하고, 국민들이 자유로운 삶을 영위할 수 있으면서도 인류의 발전에 기여하고 미래를 내다보는 것이어야 한다고 생각했다. 이를 위해서는 과거와 현재로부터 지혜를 얻고 미래의 비전을 다양하게 검토하는 지난한 과정이 필요하다. 그래서 미래의 비전을 향해 노력하는 현재가 원인이 되어 그 결과로서 과거를 재구성하고 지혜를 얻을 수 있다. 필자는 한국을 선진국의 하나로 만든 가장 중요한 원동력은 무엇이고, 그 연장선상에서 어떻게 한국의 미래를 전망할 것인가를 중심으로 오랫동안 생각을 가다듬었다. 그 답을 내리기는 쉽지 않으며 결코 단일하지 않다. 그러나 한 가지 분명한 것은 한국이 자유민주주의를 선택한 덕분이다. 자유민주주의 세계 질서에 편입하여 자유 시장경제를 선택하고 세계와 더불어 무역하고 교류한 결과다. 같은 출발선에서 시작한 북한이 봉건 왕조적이고 폐쇄적인 사회주의를 택한 결과를 보는 것 이상의 무슨 설명이 필요한가?

물론 자유민주주의가 완벽한 것은 아니다. 자유민주주의 국가에서도 권위주의가 득세하고, 사회의 양극화가 나타나는 문제가 있다. 포퓰리즘이 판치는 토양을 만들기도 한다. 게다가 코로나19 사태를 맞아 권위주의 국가들이 잘 대처하고, 자유민주주의 국가들이 대처하지 못했다는 주장이 나오기도 했다. 물론 이것은 단편적인 면만 본 것으로 드러났다. 폐쇄적이고 억압적인 국가들이 국민을 통제함으로써 초기에 잠깐 효과가 있는 것처럼 보였지만, 결국 민주주의적인 복원의 과정을 거친 국가들이 잘 대응한 것으로 밝혀졌다. 코로나19에 대한 데이터를 개방하고 과학에 의해 대처 방안을 판단하고 실행하며, 백신을 연구하고 준비하여 국민들에게 백신을 접종하고 코로나19 사태를 빠르게 정리한 것은 자유민주주의 국가들이었던 것이다. 시민의 신뢰에 바탕을 두고 투명하고 개방적인 거버넌스가 우위에 있는 것이다.

한국의 미래는 자유민주주의가 제대로 자리 잡도록 하는데 있다.

개인의 자유와 책임으로 사회가 작동하는 기본으로 돌아가야 한다. 이것은 정치적으로는 개인의 자유로운 표현의 자유를 보장하며, 어떤 세력의 일방적인 독주가 아니라 협치, 견제와 균형을 실천하는 것이다. 경제적으로는 자유로운 경제활동과 사유 재산을 보장하는 자유 시장경제로 나타난다. 이미 인류의 역사에서 실패한 것으로 판명난 전체주의나 사회주의를 다시 반복할 필요는 없다.

세계는 AI가 중심이 된 4차 산업혁명을 맞고 있다

인공지능이 우리가 일하고 생활하는 모든 면에서 변화를 가져오고 있다. 인공지능 시대의 디지털 사회, 디지털 경제가 정착되고 있다. 각 나라는 그 과정에서 다양한 변화를 겪고 있다. 한국이 중요한 역할을 한 분야도 있고, 앞으로도 그럴 수 있는 역량이 있는 분야도 있다. 한국은 1, 2차 산업혁명 시기에는 선진국에 뒤졌으나, 3차 산업혁명부터는 빠른 추격자(fast follower)가 되어 디지털 분야에서 앞서는 국가의 하나가 될 수 있었다. 한국은 예전의 산업혁명까지는 주역도 아니었고 제때 참여하지도 못했지만, 4차 산업혁명 시기는 다르다. 세계와 교류하며 과학과 기술을 받아들이고 정보화의 노력을 한 결과 3차 산업혁명을 선도할 수 있는 그룹에 들었다. 인공지능이 사회의 모든 분야에 적용되고, 새로운 질서를 만들어가는 이 때에 한국의 미래도 여기에 있고, 한국이 모범 사례가 되고, 그래서 세계에 기여할 수 있는 기회가 있다.

이를 위해서는 많은 것을 혁신해야 한다. 그런데 혁신은 자유에서 나온다. 따라서 한국의 미래 기초는 자유민주주의의 가치로 인공지능 시대에 대처하는 것이어야 한다.

그런데 2017년에 등장한 문재인 정권은 이 두 개의 가치에 정반대의 길을 걷고 과거로 회귀하였다. 이런 행보에 세계의 주요 국가의 리더들조차 의아해하는 지경에 이르렀다. 이들은 한국의 역사적 후퇴를 보고 이런 질문을 던졌다. "한국이 왜 자살골을 넣으려고 애를 쓰는가?"

여기에 예상하지 못한 코로나19바이러스 사태가 터지고, 총선 결과가 제시되면서 더욱더 통제 위주의 과거로 돌아가며 국가를 위기에 빠뜨렸다. 이를 두고 현 정권과 같은 성향의 정치학자인 최장집 교수조차 문재인 정권의 등장이 진보와 보수의 극단적인 양극화와 민주주의의 위기를 불러왔다고 평가했다. 문 정부가 집권하면서 당·정·청에 유입된 운동권 86세대와 여권 극렬 지지층인 이른바 '문빠' 세력이 한국 민주주의의 후퇴를 가져왔다는 것이다. 그리고 "대통령과 집권 세력이 각종 개혁 요구를 정치적 다원주의 방법으로 수용하고 통합하기보다는, 독점적이고 일방적으로 대응했다"고 평가했다.[1]

그러나 이런 위기에서도 우파 정당인 야당은 자신의 이념과 가치가 무엇인지 모르고, 오히려 좌파에 가까운 행태를 보이며 우왕좌왕하는 모습을 보였다. 좌파 진영과 집권당은 사회주의 이념과 가치를 강력하게 내세우고 사회 전 분야에 걸쳐 사회주의적 변화를 밀어붙이고 있는데, 우파는 이념을 포기하고 마치 아무 일도 없던 것처럼 정치공학에 매몰되는 완전히 잘못된 상황에 빠졌다.

특히 2020년 4월 총선은 그러한 문제가 고스란히 드러난 사태였다. 우파 야당은 자유민주주의를 감추며 오히려 '중도실용'이라는 허황된 개념에 매달렸다. 중도실용이란 좌우의 이념에서 벗어나 실용적인 국가 운영을 하겠다는 명분으로 포장하여 중도의 표심을 잡겠다는 것이다. 2008년 이명박 대통령의 국정철학으로 등장하여 널리 알려졌고, 선거 때마다 우파가 종종 차용하기도 했다. 그러나 2017년 이후 한국에 좌파 정권이 들어선 이후 정치, 경제, 사회 모든 면에서 혁명 수준의 변화를 추진하고 사회주의를 지향하고 있는데, 중도실용을 내세운 것은 그런 방향을 저지하는 것이 아니라 오히려 도와주는 꼴이다. 결국 우파 정당은 중대한 시대의 변화를 인식하지 못하고 기회주의적인 모습을 보임으로써 총선에서 완패당하고 말았다. 특히 30~40대 야당 후보자들 가운데 그런 경우가 많았는데, 이들은 한국이 좌파 사회가 주류가 되었다고 주장하는 프레임에 속수무책으로 넘어갔던 것이다. 가치와 철학을 가지고 한국의 미래를 이야기하며 부동층을 설득해야 할 사람들이 그러한 일을 하지 않은 것이다.

오히려 시민들은 그런 우파 가치의 후퇴, 어정쩡함을 응징했다. 언론인 양선희는 젊은 세대들이 2020년 총선거를 일종의 '성좌의 게임'처럼 보았다고 지적했다. 그들은 우파나 좌파 양 진영에 특별히 더 큰 호감이나 지지 의사 없이, 그저 상대적으로 나아 보이는 쪽을 지지했다는 것이다. 즉 성좌의 게임처럼 서로 죽고 죽이는 살육의 전쟁터가 된 지구를 다른 우주의 성좌들(여러 능력을 갖춘 관객)이 중

계방송으로 보면서 생존자들을 게임 플레이어로 놓고 특정 선수에게 자기 능력치를 빌려주거나 판돈을 걸면서 살육전을 즐기는 것처럼 말이다.[2]

30~40대 한국 사회의 중추 세대는 국민소득 1만 달러를 넘는 시절만 경험한 세대들이다. 수출은 저절로 잘 되고, 자유롭게 해외여행을 다니며, 풍족한 생활을 즐기는데 익숙해 있다. 그런데 다른 한편으로는 한국이 세계 최고의 불평등의 나라라며 평등주의적인 레토릭에 공감하고, 재벌을 규제하면 경제는 잘 돌아갈 것으로 생각하는 가치에 공감하고 있다. 그런데 이런 가치와 레토릭이 개인의 자유와 창의성을 억압하고 개인의 재산권을 빼앗는 길로 간다는 것을 인정하지 않고 있다. 아니, 모르고 있다. 그것은 좌파의 여론 왜곡과 교육에 의해 이루어진 결과다.

우파를 보수, 좌파를 진보라고 부른 것부터 그렇다. 좌파는 진보라는 수사를 독점하여 자신이 진보적이라는 인상을 널리 확산시켰다. 그러면서 보수는 낡은 꼰대이며, 자신들의 안위만을 생각하는 이기주의자들이라는 프레임을 광범위하게 퍼뜨리는데 성공했다. 이것은 완전히 잘못된 것이다. 현실에서는 좌파가 진보적이지 않으며, 오히려 수구적이다. 예컨대 민주노총은 혁신 경제, 기업의 경쟁력, 노동개혁 등 미래지향적인 가치에는 소극적이면서 반시장적인 유연근로제 제한, 과다한 최저임금 인상 요구, 친노동 이념투쟁에는 적극적이다. 오히려 과거에 집착하고 변화를 거부하며 미래를 준비하지 않고 진영 이기주의에 매몰된 민주노총이 수구적인 것이다. "1980년대의 낡은 의식에 머물러 진보하지 않는 좌파 세력, 헌법적 가치에 대한 존경심도 없고 세계사적 흐름이나 시대정신에 역행하는 좌파 세력을 진보라고 부르는 것은 우리가 소중하게 생각하고 피땀 흘리며 살아온 가치에 대한 모욕"이라는 지적은 정확했다.[3] 그런데도 우파는 이런 왜곡된 프레임을 바로 잡으려고 하지도 않고 시민들과 역사의 가치를 소통하지도 않았다. 그저 현상 유지에 안주해온 것이다.

바로 이 지점이 필자가 통감한 과제였다. 한국을 이끌어갈 미래 세대들이 성좌의 게임에서 왜곡된 가치의 문제들을 인식하고, 더 나은 가치에 공감할 수 있게 해야 한다는 것이다.

한국 사회에는 자유가 점점 줄어들고 있다

한국은 국제질서에서도 자유민주주의 진영을 벗어나 사회주의 진영으로 다가가고 있다. 경제는 정권이 직접 개입하고 주도하면서 시장경제의 자유는 실종되었다. 정부와 공공부문 생태계의 조직, 규모는 비대해지고 교육과 언론의 자율성도 무너졌다.

그동안 소홀히 해왔던 자유의 소중한 가치들을 알리고, 무너져가고 있는 정치, 사회, 경제의 모든 영역을 개혁하고 다시 세워야 하는 일은 쉬운 일이 아니다. 티모시 스나이더(Timothy Snyder) 교수는 저서 『폭정』On Tyranny에서 혼란과 위기에 정권이 별다른 견제 없이 포퓰리즘 정책을 펼치기 쉽다는 점을 특히 경계해야 한다고 보았다. '진실의 위기'가 큰 시대에 민주주의는 위기에 취약하다는 식의 사실과 거리가 먼 프로파간다를 조심해야 하며 사실과 현실을 부각함으로써 민주주의의 가치를 다시 세워야 한다고 주장했다.[4)]

또한 우리는 인공지능 시대의 제4차 산업혁명 시대를 제대로 설계하고 실현해야 한다. 그리고 이것을 세계의 가치이자 대한민국을 발전시킨 원동력으로서 자유민주주의 가치에 입각하여 재정의하고 그러한 길에 많은 시민들이 공감하도록 해야 한다. 그렇지 않으면 인공지능은 전체주의와 만나 시민의 자유를 억압하고 국민들을 감시하는 디지털 전체주의를 만들 가능성이 대단히 크다. 그야말로 빅브라더가 온 국민을 감시하고 통제하며 옥죄는 시대가 될 가능성이 큰 것이다. 이미 우리는 중국이 인공지능과 디지털 도구들을 이용해 주민들을 억압하고 있음을 보고 있다. 인공지능 시대가 그러한 방향으로 가지 않도록 하는 것이 우리에게 맡겨진 소명이다.

이 책은 정책 제안서는 아니다. 디지털 사회의 거버넌스를 오랫동안 다루어온 필자가 한국이 5천 년 역사상 처음으로 세계의 주요 국가로 등장한 지 얼마 되지도 않아 추락의 길로 들어선데 대해, 우리가 다시 일어서기 위한 생각과 아이디어를 나누기 위해 저술하였다. 자유민주주의라는 국가 정체성의 가치와 인공지능 시대라는 미래를 기준으로 대한민국이 앞으로 나가야 할 방향에 대한 공감대를 만드는 기초를 제시하고자 했다. 인공지능과 자유민주주의라는 두 키워드로 한국의 여러 분야를 보면 우리의 현재가 보다 선명하게 드러나고 앞으로 무엇을 할 것인가가 또렷하게 떠오를 것으로 생각한다.

마침 2021년 6월, 제1야당의 대표로 '30대' 정치인이 등장했다.

2011년 안철수 현상에 이어 10년 만에 정치 변화의 바램이 '이준석 현상'으로 나타났다. 586세대 경쟁자들을 제치고 당 대표가 된 이준석 현상이 일회성 바람에 머물지 않고 시대 전환의 기폭제가 될 수 있도록 그 내용을 단단하게 채워야 한다. 국민들은 이제 세대교체 뿐 아니라 구태 정치의 청산을 기대하고 있다. 이는 또한 한국 사회의 주역으로서 운동권 세대가 물러나고 디지털 세대가 들어와야 한다는 것을 의미한다. 인공지능 시대를 맞아 사회의 주역이 바뀌어야 하는 것이다. '이준석 현상'이 안철수 현상처럼 사라지지 않고 한국의 정치와 경제, 사회를 혁신하기 위해서도 바로 자유민주주의와 인공지능 시대의 시대 정신을 확립해야 한다.

이 책은 크게 4부로 구성되었다. 1부에서는 한국이 한·미·일 해양 문화권 동맹에 확고한 위상을 갖는 것이 자유와 풍요로운 삶을 누리고 미래를 내다보는 가장 중요한 요인임을 다룬다. 한국은 미국, 유럽, 일본 등 자유민주주의 해양 세력과 함께 함으로서 발전의 길을 걸었다. 그런데 문재인 정권 들어서 정치, 경제, 사회 등에 대한 모든 결정의 근저에 이러한 방향을 포기하고, 중국과 북한을 중심으로 한 변화가 나타났다. 한미동맹과 안보의 약화는 말할 것도 없고, 탈원전과 경제 문제, 여론과 교육 등 한국의 주요 변화는 특히 '북한' 요인에 관련되어 있다. 따라서 자유민주주의 시각으로 세계와 국가를 보는 관점을 갖는 것이 무엇보다도 우선한다고 보았다.

2부에서는 한국이 인공지능 시대의 디지털 경제를 이끌어 나가기 위해서는 시장경제의 자유가 필수적임을 다룬다. 혁신은 자유경제에서 나온다. 국가 주도의 계획 경제 유산을 줄이고 경제의 디지털 전환과 자유시장의 전환으로 4차 산업혁명을 주도해야 한다. 노동을 자유화하고 복지를 현대화해야 한다. 모빌리티, 스마트 팩토리, 바이오 헬스 등의 분야에서 4차 산업혁명을 선도하고 블록체인으로 사회의 신뢰 수준을 높이는 경제 혁신이 필요하다.

3부에서는 한국에서 낙후된 공공부문을 개혁하기 위한 자유화를 다룬다. 견제와 균형의 원리를 회복하고 정치의 현대화와 디지털 전환을 적극 추진해야 한다. 비대해진 정부와 준정부기관의 생태계를 혁신해야 한다. 군대도 인공지능 기반의 전문 직업군으로 개혁해 인구감소 시대에 대처하면서도 안보를 더욱 튼튼히 할 수 있다.

4부에서는 교육과 언론의 혁신을 다룬다. 교육과 언론이야말로 자유와 자율이 핵심이다. 한국의 미래를 위해 이념·역사교육을 바로잡는 일처럼 중요한 것은 없다. 디지털 혁신으로 그러한 변화를 촉진할 수 있다.

개인도, 기업도, 국가도 탄생해서 성장하고, 정점을 찍은 후에는 내려오고, 사라지는 역사를 갖는다는 점에서 공통적이다. 누구도 영원히 살 수도, 영원히 정상을 유지할 수도 없다. 한국이 정점에 오른 시간이 너무나 짧은 것은 아쉽다. 물론 아직도 기회는 남아 있다고 본다. 2020년대의 10년 동안 정치, 경제, 사회의 많은 분야에서 혁신을 해야 추락의 흐름을 멈추고 다시 반등할 수 있을 것이다. 우리는 한국의 현대사에서 가장 중요한 분기점을 맞고 있다.

프롤로그

대한민국은 지난 70년 동안 세계에서 유례를 찾을 수 없이 경제적인 성장을 이루고 민주주의 체제를 정착시켜 왔다. 1948년 8월 건국대통령 이승만이 자유민주주의의 토대를 마련하였다. 1953년 한국전쟁 휴전 이후 한미상호방위조약을 체결하며 미국에 동맹을 제의하여 한국이 미국과 동맹관계를 맺은 것이 오늘날 한국이 자유민주주의의 길을 걷는 기초를 만들었다. 한미동맹은 한반도뿐만 아니라 동아시아의 안정을 가져왔다. 한미상호방위조약은 미국으로서는 아시아 지역에서 대륙 국가와 맺은 최초의 상호방위조약이었고, 한국으로서는 세계의 중심부 제국과 맺은 가장 안정적인 평등한 관계였다. 정치학자 박명림 교수는 이를 "역사적으로 한중, 한일 관계가 위계적이고 종속적이었던 반면, 한미 관계는 한중, 한일 관계보다 대등했고 동시에 안정적이었다"고 평가했다. [5]

1960년대 이후에는 박정희 대통령이 경제 발전을 적극 추진함으로써 한국은 인류 역사상 신생국으로서 가장 빠른 시간에 근대 국가건설에 성공한 사례로 높은 평가를 받았다. 그야말로 산업혁명 수준의 기업육성을 통해 해외시장을 개척하고 중화학공업을 일으켜 성공함으로써 근대 국가건설에 성공한 것이다. 기업육성으로 수출을 일으켜 수출과 내수, 대기업과 중소기업, 제조업과 서비스업 간의 동반성장을 가져왔다. 그리고 새마을운동으로 농촌을 근대화하여 도시와 농촌 간의 동반성장을 이루는데 성공했다. 놀라운 것은 새마을운동이 2020년대에도 여전히 많은 저개발국가의 발전 모델로 활용되고 있을 정도다.

새뮤얼 헌팅턴(Samuel Huntington)은 『문화가 중요하다』*Culture matters* 저서에서 "1990년대 초, 나는 1960년대 당시 한국과 가나의 경제상황이 아주 비슷하다는 사실을 발견하고 깜짝 놀랐다"고 말했다.[6] 한국이 아프리카 가나의 1인당 GNP 수준이 비슷했고, 1차·2차 산업, 서비스 산업의 구조도 비슷한, 세계 최빈국의 하나였던 것이다. 한국은 인적자원, 지하자원, 산업기반 등 모든 것이 부족한 상태에서 출발했다. 그런 한국이 어떻게 달라졌는가? 여기에 대한 답은 여러 가지로 내릴 수 있지만, 가장 중요한 원동력은 한국이 미국, 일본, 유럽 등 자유민주주의 국가 진영에 있었기 때문이다. 한국이 미국의 안보 우산 하에서 미국과 자유민주주의 진영 국가들의 국제 분업 전략에 따라 세계의 제조업 공급망 분야와 해외 건설 등의 분야에 참여하고, 이를 세계 시장을 대상으로 경제 범위를 확대한 결과였던 것이다. 한국 혼자만으로는 이룰 수 없는 성취였다.

그 결과 1990년대 이후 한국은 세계의 발전 모델의 하나로 간주되어 국제 사회에서 널리 인정받아 왔다. 경제가 성장한 결과 그 성과가 정치적, 시민적 자유로 이어져서 민주주의 국가로 자리매김하였으며 더 큰 번영으로 이어졌다. 그리고 세계를 선도하는 분야들이 등장했다. 반도체, 스마트폰, 전자, 조선, 자동차 등의 중요한 경제 영역에도 물론이거니와 음악, 영화, 체육 등의 문화 분야에까지 이르는 전방위적인 성과였다. 1960년대 이후의 한국인은 경제 분야에서, 2000년대의 한국인은 문화 분야에서 놀랄만한 성과를 보여주었다.

시야를 확대해 보면 이것은 세계사적인 차원에서 사회주의(공산주의)가 종말을 고하고 자유주의가 승리한 결과의 하나였다. 그러한 성과는 홍콩/대만 대 중국 본토, 서독과 동독, 한국과 북한의 성과 비교로 총체적으로 드러난 것이다. 자유주의 경제와 정치가 사회주의의 모든 것을 압도한 것을 역사적으로 실증한 것이다. 그리고 이들 성취의 공통점은 개인의 자유가 창의성의 발현으로 나타나고, 통제와 억압이 결국에는 인류 사회에 부정적인 결과를 가져온다는 것을 보여주었다는데 있다. 그래서 프랜시스 후쿠야마(Francis Fukuyama)는 이제 자유주의와 사회주의 간의 치열했던 이데올로기 경쟁이 끝났다는 '역사의 종말'을 선언할 수 있었던 것이다. 그리고 10여 년이 넘게 번영을 구가할 수 있었다.

그러나 곧 역사의 종말은 오지 않았다는 것이 드러났다. 세계는 다시 급변의 시기에 들어섰다. 2008년에는 세계가 금융위기를 맞아 휘청거렸다. 그리고는 소멸했다고 생각했던 전체주의적인 망령이 슬금슬금 기어 올라오고 민주주의를 위협하기 시작했다. 1978년 개혁개방으로 자본주의를 도입한 중국은 저렴한 노동력으로 세계 경제의 글로벌 공급망에 위치하여 경제를 성장시키고는 30년이 지난 2008년 이후에 돌연 패권국가로 등장하였다. 중국의 경제 성장은 전적으로 미국의 대소련 봉쇄 전략에 따른 국제 질서 편입의 결과였다. 그런 중국이 30년 후에는 이것을 깨뜨리고 '중국몽(中國夢)'을 실현하겠다고 나섰다. 그러면서 중국이 내세운 새로운 국제질서는 신냉전으로 부르기에 부족함이 없는 것이었다. 중국은 정보통신기술(ICT)를 더욱 발전시켜 4차 산업혁명의 새로운 양상을 보여주면서 말이다.

따라서 세계적으로 보면, 한편으로는 인터넷과 모바일 등 디지털 기술이 경제, 정치, 사회에 적용되어 4차 산업혁명의 새로운 환경을 맞이하면서, 다른 한편으로는 민주주의가 위기에 빠져드는 모순적인 양상의 변화로 나타났다. 물론 후쿠야마도 10년이 지난 후에는 '역사의 종말' 명제를 철회하였지만, 분명히 세계사적으로도 다시 한번 변화의 시기가 닥쳐왔다.

더욱이 2020년 세계를 강타한 코로나19 사태는 이전의 전염병과는 완전히 다른 양상을 보여주면서, 세계 역사에 또 하나의 분기점이 되기에 충분했다. 2019년 12월 처음 중국 우한에서 신형 코로나바이러스가 발표될 때만 해도 세계는 2003년의 사스(SARS, 중증급성호흡기증후군)나 2015년의 메르스(MERS, 중동호흡기증후군)와 유사할 정도로 생각했었다. 그러나 2020년 2월을 넘어서면서 그 이상이라는 것이 드러났다.

WHO(세계보건기구)는 2020년 3월 11일에 코로나 사태를 팬데믹(Pandemic, 세계적 대유행)으로 선언했다. 3월 13일 미국은 국가비상사태를 선포하였고, 유럽을 비롯한 많은 나라들이 국경을 폐쇄하고, 학교를 비롯해 공공시설을 폐쇄하고, 무역과 경제의 흐름은 중단되었으며, 여행이 중단되는 초유의 상황으로 이어졌다. 국가 내에서도 '사회적 거리두기'라는 새로운 현상이 일상화되어 대면 접촉을 피하고, 직장과 학교는 문을 닫으며, 언택트(untact) 사회를 만들었다.

세계의 언론들은 모두 코로나19 사태가 베를린장벽 붕괴나 2008년 세계 금융위기처럼 세상을 뒤흔드는 사건으로 보았다. 코로나19 사태가 1918~1919년 스페인 독감, 1930~1940년대 세계경제 대공황, 2001년 9·11테러보다 세계 정치 경제에 더 큰 파장을 몰고 올 것으로 보았다. 그리고 그러한 예측은 맞아떨어졌다.

코로나19 사태가 가져올 세계적 파장에 대해 초기에는 '근본적 변화론'과 '일시적 변화론'으로 의견이 나뉘어 있었으나, 곧 근본적인 변화라는 것으로 의견이 모아졌다. 앞으로 탈세계화(deglobalization)와 자국 중심주의가 본격화될 것으로 보았다. 지금까지 글로벌 기업들은 재고를 줄이고 생산 효율을 높이는 '저스트 인 타임' 방식의 공급망을 전 세계에 구축해 왔다. 그러나 코로나19 사태로 생산 거점을 자국 안으로 옮기는 등 공급망을 재구축하는 변화가 나타난다는 것이다.[7]

심지어 일부에서는 서양이 지배해왔던 세계 질서가 무너졌다는 '서양우월주의의 종언'을 주장하기도 했다. 미국의 사태 수습 실패, 영국, 독일, 프랑스, 이탈리아 등 선진국의 대처 실패가 한국, 대만 등의 사태 수습과 비교된다는 것이었다. 여기에 민족주의, 강대국 간 경쟁, 전략적 결별(decoupling) 등이 강화될 것으로 전망했다.

그런데 인류의 역사가 세계화와 반세계화의 파동을 거쳐 왔음을 보여주고 있음을 본다면, 탈세계화로 돌아가기는 어렵고, 결국 새로운 세계화를 모색하게 될 것이다. 이번 코로나19 사태를 통해서도 문제점이 나타나기는 했지만, 새로운 글로벌 연결과 소통이 필요하게 되었다는 것을 알 수 있다. 그것은 글로벌 R&D, 공급망 등이 재편되면서 새로운 세계화가 등장하는 양상으로 전개되고 있다. 특히 새로운 세계화의 방향이 자유민주주의 진영과 사회주의 진영으로 다시 나뉘어지는 것이 핵심이다. 중국을 연결고리로 공급망을 구성했던 세계가 해체되고, 새로운 공급망으로 연결된 세계화가 등장하고 있는 것이다.

예컨대 중국의 통신장비 업체인 화웨이의 퇴출을 둘러싸고 미국, 영국, 일본은 민주주의 기술 동맹을 추진하고 있다. 미국은 일본, 유럽과 '민주주의 10'이나 '경제번영네트워크(EPN)'등과 같은 프로그램으로 공동의 모색을 하고 있다. 반면에 중국은 '일대일로(一帶一路, 육상·해상 실크로드)' 프로그램으로 아시아와 아프리카, 유럽 국가들과 관계를 증진하고 있다. 세계화의 구조가 재구성되고 있는 것이다.

또한 코로나19는 재택근무, 재택교육, 재택회의 등을 통해 디지털 전환을 크게 앞당겼다. 이것은 디지털 사회를 앞당기는 계기로 작용하고 있다. 따라서 코로나19는 한편으로는 위기를 가져왔지만 다른 한편에서는 새로운 기회를 창출하는 계기가 되었다.

그래서 세계의 역사가 '코로나 이전(BC, Before Corona)'과 '코로나 이후(AC, After Corona)' 시대로 확연하게 달라질 것이라는 전망이 나왔다. 뉴노멀(New Normal) 시대를 맞고 있는 것이다.

이런 상황에서 치러진 한국의 21대 총선에서는 좌파 집권당이 압승을 거두었다. 총선 지역구 선거에서 좌파 집권당이 161석, 우파 야당은 그 절반가량인 83석을 얻은 것이다. 이러한 결과에 대해 우파의 몰락을 이야기하고, 한국 사회가 이제 좌파가 주류가 되었다는 주류 교체론까지 등장했다. 한국이 좌파 국가가 되었다는 이야기다! 그런데 사실 전국 253개 지역구 총 득표율은 민주당이 49.9%, 통합당이 41.4%로 8.5%포인트 차이밖에 나지 않았다. 많은 경합지역에서 민주당 후보가 근소한 표 차로 승리해 이런 현상이 벌어진 것이다. 민주당 지지표가 모두 좌파 이념의 지지인지, 우파에 대한 실망의 반작용인지에 대해서는 불확실하다.

물론 코로나19 사태로 정치, 경제 이슈가 실종되고, 우파가 유권자의 마음을 온전히 끌어들이는데 실패한 것은 사실이다. 총선의 결과를 통해 더욱 분명해진 것은 자유 우파의 가치가 실종되었다는 데 있었다. 야당인 미래통합당이 선거를 불과 두 달 남겨놓고 급조되었으나, 통합당이 내건 반문 연대는 가치와 철학이 없는 조직이었다. 우파가 보다 확실하게 자신의 가치와 철학을 알리지 못한 것이 가장 커다란 이유였던 것이다.

4차 산업혁명

세계는 4차 산업혁명의 길로 들어섰다. 컴퓨팅 파워의 발전과 인터넷 확산, 스마트폰의 보급, 뇌과학의 발전 등의 여건들이 결합되면서 인공지능 발전의 돌파구가 열렸다. 2016년에 인공지능 바둑 프로그램 알파고가 인간 바둑 최고수 중의 한 명인 이세돌을 물리치고 기계가 인간의 지능을 넘어설 수 있음을 보여 주었다. 이제는 인공지능의 알고리즘이 빠르게 우리의 삶에 들어오기 시작했다. 우리가 무엇을 보고 듣는지를 지켜보면서 우리의 관심사를 세세하게 반영해 인간의 삶 구석구석에 영향을 주고 있다. 이미 음악과 동영상 등의 미디어 분야에서 알고리즘의 추천과 유통이 크게 활용되고 있으며 금융, 자율주행 자동차 등에도 폭넓게 인공지능이 활용되고 있다. 지능을 가진 소프트웨어가 우리의 의사결정을 지원하고 경제 활동과 정치 등에 관여하는 폭이 넓어지고 있다. 지금까지 인간의 육체적 한계를 극복해 온 산업혁명과는 차원이 다른, 정신적 한계를 넘어서는 새로운 산업혁명이 시작된 것이다.

4차 산업혁명은 '지능'과 '연결'을 키워드로 일어나는 새로운 산업혁명이다. 인간과 사물을 포함한 모든 것들이 연결되는 사물인터넷 시대가 되고, 빅데이터가 산출되며, 이것을 처리 활용하는 인공지능이 발전하고 현실 세계는 가상현실과 새롭게 연결된다. 공유를 기반으로 새로운 경제가 등장하는 한편, 기존 산업을 혁신하는 패러다임 변화가 일어난다.

인공지능이 최근 등장한 것은 아니다. 인공지능의 역사는 오래됐으며 그동안 실패를 거듭해 왔다. 그런데 최근 인공지능 분야에 놀라운 돌파구가 마련되면서 인공지능은 미래의 일이 아니라 현실이 된 것이다. 그것은 빅데이터의 출현과 기계 스스로가 학습할 수 있는 '딥러닝' 알고리즘의 개발 덕분이다. 인터넷과 모바일은 텍스트, 동영상, 음성 등 엄청난 양의 데이터를 만들고 있는데, 예전에는 이런 데이터들을 분석할 수 있는 도구가 없었다. 그러나 스마트 기기들이 등장하고 딥러닝이 개발되는 등의 조건이 갖추어지면서 인공지능이 현실화되기에 이른 것이다. 인공지능의 발전으로 우리는 좀 더 스마트한 삶을 영위할 수 있다. 반면에 인공지능의 발전으로, 인공지능에게 인간의 일을 빼앗기는 것은 아닌지, 인공지능에 의해 인류가 지배당하는 것은 아닌지에 대한 우려도 제기됐다. 심지어는 인간의 정신과 신체의 기계화 정도에 따라 인간이 다양한 종(種)으로 분화하는 것 아니냐는 우려가 등장하기도 한다. 물론 이러한 우려는 아직 시기상조다.

역사적으로 산업혁명이 진행되어 새로운 기술이 등장할 때마다 그런 우려가 있었다. 1차 산업혁명기에 방직 기계를 부순 러다이트 운동(Luddite)은 말할 것도 없고, 자동차가 등장하자 마차 관련 종사자들이 자동차를 부수고, 급기야는 자동차를 마차처럼 생각해서 3명이 운전에 종사하게 하는 법까지 제정되어 기존 일자리를 빼앗기지 않도록 저항했다. 그러나 우리는 이제 이러한 저항이 얼마나 어리석고 시대착오적인지 안다. 자동차는 마차와 비교할 수 없을 정도의 일자리를 만들었다. 2차 산업혁명기때도 마찬가지였다. 전기, 기계산업은 그 전에는 없던 무궁무진한 일자리를 만들었던 것이다.

3차 산업혁명기인 인터넷 시대는 또 어떤가? 인터넷이 가져다준 새로운 온라인 산업의 성장으로 또 수많은 일자리를 만들어 냈다. 동네 상점 일자리는 줄었지만 그 규모는 온라인 쇼핑이 만들어준 일자리에 비교할 수 없다. 우리는 4차 산업혁명에 대해서도 같은 전망을 할 수 있다. 마침 세계경제포럼(World Economic Forum)은 새로운 미래 기술의 수요 증가가 다른 역할의 수요 감소를 보상할 것으로 보고, 500만 개의 일자리가 사라지겠지만, 1억 3,300만 개의 일자리가 새로 생겨날 것으로 전망했다. 그리고 물론 지금은 없는 분야의 일자리들이 생겨날 것으로 본다. 예컨대 데이터 분석가, 소프트웨어 개발자, 인공지능, 디지털 전환, 뱅킹, 보안, 3D프린트, 개인정보, 바이오헬스 전문가들이 필요한 것이다.

한국은 때마침 4차 산업혁명을 선도할 좋은 위치에 있었다. 디지털 인프라가 발달되어 있고, 한국 사회에 그러한 수요와 의지가 있었다. 그런데 이것만으로는 부족했다. 이미 기존의 성공 경로가 자리 잡고 있는 터여서 경제의 변화, 사회와 문화, 교육 등의 전 영역에서 혁신이 함께 뒷받침될 필요가 있었다. 이것은 기존에 1, 2차 산업혁명을 열심히 쫓아가는데 성공한 한국의 제도와 관행, 문화를 완전히 바꾸어야 하는 과제였다. 그 과제를 해결하는 것은 쉽지 않은 일이다.

그러나 2017년 좌파 정권이 등장하면서 이념과 과거로 돌아간 국정 운영으로 이러한 기회를 놓치고 말았다. 그러다 2020년 이후 코로나19 사태로 재택근무, 재택 수업 등 온라인 환경이 필수적이 되면서 다시 한번 반전의 기회를 맞았다. 물론 코로나19 사태는 개인과 기업 등의 자유를 제한하는 조치들로 인해 어려움을 더욱 가중시키는 요인이 되기도 했다.

민주주의의 위기

세계는 불확실성을 높여가는 가운데 세계적으로 포퓰리즘이 등장하고 민주주의의 위기가 나타났다.

2017년 1월 미국에서 트럼프 대통령이 등장한 것은 미국이 이 시대의 패권 국가로서 세계 질서를 주도해 온 흐름을 바꾸는 중대한 변화였다. 트럼프 대통령은 '미국 우선주의(America First)'라는 비전을 제시하고, 무역과 세금, 이민정책, 외교 문제에 대한 모든 의사결정을 미국인 근로자와 미국인 가정의 이익을 위해 할 것이라고 주장했다.

그러면서 트럼프 대통령은 이민자, 인종간 갈등을 부추기면서 집권 4년 동안 미국 사회의 분열을 조장하고, 저학력 저소득 백인 남성 중심의 핵심 지지층을 중심으로 한 포퓰리즘 정치를 했다.

2017년 3월 영국은 유럽연합(EU) 탈퇴를 공식적으로 통보하였고, 3년 동안 EU와의 협상을 거쳐 2020년 12월 31일 EU를 공식적으로 탈퇴했다. EU 탈퇴 결정은 2016년 6월 실시된 브렉시트(Brexit) 국민투표의 결과에 따른 것이다. 브렉시트 여론은 2008년 글로벌 경제위기로 촉발된 유럽 재정위기가 계기가 됐다. EU의 재정 악화가 심화되자 영국이 내야 할 EU 분담금 부담이 커졌고, 이에 영국 보수당을 중심으로 EU 잔류 반대 움직임이 확산되었다. 여기에 영국으로 들어오는 취업 이민자가 크게 증가하고, 특히 2015년 말 시리아 등으로부터의 난민 유입이 계속되자 EU 탈퇴를 요구하는 움직임은 가속화됐다. 결국 2015년 데이비드 캐머런(David Cameron) 영국 총리가 브렉시트 국민투표를 총선 공약으로 내걸었는데, 그 국민투표에서 52%의 찬성으로 영국의 EU 탈퇴, 브렉시트가 결정된 것이다. 그리고 마침내 2020년 12월 31일을 기해서 영국은 EU를 탈퇴했다.

2017년 5월 프랑스에서는 마크롱(Emmanuel Macron) 대통령이 취임했다. 마크롱 정권은 기존의 거대 양당이었던 사회당이나 공화당 소속이 아닌 비주류 정권으로 등장했다. 이는 1958년 프랑스 제5공화국 출범 이후 60여 년 만에 처음이었다.

일본에서는 아베 총리가 2017년 네 번째 총리 임기를 시작하여 강력한 일본 만들기를 추진했다. 일본 경제의 '잃어버린 20년' 회복을 최우선으로 하여, 양적 완화정책 등을 추진한 결과 실업률이 최저에 이르는 등 일본 경제와 사회가 활력을 되찾았다. 아베 총리는 이를 바탕으로 전후 최장수 총리직을 수행하고 2020년 9월 9년 여만에 물러났다.

중국의 변화는 더욱 극적이었다. 중국은 1978년 시작된 개혁개방이 40년 동안 진행된 결과 세계에서 두 번째로 큰 규모의 경제성장을 이루었다. 그리고는 2013년 이후 '일대일로'와 '중국 제조 2025' 전략을 통해 중국을 넘어 세계에 지배력을 확산하는 패권 전략을 펴나가기 시작했다. 중국의 패권주의는 특히 아시아 지역 전체의 갈등과 반목의 원인으로 작용하고 있다. 중국은 노골적으로 신 중화질서를 내세우고 있다. 더욱이 2018년 두 번째 임기를 시작한 시진핑 주석은 자신의 이름이 명기된 사상을 헌법에 삽입하고, 국가주석직 연임 제한 규정을 철폐하면서 장기집권의 길을 열고 마오쩌둥에 이어 중국 근·현대 역사상 가장 강력한 권력자로 떠올랐다. 더 나아가 이전 시대의 '도광양회(韜光養晦: 자신을 드러내지 않고 때를 기다리며 실력을 기른다)'를 폐기하고, '대국굴기(大國崛起)'를 표면화 해 미국과의 충돌을 불러일으켰다.

러시아는 2018년 푸틴 대통령이 네 번째 임기를 시작하며 장기집권의 길을 걸었다. 24년 동안 러시아를 통치하게 되는 푸틴 대통령 역시 '강한 러시아'를 모토로 한 포퓰리스트였다. 냉전시대 미국과 양대 강대국이었던 예전의 영광을 되찾자는 국가주의가 러시아를 휩쓸었다. 푸틴 역시 권위주의적 내정체제와 세계화에 대항하는 반서구적 대외정책을 '주권 민주화'라는 이름으로 국제적으로 더욱 확산했다.

이렇게 세계는 포퓰리즘이 확산되고 자국 위주의 강력한 보호 정책 중심으로 선회했다. 선진국뿐만 아니라 베네수엘라, 터키, 헝가리, 폴란드, 태국, 필리핀 등에 이르기까지 전 세계에서 포퓰리즘이 득세하고 민주주의가 쇠퇴하는 양상을 보였다. 국제 문제 전문지 '포린어페어스(Foreign Affairs)'의 2018년 5·6월호는 이를 "민주주의 세기의 종언⋯ '독재가 글로벌 세계의 지배양식이 되고 있다'"는 머리기사로 게재했을 정도였다.[8] 더욱이 중국의 부상과 팽창주의로 세계는 미-중 전쟁이라는 새로운 환경을 맞았다. 미-중 전쟁의 시작은 무역 분야에서 시작되었으나, 전면적인 패권 경쟁 양상을 띨 수 밖에 없었다. 특히 동아시아에서 중국의 부상에 대항하기 위해 미국이 인도 태평양 전략을 표명하면서 자연스럽게 미국, 일본을 한 축으로 하고 중국, 러시아, 북한을 다른 한 축으로 하는 신냉전 구도가 만들어졌다.

이런 불확실한 세계정세의 배경에서 한국에서도 2017년 5월 사회주의적 정권이 등장하였다. 문재인 정권은 한편으로는 민주주의를 후퇴시키는 포퓰리즘의 세계적인 흐름과 동조하면서, 다른 한편으로는 미국과 일본, 유럽의 자유민주주의 진영을 떠나 중국, 러시아, 북한의 전체주의 진영으로 편입하고자 하는 완전히 새로운 세계관을 드러냈다.

문재인 정권은 대한민국이 한 번도 경험해 보지 못한 정권이었다. 문 정권은 전형적인 포퓰리즘 정권으로, 자신들이 원하는 것을 일방적으로 밀어붙였다. 선거로 집권하였지만 국가를 '점령'하여 행정부, 사법부, 입법부를 장악했다. 지지 세력들에게 유형, 무형의 반대급부를 제공하는 정치적 후견주의를 드러내어 각종 부정부패가 늘었다. 이런 문 대통령은 자신을 '혁명 대통령'이라 여기고, 국내·외 어디에서나 기회가 있을 때마다 '촛불혁명'을 말하고 다녔다. 2020년 1월 문화예술인 신년인사회에서도 "지금 전 세계가 극우주의나 포퓰리즘의 부상 때문에 민주주의의 위기를 말하는데 우리는 촛불혁명으로 민주주의를 다시 일으켜 세워 전 세계가 경탄하고 있다"고 했다. 문 정권이 바로 극단주의와 포퓰리즘을 지향하고 있는데도 본인은 정반대로 말한 것이다.

이에 대해 언론인 이미숙은 미국 등 해외에서 문 정권을 탈레반으로 보고 있다는 것을 지적하며 문 정권과 탈레반을 비교하였다. 아프가니스탄 반군 테러조직인 탈레반은 1997년 집권해 4년여간 이슬람원리주의에 입각한 국수주의적 정책을 편 세력이다. 6세기 문화유산인 바미안 석불을 폭파해버릴 정도로 극단적인 배타주의를 보여준 반문명 정권이었다. 그런데 문 정부가 탈레반 습성과 유사한 행태를 보였다는 것이다.

그 이유로는 첫째, 문 정부의 반일·반미·친중·친북 민족주의 성향은 탈레반의 국수주의 경향과 유사하다. 둘째, 교조적인 이슬람 원리주의자들인 탈레반처럼 문 정부는 탈원전, 주 52시간 근무제, 자사고·국제고 폐지 정책을 밀어붙였다. 한미 동맹에 대한 몰이해로 중국과 서슴없이 '3불(不) 합의'를 했고, 한·일 군사정보보호협정(지소미아) 소동도 벌였다. 셋째, 탈레반처럼 극도로 배타적이어서 어떠한 외부 조언도 받지 않는다. 그리고는 "우리가 세상의 중심이고, 우리가 하는 일은 옳다"는 신조로 똘똘 뭉친 채 "아무도 흔들 수 없는 나라"를 주술처럼 되뇌며 탈레반식 국정을 밀고 나가겠다는 기세라는 것이다.[9)]

문 정권은 사회주의적인 반기업·반시장 정책으로 경제를 뒤흔들었다. 2019년 한국의 명목 경제성장률은 OECD 36국 중 34위에 머물렀는데, 이것은 2017년 16위에서 18계단이나 내려간 것이었다. 경제성장률은 2.0%에 겨우 턱걸이 했지만, 세계 경제성장률은 3.0%였다. 세계 평균에도 못 미쳤던 것이다. 아이러니하게도 이 시기는 코로나19 사태가 터지기 직전, 세계 경제가 호조였던 시기였다. 그런데도 최저임금 인상, 과도한 주 52시간제 등 다른 나라와 거꾸로 가는 역주행 정책들로 경제를 침체 국면으로 몰아넣었다. 산업생산은 19년 만에 최악을 기록했고, 제조업 생산 능력은 48년 만의 최대 하락을 기록했으며, 집권 3년간 118만 개의 일자리가 사라졌다. 수출은 15개월 연속 감소하고, 기업 투자는 줄고, 기업들의 해외 탈출 러시를 이뤘다. 자영업과 서민 경제가 극도로 위축됐고 국가 재정은 급속도로 부실화됐다. 그런데 2020년 4월 총선에서 문 정권이 승리함으로써 이러한 방향이 더욱 가속화되었다. 2020년 12월에는 경제 관련법들, 공수처법, 표현의 자유를 억압하는 법들을 무더기로 통과시켰다. 한국의 민주주의 역시 커다란 위기를 맞았다.

이런 맥락에서 '진실'은 실종되고 사회의 신뢰는 약화되는 취약한 시대적 상황이 이어졌다. 영국의 옥스퍼드사전은 2016년 올해의 단어로 '탈진실(post-truth)'을 선정했다. '탈진실'은 여론을 형성하는 데 객관적인 사실보다 감정이나 개인의 믿음에 더 호소하는 것이 더 영향력이 있는 현상을 말한다. 진실 여부를 판단하는 데 감성과 느낌에 의존하는 것은 이성의 쇠퇴를 의미한다. 인지편향이 진실의 추구를 가로막고 진실이 상대적이라는 신화가 만들어지는 지경에 이르렀다. 탈진실의 시대는 가짜뉴스와 직결된다.

이에 따라 가짜뉴스가 세계적으로 주요한 이슈가 되었다. 가짜뉴스는 단순한 거짓 정보가 아니라 의도적으로 꾸며낸 정보다. 가짜뉴스는 미디어의 신뢰를 깎아 내리고 뉴스를 가장한 허구적인 텍스트를 만들어 내서 사회에 혼란을 확산하는 것이다. 가짜뉴스는 인류 역사와 함께 오래전부터 존재해 왔지만 소셜 미디어의 확산으로 예전과는 다른 차원에서 전개되었다. 누구나 쉽게 정보와 뉴스를 생산하고 소비하는 디지털 미디어가 가짜뉴스 현상을 부채질하게 된 것이다.

게다가 가짜뉴스는 국경을 넘어 다른 국가에도 영향을 미치며 국제적인 문제가 되었다. 러시아는 2014년 우크라이나 침공 때 사이버전을 통해 러시아에 유리한 가짜 메시지를 퍼뜨려서 자국의 여론뿐만 아니라 서방의 여론을 호도했다. 2016년에는 온라인에서 가짜뉴스로 미국 대통령 선거에 깊숙이 개입했다. 거의 모든 나라에서 가짜뉴스가 정치, 사회에 영향을 미치게 되었다.

더욱이 코로나19 사태 이후 소셜 미디어와 인터넷 이용이 늘면서 세계는 온라인을 통해 유통되는 정보와 뉴스에 더욱 의존하게 되었다. 그런데 이런 온라인 세계에서는 자신이 좋아하는 정보를 중심으로 접하기 쉽다. 인간관계도 비슷한 생각을 하는 사람들끼리 그룹을 형성하고, 좋아하는 정보만 접하게 된다. 다른 생각을 하는 그룹은 멀리하게 되고, 자신이 좋아하지 않은 정보 플랫폼을 멀리하게 된다. 따라서 우파와 좌파의 이념 대립이 격화되고 있는 한국 사회에서도 이념적으로 비슷한 사람들끼리 선호하는 정보를 접하고 자신들만의 믿음을 공고화시키는 현상이 고착된다. 이러한 현상이 가짜뉴스의 온상지가 된다. 뉴스가 사실인지 아닌지는 중요하지 않다. 진영 논리에 충실하게 뉴스를 소비하며 그것을 전파하기 때문이다. 그 결과 뉴스와 정보의 양극화가 심해졌다.

이런 복잡다난한 위기의 환경에서 벗어나고, 더 나은 미래를 모색하기 위해서는 역사 속에서도 길을 찾게 된다. 역사가 똑같이 진행되는 것 아니지만, 인류는 비슷한 경험을 반복하는 경향이 있다. 필자는 2020년대 한국이 걸어야 할 길은 40년 전의 영국에서 찾을 수 있다고 생각해 왔다. 바로 1980년대 영국이 마가렛 대처(Margaret

Thatcher) 총리의 리더십 하에, 그 이전까지 영국을 지배해 오던 사회민주주의 컨센서스를 자유민주주의 컨센서스로 개혁하고, 디지털 정보사회를 미래의 아젠다로 추진함으로써 영국을 다시 부흥시킨 그 프로그램 말이다.

1979년 대처 총리의 보수당이 집권하기 전 영국은 소위 '영국병'에 시달렸다. 18세기 후반 인류 역사상 최초로 산업혁명을 일으켜 1세기 이상 세계 최대의 강대국이었던 영국은 두 차례에 걸친 세계대전을 치른 후 국력이 약화되었다. 그런 가운데 사회주의 노동당 정부가 완전 고용과 복지국가를 추진하면서 경제가 크게 쇠퇴하였다. 1970년대 영국은 저성장, 고실업, 인플레이션 등으로 경제가 최악의 상황에 놓여 있었다. 1975년에는 국제통화기금에서 구제기금을 받기까지 했다. 더욱이 당시 영국은 노동조합 천국이었다. 집권정부는 보수당, 노동당 할 것 없이 강력한 노조 파워에 휘둘렸다. 이러한 현상이 '영국병'이라고 불릴 정도였고 치유하기 어려운 막다른 상황에 내몰렸다. 특히 대처 총리가 집권하기 직전 노동당의 캘러헌(James Callaghan) 정부 시절인 1978년 말부터 1979년 초에 걸쳐 자동차 노조, 운수노조, 병원 노조, 청소 노조의 장기 파업으로 런던 거리가 쓰레기와 악취로 가득 차고, 난방 제한과 병원 폐쇄 등으로 노인들은 겨울 동안 살아남을 수 있을까를 걱정했던 '불만의 겨울(winter of discontent)'을 겪어야 했다. 결국 이러한 최악의 상황에서 영국 국민들은 정권을 교체하여 대처의 보수당이 집권하게 되었다.

대처 총리는 집권 후 이러한 영국병을 치유하고 영국을 되살리는 데 온 힘을 기울였다. 사회주의에 기울였던 정책을 완전히 바꾸어 자유 시장경제 구조로 재확립했다. 노동시장을 개혁하고 노동조합의 정치투쟁을 무력화시켰으며, 공공부문을 개혁하였다. 그리고 디지털 정보사회를 미래의 아젠다로 개발하여 아날로그 기술과 그러한 기술에 매여 있는 관행, 규제 등을 디지털 시대로 바꾸었다. 이러한 구조 개혁을 통해 침체에 빠진 영국의 경제, 사회를 살려낸 것이다. 그 결과 영국은 다시 세계적으로 디지털 경제와 창조경제의 다양한 분야를 이끌고 있다. 이것은 19세기 빅토리아 시대의 대영제국과 비교할 수 있다. 대영제국이 지정학적으로 식민지를 확장하고 세계를 지배했다면, 이제는 창조적인 분야에서 세계를 선도하고 있는 것이다.

영국에는 2016년에 전 세계 바둑 챔피언인 이세돌을 물리쳐 세계를 놀라게 했던 인공지능 프로그램인 알파고(Alphago)를 개발한 데미스 하사비스(Demis Hassabis)와 같은 수많은 창조적인 인물들이 활약하고 있다. 이를 위해 개인의 자유, 표현의 자유, 재산권의 자유, 기업 활동의 자유가 광범위하게 보장되어 있다. 그리고 이러한 자유의 보장이 영국병을 치유하고 혁신을 이끄는 원동력이 되었던 것이다.

바로 지금 한국이 맞닥뜨린 상황과 너무나 유사하다. 지금 한국은 이러한 정도의 구조개혁을 필요로 한다. 대처 총리는 저서『국가경영』*Statecraft*에서 "사유재산이 반드시 존재해야 하고, 사회가 법의 지배를 받아야 하고, 기업친화적인 문화가 있어야 하며, 사람들의 의욕을 부추기는 조세 제도가 있어야 하고, 규제는 최소화해야 한다"고 설파했다.[10] 한국은 이와 정반대임을 알 수 있다. 사회주의 정권의 등장으로 경제가 침체되고 정부가 국민들의 생활 구석구석에 간섭하여 자유가 통제받는 전대미문의 정치적 위기까지 겹쳐 어려움을 가중시켰다. 사유재산을 제한하고, 법치를 무시하며, 반 기업적이며, 사람들의 의욕을 꺾는 조세제도를 강화하며, 온통 규제가 에워싸고 있다.

우리가 맞고 있는 환경은 세계사적으로나 국내적으로나 예전에 경험하지 못한 새로운 환경들이다. 특히 코로나19 사태가 세계에 영향을 끼쳤다. 따라서 이러한 어려움을 넘어서서 다시 국가를 정상적인 궤도에 올려놓아야 할 시대적 과제가 제기되었다. 그것은 자유민주주의의 기반을 더욱 공고히 하는 가운데 인공지능 시대를 맞아 미래를 내다보는 지혜와 아이디어로 준비해야 한다.

01 자유와 선택의 가치

　먼저 헌법을 끝까지 읽어 보자. 헌법은 지금 우리가 살고 있는 시대의 가치에서 핵심적인 위치에 있는 것들을 모아 놓은 것이며, 법조문 한 자 한 자에 따라 우리 삶의 방식과 형식이 크게 달라질 수 있는 최고의 문서다.

　대한민국의 헌법 전문에는 "자율과 조화를 바탕으로 자유민주주의적 기본질서를 더욱 확고히 하여 정치·경제·사회·문화의 모든 영역에 있어서 각인의 기회를 균등히 하고, 능력을 최고도로 발휘하게 하며, 자유와 권리에 따르는 책임과 의무를 완수하게 하여"라고 되어 있다. 헌법은 자유민주주의와 개인의 자유와 책임을 명백히 밝히고 있다. 그리고 헌법 제1조는 대한민국은 민주공화국임을 천명하고 있다.

　자유민주주의는 자유주의와 민주주의를 합친 개념이다. 자유주의는 개인의 자유가 사회에서 가장 중요한 가치이며, 따라서 개인에 대해 사회의 간섭과 관여가 작아야 하는 이념을 말한다. 개인의 재산권을 보장하며 개인이 재산을 자유롭게 사고 파는 자유를 보장한다. 따라서 자유주의 경제는 이러한 재산을 자유롭게 사고 파는 시장에서 가장 잘 작동한다. 시장은 '보이지 않는 손'의 조화에 의해 움직이는 자기완결적 메커니즘이다. 그래서 시장은 그 어느 행위자보다 공정하다. 정부보다 공정할 수 있다. 정부는 이념에 따라 달라지고 그 자체가 이해관계를 갖는 불공평한 행위자의 지위를 갖기 때문이다. 우리는 그런 정부를 보고 있다.

한편 민주주의는 국민이 사회의 주인이고 국민이 권력을 가진다는 것이다. 봉건왕조에서처럼 왕이나 혹은 전체주의에서처럼 특정 당파가 권력을 갖지 않는다. 이 역시 개인의 권리를 기본으로 하여 국민 개인의 뜻을 반영하는 사회 구조를 지향한다.

한국이 자유민주주의를 기본으로 하여 자유 시장경제를 지향하고 있음을 모르는 사람은 없다. 그러나 자유민주주의가 우리가 사는 것과 무슨 관계인가를 물으면 대부분 선거에서 투표하고, 하고 싶은 대로 할 수 있는 것 아니냐고 답할 것이다. 그러면서 많은 사람들이 공기처럼 그냥 주어진 것, 있는 것으로 생각하고 만다.

그런데 한국에는 자유민주주의와 자유 시장경제를 부정하는 사람들이 많이 있다. 여기에는 자유민주주의라는 가치나 제도 그 자체보다는 시장, 경쟁, 재벌, 최근에는 신자유주의 등에 대한 거부감의 발로로 나타나는 경우가 많다. 그리고 자유민주주의를 내걸고 발전한 한국의 현대사를 부정한다.

한국 현대사를 부정하는 세력이 한국의 집권 세력으로 등장하면서 국가가 개인이나 기업의 활동에 개입하고 간섭하는 정도가 점점 과도해졌다. 급기야 2017년에는 사회주의자를 공개적으로 천명한 인물이 법무부 장관이 되는 정권이 등장했다. 그러면 그 정부는 헌법이 정한 자유민주 사회와는 다른 사회를 지향하는 정부라는 것을 드러낸 것이다. 그러면 다음 수순은 무엇인가? 헌법에서 자유의 가치를 삭제해야만 하는 것이다. 그리고 사회주의 국가로 가겠다는 것을 헌법에 넣어야 하는 것이다. 그래서 문재인 정부는 실제로 그렇게 추진하려고 했다. 2018년 3월 정부의 헌법 개정안을 공개하고, 자유를 배제한 국가, 사람이 먼저라는 인민 민주주의적 국가로 가겠다는 목표를 밝힌 것이다.

　자유민주주의와 시장경제를 실천한 국가는 번영했지만, 그와 반대의 길을 갔던 국가는 모두 쇠락한 것이 인류의 역사였다. 우리는 불과 30년 전인 1991년에 세계적으로 공산주의의 멸망을 똑똑히 보았다. 그리고 자유민주주의 국가로 출발한 한국은 보란듯이 30년 동안 세계 선진 국가의 하나로 올라섰다. 특히 정보통신기술과 정보화를 국가 전략으로 세워서 디지털 경제와 디지털 사회 분야에서 세계의 테스트베드(시범국가)로 인정받을 정도가 되었다. 오늘날 반도체, 전자, 고부가 가치 제조업 등에서 세계적인 기업들이 등장한 것도 그러한 길을 걸은 결과다. 자유주의의 길을 걸은 성과다. 정치와 사회 등의 분야에서는 자유민주주의가, 경제에서는 자유 시장경제가 기반이 되는 국가 시스템의 우월성이 확인되는 것이다. 이 가치를 중심으로 한 국가 시스템을 확고히 해야 하는 것은 말할 필요도 없다.

　그러나 실상은 그렇지 않다. 정치학자인 스티븐 레비츠키(Steven

Levitsky)와 대니얼 지블랫(Daniel Ziblatt)의 저서 『어떻게 민주주의는 무너지는가』*How Democracies Die*에서 저자들은 냉전 종식 이후의 새로운 독재는 총부리가 아니라 선출된 지도자에게서 나왔다고 지적한다. 즉 심판을 매수하고(사법부 장악), 상대편 주전이 뛰지 못하게 하거나, 게임의 룰을 바꿔 기울어진 운동장을 만드는 방식(야당 무력화)으로 이뤄진다고 주장한다.[11]

민주주의의 붕괴는 국가 추락을 동반한다. 남미의 석유 부국 베네수엘라의 추락은 최근 역사의 생생한 교훈이다. 차베스 대통령은 국민의 압도적 지지로 당선되었다. 그런데 차베스는 집권 후 곧바로 판사들을 '적폐'로 단죄하고 대법원을 무력화한뒤, 친 차베스 인사들로 '사법비상위원회'라는 중대 사법기구를 만들며 독재자가 된다. '매수된 심판'은 권력의 입맛에 맞는 판결로 국회·언론을 탄압하는 충견이 됐다. 그리고 베네수엘라에 독재가 시작되고 국가는 추락했다.

그런데 문제는 이런 일들이 민주주의란 이름 하에 버젓이 이루어지고 있다는 것이다. 민주주의는 하나만 있는 것이 아니다. 인민민주주의, 사회민주주의 등 다양한 유사 민주주의가 많다. 이런 유사 민주주의는 전체주의, 독재를 포장하기 위해 차용된 것이다. 공산주의면서 봉건세습 왕조같은 북한은 세습독재를 하고 인권 탄압을 하면서도 '인민민주주의'를 행한다고 한다. 아무리 민주주의 형식을 따라 집권한다고 해도 이것을 민주주의라고 부를 수 없는 것이다.

국민이 권력자의 억압과 눈치를 보고 사는 인민민주주의와 자유 시민으로 살 수 있는 민주주의가 같을 수는 없다. 따라서 민주주의의 진정한 핵심은 자유를 보장하고 자유를 구현할 수 있느냐에 있게 된다.

그렇다면 한국은 정치, 경제 등에서 자유를 누려왔나? 한국은 명목상으로는 개인의 소유, 기업가 정신, 시장 교환을 유지하고 있다. 기업가들이 상품이나 서비스를 사고팔고, 노동자에게 임금을 지불하고, 계약을 맺고 경제 활동을 한다. 그래서 마치 자유 시장경제를 운영하는 것처럼 보인다.

그러나 약간만 자세히 들어가 보면 기업의 자유는 사라지고 대신 정부가 그 자리를 차지하고 있는 경우를 많이 보게 된다. 정부가 어떤 가격으로 사고 팔아야 하는지를 정해준다. 근로자들이 얼마의 임금으로 일하고, 세금을 얼마를 내야 하는 것까지도 모두 정부가 정한다.

이렇게 가격, 임금, 이자율 등을 정부가 정하고 그러한 틀에서만 경제 활동을 하니 한국은 거의 외견상 시장경제를 채택하고 있는 사회주의 국가로 보일 수 있다. 그런데 경제의 자유 측면에서는 시장경제와 사회주의를 결합한 중국보다 오히려 더 약한 것처럼 보인다. 이렇게 된 데에는 좌파 정부 때 정부가 경제를 지배해온 데도 기인하지만, 우파 정부도 다르지 않았다. 똑같이 정부와 정치가 경제를 지배해왔다. 특히 1960년대 '경제개발 5개년 계획'을 정부가 주도하여 성공함으로써, 정부의 주도권이 계속 이어진데도 기인한다. 시간이 흘러 민간 영역이 충분히 성장하고 경제 부문에서는 정부보다 더 나은 역량을 가질 정도가 되었는데도 정부의 간섭이 줄지 않고 이어진 탓이다. 정부가 계획을 만들고 주도하면 규제가 따르게 된다. 그런데 그러한 계획이 민간으로 넘어간 후에도, 규제만 남고, 조직, 인력, 예산이 있는 정부가 규제를 크게 확대한 것이다. 그래서 자유로운 경제 활동이 크게 제약받고 있다.

더욱이 문재인 정권은 대한민국 건국 이래 지켜왔던 자유민주주의 가치와 규범을 송두리째 뽑고자 했다. 문 정권은 '건국 대통령 이승만'과 '근대화 대통령 박정희'를 부끄러운 과거로 못 박고, 그 유산을 없애기 위해 모든 노력을 다했다. 집권세력은 과거를 특권과 반칙으로 여기는 역사관을 갖고 있어서 '적폐청산'이라는 이름으로 과거를 부정하고 과거를 청산의 대상으로 삼았다. 1980년대 반미와 주체사상에 기울였던 운동권 인사들이 정치권력을 장악하고 사회 각 분야를 주도하면서 기존 질서와 가치관을 뒤엎기 시작했다. 단절해야 하기 때문에 역사는 축적의 대상이라 생각하지 않았다. 그리고 자유민주주의의 가치를 뒤흔들어 놓았다.

언론인 박제균은 이들이 진정한 진보가 아니며, 목적이 수단을 합리화하는 공산당 논리와 김일성 혈통을 신성(神聖)가족으로 여기는 주체사상, 홍위병을 앞세우고 학살을 자행한 마오쩌둥을 미화한 리영희류의 반미친중 세례에 빠진 80년대 민족해방(NL) 운동권 좌파라고 설명했다. '우리는 무조건 옳다'는 무오류의 철갑을 두르고, 문재인을 성역화하며, '문파 홍위병'이 날뛰는 행태의 근원이 바로 여기에 있다는 것이다.[12]

적폐청산, 역사전쟁, 정치공작, 이 셋은 긴밀히 연결돼 있다. 적폐청산은 이명박 박근혜 두 우파 정권을 역사에서 지워야 할 정권으로 만들어 우파의 존재 기반을 흔들려는 시도였다. 역사전쟁은 이승만과 박정희가 정착시켜 한국을 성공으로 이끈 자유민주주의와 산업화의 틀을 깨뜨리려는 것이었다. 이런 생각을 가진 집단은 정치공작의 유혹에서 벗어나려 하기는커녕 정치공작을 시도해서라도 권력을 잡는 것이 정당하다는 착각에 빠진다.[13]

집권세력은 또한 자유주의가 사회의 양극화를 심화시키는 것으로 왜곡해서 자유주의의 가치를 훼손하였다. 그러면서 '공공'이라는 이름으로 국가의 모든 부문에 개입하였다. '공공' 의대, '공공' 임대주택, '공공' 인재 등 '공공'이 난무하는 계획들이 쏟아져 나왔다. 그리고 법과 제도를 노동계 등 집권 세력에 유리하게 재편하는 명분으로 활용했다. 즉 자유를 없애고 반시장, 반기업, 친노동 정권을 만들겠다는 것이었다.

집권당은 1980년 2월, 당 차원의 개헌안에서 헌법 전문에 있는 '자유민주주의적 기본질서'라는 표현을 자유를 뺀 '민주적 기본질서'로 고치겠다고 밝혔다. 앞서 2018년 1월 발표된 국회 헌법 개정 특별위원회 자문위원회의 「개헌안 보고서」에서도 '자유민주주의적…'을 '민주적…'이라고 고쳐서 표현했다. 같은 달 한국교육과정평가원이 만든 새 검정 역사·한국사 교과서 집필 기준 시안에도 '자유'가 삭제된 '민주주의'로 표현하였다. 2018년 3월에는 문 대통령이 헌법 개정안을 발표했으나, 헌법의 기본적 동질성을 파괴하는 정도가 높은데 대해 반대 여론이 높자 이를 철회하였다.

자유민주주의 가치 복원

반면에 한국의 우파는 그동안 자유민주주의를 당연한 것처럼 받아들였지, 그것이 어떤 가치이고, 어떤 제도를 만들어내는가를 깊이 있게 천착하지 않았다. 자유를 쟁취하기 위해 땀과 피를 흘리지 않고, 그저 주어진 것으로 보고 소중하게 다루지 않다 보니, 자유를 빼앗으려는 세력과의 싸움에서 후퇴를 거듭해 왔다. 이와 반대로 반 자유주의 세력은 학교와 언론 등을 통해 자유주의를 폄하해왔다. 그들은 자유주의 시장경제가 기업이 노동자를 착취하는 제도이며, 기업가가 노동의 성과를 빼앗아 자신들만 배를 불려서 사회의 불평등을 낳는다고 가르치고 세뇌시켰다. 시장은 공정하지 않으며 평등하지 않다고 반복해서 주장했다. 문 대통령은 집권 이후 해외를 순방할 때마다 한국이 세계에서 불평등이 가장 심한 나라라고 반복해서 주장했다. 그러면서 불평등을 해소하기 위해 국가가 개입하고 시장의 왜곡을 바로잡겠다고 선언했다. 물론 그 과정은 자유를 빼앗는 것이다.

그러면 국가가 개입하고 통제하면 불평등이 해소되는가? 이것은 아주 간단한 질문이다. 오히려 국가가 개입하면 경제적 부가 감소하고 불평등이 더욱 심해진다는 것은 역사가 증명하고 있다. 구 소련, 중국이 그랬고, 최근에는 베네수엘라와 같은 국가들이 보여주었다. 그런데도 사람들은 이를 종종 잊는다.

자유롭다는 것은 개인이 자유롭게 자신의 행동 - 물건이나 서비스를 생산하건 소비하건 간에 - 을 선택할 수 있다는 말이다. 선택할 수 있으려면 무언가가 다양하게 있어야 한다. 누구든지 빵을 선택할 때 식빵, 단팥빵, 초코빵 등이 있어야 자신의 취향에 맞게 고를 수 있다. 빵집 주인은 이런 빵을 열심히 만들려고 하고, 깜빠뉴나 치아바타 같은 다양한 빵을 만들어서 팔고 싶어하게 된다. 그러면 빵의 종류도 다양해지고, 빵 관련 경제 규모도 커지면서, 빵집 가게는 소득을 올리고 일자리도 많아지는 하나의 큰 생태계가 되는 것이다. 그래서 아담 스미스는 일찍이 빵집 주인의 이기심에 의해 우리가 빵을 먹을 수 있다고 설명한 것이다. 정부가 빵을 국민에게 제공하는 것이 아니다. 정부가 빵을 만들면 우리는 맛없는 빵, 천편일률적인 빵만 먹을 수 있게 된다.[14]

일찍이 로크(John Locke)는 자유주의를 정의하는 가장 중요한 요소로 생명, 재산, 자유 이 세 가지를 들었다. 그리고 인간의 권리는 이 세 가지가 침해당하지 않을 권리 이외의 다른 아무것도 아니라고 했다. 인간에게는 자신의 욕구를 실현할 수단, 즉 사유재산이 있어야 자유를 가진다. 그리고 인간의 생명은 재산과 자유 없이는 존속할 수 없다. 또한 재산은 생명과 자유 없이는 취득할 수 없고, 자유는 생명과 재산이 보장되지 않는 한 누릴 수 없기 때문이다. 영국에서 산업혁명이 발생할 수 있었던 것도 바로 자유 때문이다. 산업혁명 이전에 중국이나 오스만 투르크 같은 국가들이 경제 규모가 컸지만, 그보다 훨씬 작은 영국이 사유재산을 인정하고 자유로운 인간 활동을 보장하면서 산업혁명의 단초가 마련되고 이들 나라를 추월할 수 있었던 것이다.

자유민주주의는 자유와 민주를 합쳤기 때문에 자유주의와 민주주의를 동일하게 생각하기 쉽다. 그러나 자유주의와 민주주의는 다르다. 역사적인 순서를 보면 자유주의가 먼저 등장했고, 민주주의가 나중에 등장했다. 개인의 자유권, 행복추구권 등 기본적 인권을 소중하게 여기는 자유주의는 1215년 영국의 마그나 카르타(Magna Carta) 이후 시작되었다. 국가 권력의 자의적 간섭으로부터 개인의 자유와 생명, 재산을 지키는 자유주의는 시장경제를 창출하여 경제 도약을 이루어냈다. 이런 자유주의는 반드시 법에 의한 질서 유지를 필요로 한다. 개인의 자유와 재산을 지켜주고 시장경제가 원활하게 돌아가도록 하는 것이 법이기 때문이다. 자유주의와 법치주의가 성숙된 후에 20세기에는 유럽과 미국을 중심으로 군주제와 왕조를 무너뜨리고 모든 국민들이 투표에 참여하여 정치 체제를 구성하는 민주주의를 도입하였다. 자유주의와 법치주의가 성숙하면서 민주주의를 이룬 것이다.

그러나 한국과 같은 후발 민주주의 국가들은 자유주의와 법치주의의 경험을 거치지 않고 민주주의를 도입하는 역사적 과정을 거쳐 왔다. 그 결과 국민이 보통선거권을 가지고 있지만 개인의 자유와 법치의 존중은 대단히 약하다. 한국에서 자유주의의 전통은 아주 짧다. 한국의 역사에서는 '자유'라는 말 자체도 없었다. '자유'란 단어는 일본을 통해 개항 이후 들어온 것이다. 개인이 자유를 누린다는 생각도 없었다. 오랫동안 한국인들은 사회적 강제에 따른 삶을 살아왔기 때문이다. 조선시대까지 계급사회였고 그것을 타파하기 위한 노력은 없었다. 따라서 우리가 진정한 민주주의를 하기 위해서는 민주화에만 머물러서는 안 되고, 자유화, 법치주의를 함께 이루어 내야 하는 것이다.

특히 선거에 의한 형식적 민주주의에 머물 경우 대중의 인기를 추구하는 대중민주주의로 흐르고, 이것이 과도하게 되면 권위주의, 독재로 진행할 가능성이 크다. 그저 선거만 이기면 그 이후에는 폭정이 이어져도 개인들의 주체적인 의지의 표명이 낮고, 그러한 의지를 표명하려는 길을 차단하며, 법을 무력화시키기 쉬운 것이다.

국제정치 전문 언론인인 파리드 자카리아(Fareed Jakaria)는 자유주의의 기반 없이 단순히 선거라는 절차적 과정만을 통해 집권한 경우를 '비자유주의적 민주주의'라고 정의했다. 자유주의보다는 민주화만 강조하다 결국 실패한 정권인 나치와 중남미 국가들이 그러한 경우라고 설명했다.[15]

박세일도 한국이 비록 선거민주주의라는 '절차적 민주주의'에는 성공하였지만, 개인의 자유와 인권 그리고 헌법존중과 준법정신을 내포하고 있는 '실체적 민주주의'를 정착시키지 못했음을 지적하며, 자유주의와 법치주의의 정착이 과제임을 지적했다.[16] 바로 '자유'가 개인과 국가에 뿌리내려야 하는 것이다.

한국이 민주화에는 성공하였지만, 자유주의가 제대로 정착되지 않는 것은 시장경제가 제대로 작동하지 않는 경우에서도 쉽게 알 수 있다. 한국이 산업화에 성공했다고 하지만, 경제도 국가의 계획과 주도로 만들어져 그 여파가 여전히 강하게 작동하고 있다. 국가가 경제를 좌우하다보니 제대로 된 시장경제라고 보기 어렵다. 경제는 항상 정치에 휘둘리고 국가가 나서서 산업을 정리하고 심지어 기업의 회생도 시장에 의하지 않고 국가가 결정하는 지경에 이르렀다. 국책은행인 산업은행은 국가를 대리하여 그러한 역할을 하는 중재자다. 2020년 대한항공이 아시아나 항공을 인수할 때 주역은 대한항공이 아니라 산업은행이었다. 국가의 대리자가 두 민간기업의 합병의 주역인 것이다.

자유주의는 경제적으로는 시장경제가 작동 원리다. 대내적으로는 경제 문제에서 국가의 역할을 줄이고 개인의 역할을 늘리기 위한 수단으로 자유방임을 지지하며, 대외적으로는 세계를 평화롭고 민주적으로 연결하기 위해 자유무역을 지지한다. 정치적으로는 대의제 정부와 의회 제도의 발전, 정부 권력의 축소와 개인이 누리는 시민적 자유의 보호를 지지한다. 경제적 자유와 정치적 자유는 뗄려야 뗄 수 없는 관계를 맺고 있다. 따라서 그냥 민주주의가 아니라 자유주의와 민주주의가 결합된 자유민주주의가 진정한 민주주의인 것이다.

경제적인 자유가 정치적 자유와 밀접하게 연결되어 있다고 파악한 대표적인 학자가 밀턴 프리드먼(Milton Friedman)이다. 프리드먼은 자신의 저서 『자본주의와 자유』*Capitalism and Freedom*에서, 경제 체제가 권력의 집중이나 분산에 영향을 미치기 때문에 정치적 자유를 달성하기 위한 수단으로 중요하다고 설명했다. 경제적 권력이 정치적 권력으로부터 분리되어 독립적이 되기 때문에 정치적 자유를 증진시키기 때문이라는 것이다.[17] 물론 프리드먼은 경제적 자유가 정치적 자유의 필요조건이지 충분조건은 아니라는 점을 지적하고 있다. 중국은 시장 자유를 보장하고 있지만 정치적 자유는 제한하고 있기 때문이다. 그러나 이 경우도 시장의 자유가 정치에 종속된다.

정치적 권력을 가진 집단은 '강제력'이라는 힘을 행사하고, 그것은 본질적으로 자유를 제한한다. 그 강제력이 다수 국민을 위한다고 하지만 권력을 가진 집단의 이익이나 이념을 위해 사용되는 경우가 많다. 국가의 자원을 집권세력이 독점하기 때문에 모든 개인의 자유를 행사할 기회를 박탈한다. 자신과 다른 의견의 표출이나 견제를 애초부터 할 수 없게 만드는 것이다. 3부에서 살펴보겠지만, 문 정권은 학생의 자유로운 교육 선택의 자유를 제한하고 자율형 사립고를 폐지했다. 그런데 그 명분으로 공교육 정상화와 평등이념을 내세우고 있는 것이다.

자유를 보장하기 위해서는 권력의 집중을 최소화해야 한다. 권력을 분산시키기 위해서는 견제와 균형이 반드시 필요하다. 그러한 견제를 위해서는 정권과 다른 의견을 표명할 수 있는 표현의 자유와 언론의 자유가 필수적이다. 그런데 이러한 자유를 표출하기 위해서는 경제적 자유가 보장되는 기반이 필요하다. 경제적인 자유가 있어서 집회를 열고, 책자를 만들고, 미디어(1인 미디어라도)를 운영할 수 있어야 한다. 그러한 환경이 만들어졌을 때 의견의 견제와 균형이 이루어질 수 있는 것이다.

국가의 모든 제도와 정책은 개인의 창의와 자유를 신장하는데 중점을 두어야 한다. 개인의 자유로운 선택의 폭을 넓히고 선택의 질을 높이는 것이 국가 운영의 기준이 되어야 한다.

AI 시대와 자유

산업혁명의 역사를 돌이켜보면 새로운 기술이 새로운 상품이나 서비스를 만들어, 기존의 기업, 일자리, 심지어 산업 전체를 파괴시키면서 완전히 새로운 기업과 일자리, 산업을 창출하는 과정을 거친다. 즉 '창조적 파괴'를 통해 그때까지 상상도 못했던 새로운 산업과 일자리를 탄생시키는 것이다. 자동차가 등장하여 마차 산업을 창조적으로 파괴하고 새로운 자동차 산업을 만든 것은 누구나 알고 있다. 이때 마차 산업 종사자들이 자신의 직업을 빼앗는다며 자동차를 불태우고 극렬하게 저항했으나 그 흐름을 막을 수 없었다. 그런데 마차 산업은 없어졌지만 자동차 관련 산업은 그 규모가 훨씬 더 커서 경제 규모를 키우고, 사회에 더 많은 부를 가져다주고, 더 많은 사람에게 일자리를 주는 결과를 가져왔다.

'창조적 파괴'는 국가가 통제하는 환경에서는 절대 나올 수 없다. 정부가 중앙에서 계획하고 통제하는데 어떻게 파괴를 용인할 수 있겠는가? 오히려 새로운 파괴를 막으려는데 혈안이 될 것이다. 창조적 파괴는 자유로운 환경에서만 가능하다. 과학 저술가 매트 리들리(Matt Ridley)는 혁신이 자유의 결과라고 명쾌하게 설명했다.[18]

더욱이 인공지능으로 대표되는 디지털 시대에 자유가 없다면 디지털 전체주의라는 끔찍한 결과를 맞게 된다. 디지털 기술은 한편으로는 우리에게 많은 혜택을 주지만, 자유가 없는 공간에서는 감시와 통제의 도구로 쉽게 전락한다. 그러므로 디지털 기술이 전체주의로 흐르지 않고 민주주의를 실천하기 위해서도 자유가 필수적이다.

인공지능은 인류에게 혜택을 주기도 하지만, 동시에 위협이 될 수도 있다. 세계는 '인공지능에 지배되는 사람'과 '인공지능을 지배하는 사람'으로 나뉠 수 있다. 인간이 인공지능에 지배되는 존재가 되어서는 안 된다. 우리는 필요한 데이터를 선별해 내고, 우리 환경에 맞춘 인공지능 모델을 만들고, 인공지능 결과와 전문성을 결합해 세상에 필요한 결과를 낼 수 있어야 한다. 자유가 없으면 인류는 인공지능에 지배될 가능성이 크다. 자유로운 언론이 절대적으로 필요한 이유이다.

우리는 코로나19 사태에서 언론의 자유가 없는 중국의 통제가 전염병 확산에 일조했다는 것을 알고 있다. 중국 정부는 코로나19 사태를 소셜 미디어를 통해 처음 알린 의사 리원량을 유언비어 유포죄로 체포했다가 국내외의 거센 비판을 받았다. 변호사인 시민기자 천수스는 봉쇄 직전 우한에 들어가 실태를 알리다 연락이 두절됐다. 이런 소식을 전하는 소셜 미디어 계정은 잇따라 차단되었다. 투명하지 않고 폐쇄적인 국가에서의 정보 통제가 얼마나 인류 사회에 위험이 되는지를 여실히 보여주었다.

뿐만 아니라 코로나19 사태로 사람들의 일, 교육, 인간관계 전반이 온라인을 통해 이뤄짐으로써 디지털 기술 의존도가 더욱 늘었다. 그런데 감염된 사람들의 연락망을 추적하는 등의 조치를 도입하면서 디지털 자유를 심각하게 위협했다. 콘텐츠를 통제하고 사용자 데이터를 정부가 장악하는 것은 검열과 감시로 가는 길이다. 시민의 자유에 대한 심각한 위반이다.

우리는 인공지능 시대 디지털 기술이 우리를 감시하고 자유를 제한하지 않도록 많은 노력을 기울여야 한다. 그래서 인공지능 시대의 장점이 인류를 위해, 우리 사회를 위해 혜택이 되는 방향으로 활용할 수 있어야 한다. 그러기 위해서도 자유가 필수다.

1부
자유민주주의 동맹

한국의 발전과 성장은 그냥 이루어진 것이 아니다. 한미동맹을 기본으로 하여 자유민주주의 진영을 선택한 결과로 이루어졌다. 바로 이 기초를 놓은 국가 지도자가 이승만 대통령이다. 이승만 대통령은 해양국가인 미국을 대한민국의 생존을 위해 한국이 필요로 하는 나라로 보았다. 그러나 그 과정은 쉽지 않았다.

이승만 대통령은 건국 초기부터 한미상호방위조약의 체결이 절실히 필요하다고 역설하였지만 미국의 아이젠하워 정부는 방위조약의 체결에 반대했다.

결국 1950년 6월 25일 북한의 침공으로 시작된 한국전쟁이 3년의 교착 상황 끝에 휴전 협정을 맺게 되자 이를 기회로 삼은 외교 전략으로 추진하여 1953년 10월 1일 '대한민국과 미합중국간의 상호방위조약'을 체결할 수 있었다. 한국 전쟁은 제3차 세계대전으로 비화될 수 있었던 국제전쟁이었다.

소련은 2차 세계대전 이후 공산주의를 동유럽에 확산하는데 성공하였다. 유고슬라비아, 체코, 폴란드, 헝가리, 동독 등 동유럽 전체가 공산화되었다. 이어서 아시아로 눈을 돌려서 한반도 북쪽에 북한 공산주의 정권을 세웠다. 1949년에는 중국이 공산화되었다. 이를 기화로 북한, 소련, 중국이 남한마저 공산화하기 위해 침략한 전쟁이 6·25한국전쟁이었다. 단순한 내전이 아니다. 이에 대항하여 미국의 주도로 유엔군이 개입한 것은 아시아에 공산화 도미노가 일어나지 않도록 하기 위한 것이었다.

한국이 공산주의와 맞붙은 자유민주주의 진영의 최전선에 있던 것이다. 따라서 한미동맹은 단순히 한국과 미국, 두 국가 간의 동맹으로 머물지 않았다. 그것은 자유민주주의의 가치에 기반을 둔 것이자, 공산주의 세력을 저지하기 위한 세계사적인 의미를 갖는 것이다.

그리고 이것을 기반으로 박정희 대통령은 한일 국교 정상화와 베트남 파병을 통해 경제 협력으로 발전시켜갔다. 경제계획 역시 한국 혼자서는 추진할 수 없는 일이었다. 1965년 한일 청구권 협정을 통해 일본이 제공한 자금 5억 달러가 기초가 된 것은 이제 누구나 알고 있다. 이 역시 한국과 일본이 과거사를 정리하고 미래로 함께 나아가야 한다는 미국의 지원으로 이루어진 것이다. 그리고 이러한 미국을 중심으로 한 자유민주주의 세계 진영과 함께 중동 시장 참여, 세계 경제의 공급망 참여 등으로 한국이 제조업 분야에서 역할을 하면서 경제를 성장시킬 수 있던 것이다. 그리고는 점진적으로 민주화를 이루고 세계화를 추진하면서 선진국으로 발돋움할 수 있었다. 이것은 한국이 미국, 일본 등의 해양문화권의 일원으로 위상을 정립했기에 가능한 일이었다. 개인의 자유를 바탕으로 세계로 나가는 창의적인 활동들이 축적되어 5,000년 역사상 처음으로 세계 속에 그 이름을 각인할 수 있던 것이다.

그런데 이제 이러한 국제 질서가 도전을 받고 있다. 1990년대 소련을 비롯한 사회주의권의 붕괴로 미국을 정점으로 한 자유민주주의 국제 질서가 자리를 잡나 싶었는데, 중국이 패권국가로 등장하여 요동치고 있다. 중국은 시진핑 주석이 등장한 이후 팽창주의의 길을 걸었다. '일대일로'와 '중국제조 2025' 프로그램으로 미국의 패권에 도전하고 세계 패권국이 되겠다는 야심을 드러냈다. 이것이 분명해지자 미국은 국제사회에서 그동안 유지해온 미국의 지위에 도전하는 중국을 저지하는데 최우선 목표를 두기 시작했다. 양국의 갈등은 경제에서 시작하여 군사·가치·체제 등으로 확산되었다. 미국은 2017년 『국가안보전략서』*National Security Strategy of the United States of America 2017*에서 중국을 현재의 세계 질서를 타파하려는 수정주의로 규정한데 이어, 2020년 5월 「중국에 대한 미국의 전략적 접근보고서」*United States Strategic Approach to the People's Republic of China, 2020*를 발표하여 대 중국 견제를 공식화했다.

　미국 정부는 1979년 외교관계 수립 이래 중국이 전 세계에 건설적이고 책임 있는 국가로서 역할을 하기를 기대해 왔지만, 40여 년이 지난 현재 중국 공산당은 경제, 정치, 군사적 역량을 확대하면서 전 세계 국가들의 주권과 존엄성을 침해하고, 자유롭고 개방적인 세계 질서를 자국의 국익에 연동해 변모시키고 있다고 비판했다.

　미국과 중국 간의 갈등의 고조에 대해, 정치학자 그레이엄 앨리슨(Graham Allison)은 『예정된 전쟁』*Destined for War*에서 '투키디데스의 함정(Thucydides Trap)' 개념으로 설명했다. 아테네의 철학자 투키디데스는 『펠레폰네소스 전쟁사』에서 기존 맹주였던 스파르타가 급격히 성장한 아테네에 대해 불안감을 느끼게 되었고, 이에 두 나라가 지중해의 주도권을 놓고 전쟁을 벌이게 됐다고 설명했는데, 앨리슨은 "투키디데스가 예언했듯이 급부상한 신흥 강대국이 기존의 세력 판도를 흔들면 결국 양측의 무력 충돌로 이어지게 된다"고 예고한 것이다.[19] 영국의 경제 전문지 파이낸셜타임스(FT)는 2018년 올해의 단어로 바로 '투키디데스의 함정'을 선정했을 정도였다.

미·중 패권 경쟁은 두 국가만의 경쟁의 차원에 머물지 않는다. 그것은 자유민주주의 진영과 전체주의 진영 간 대결, 문명사회와 비문명 사회 간 대결, 친미진영과 반미 진영 간 대결의 양상을 띠는 세계사적인 의미를 갖고 있다. 더욱이 그 경쟁은 특정 세력만의 경쟁이 아니라 가치의 경쟁이다. 이러한 경쟁에서 한국은 선택을 요청받고 있다. 한국은 그동안 전략적 모호함에 기반을 두어서 결정을 미루고 상황에 따라 입장을 조정한다는 애매모호한 입장을 취해왔다. 안보는 미국, 경제는 중국이라는 '안미경중(安美經中)'이라는 신조어를 만들어 대응해왔다. 그러나 이런 입장은 더 이상 먹혀 들어가기 어렵다.

선택의 길은 분명하다. 가치와 원칙을 표명하고 그에 부합한 결정을 하는 것이 최선이다. 한국이 지향하는 자유민주주의, 시장경제, 자유무역, 인권이라는 보편적 가치와 군사 동맹, 북핵에 대한 대응 등의 가치를 대내외에 확고히 하는 것이다. 그렇다면 한국이 어떤 위치에 있어야 하는 것은 너무나 명백하다. 한국이 자유롭고, 민주적이며, 풍요롭고, 인권과 법치가 지켜지고, 개인의 생명과 다양성, 창의성이 존중되는 국가가 된 경로를 결코 잃어서는 안 된다.

한국은 세계의 주요 국가의 하나로서 세계와 인류의 역사와 미래에 책임 있는 일들을 해나가야 한다. 따라서 세계 문명사회의 가치를 공유하고 함께 나누는 역할을 해야 한다. 한국은 외국 원조를 받는 국가에서 원조를 하는 나라로 전환하였고, 이제 여기에 걸맞은 책임을 져야 한다. 후진적이고 수동적이며 자신만을 생각하는 자세가 아니라 개방적이고 능동적인 자세로, 세계의 주요 현안에 대한 정치적, 경제적, 군사적 기여를 해야 한다.

02 한·미·일 협력

1945년 이후 한국은 미국과 동맹 관계를, 1965년 이후 일본과 협력 관계를 유지해 왔다. 이는 한국과 미국 일본이 서로 연결되어 삼각 협력 관계로 이어졌다. 그리고 자유민주주의 국가이자 OECD 회원국, G20 회원국 등으로 국제 사회에서 아시아 태평양 지역을 대표하는 우방국으로 자리매김했다.

그런데 문재인 정권이 들어서서 이러한 관계에 커다란 균열이 생겼다. 문 정권은 그 이전의 정권들과 달리 핵심 우방인 미국과 일본에 반대하고 중국과 북한에 대한 굴종적이고 편향적인 정책을 펼쳐왔다. 세계의 보편적인 가치와 이념으로부터 스스로 떨어져나간 결과 국제사회에서 천덕꾸러기 신세가 될 정도였다. 특히 한미동맹을 약화시킨 것은 커다란 역사적 과오로 그 피해가 말도 못할 정도가 되었다.

그러면서 문 정권은 노골적으로 친중 정책을 펴왔다. 신냉전 상황인 미·중 패권 경쟁이 전개되고 있는 가운데 문 정권은 북한 핵문제, 남중국해 영유권, 미국의 인도·태평양 전략 참여, 한미 합동

군사훈련, 한·미·일 안보협력, 미사일 방어, 화웨이 제재 등 미국과 중국의 이해가 충돌하는 대부분의 문제들에서 중국 입장에 동조하였다. 문 정권은 남중국해에 대한 중국 정부의 영유권 주장과 불법점거에 항거하는 미국, 일본, 호주, 영국, 프랑스 등 자유주의 국가들이 남중국해에서 벌이는 '항행의 자유 작전'에도 불참하였다. 한·미·일 3국이 태평양 지역에서 실시해 온 합동해상훈련도 기피하였고, 미국이 군사보안 문제를 이유로 추진한 화웨이 제재에도 참여를 거부하였다. 미국이 주도하고 중국이 반대하는 모든 국제적 활동에 중국과 공조하는 입장을 보였다. 특히 문 정권의 대중국 '3불약속'은 한미동맹과 정면으로 상충되는 '안보주권 포기각서'이자 대중국 굴종외교의 상징이 되었다.

또한 문 정권은 친북 편향적인 안보 정책을 폈다. 북한의 한반도 비핵화 주장을 북한의 비핵화로 과장, 홍보하며, 북한의 핵무기가 북한의 체제 안전 수단일 뿐이라고 북한의 입장을 대변하였다. 핵과 경제 병진노선에 대한 발표를 비핵화 의지를 천명한 것이라고 대변해 주었다. 문 정권은 북핵 문제 이외에도 군사 안보, 9·19 남북군사합의, 한미합동훈련 중단, 금강산 및 개성공단 재개 등 대부분의 북한 관련 핵심 현안들에 대해 북한에 동조하고 미국에 반대하는 지경에 이르렀다. 심지어 한반도 해역에서 북한 선박의 밀 무역을 단속하기 위한 미국, 일본, 영국, 프랑스, 호주, 캐나다, 뉴질랜드 등 7개국의 합동해상작전에도 불참하였다. 이러한 상황은 북한의 비핵화를 더욱 어렵게 만들고, 한국의 안보와 평화 유지에 많은 불확실성을 초래하는 결과를 가져왔다. 한미동맹이 70여 년 만에 최대의 위기를 맞은 것이다.

문 정권은 북한의 핵무력을 기정사실로 인정해주면서 북한에 대한 국제사회의 제재를 완화하자는 친북 비핵화 전략을 내세웠다. 미국이 오히려 '완전한 북한 비핵화'를 이야기하고, 한국은 북한 핵무력을 인정하자고 하고 있으니, 그야말로 보통의 주객전도가 아니다. 게다가 문 정권은 동맹의 결속력을 유지시키는 중요한 군사적 장치의 하나인 전시작전권-한미연합사령부 체제를 해체하는 작업을 추진했다.

문 정권은 2018년 6월 싱가포르 미·북 정상회담 이후 유엔과 미국의 제재를 피해가면서 남북 경제협력을 주장하고, 비밀리에 북한에 퍼주는 시도를 해왔다. 그런데 한국 업체들이 북한 석탄을 밀반입한 것이 발각되어 국제적인 망신을 샀다.

문 대통령은 2020년 신년사에서 북한의 김정은 위원장 방한을 재요청했고, 기자회견에서도 국제 사회의 제재 해제를 촉구했다. 문정권은 미국 때문에 남북 관계 개선이 지연된다는 잘못된 정보를 퍼뜨렸다. 이러한 일련의 행동이 축적되자 2018년 9월 미국 블룸버그 통신은 "문재인 대통령이 유엔에서 김정은의 수석 대변인(top spokesman)이 됐다"는 제목의 기사를 내보냈다. "김정은이 유엔총회에 참석하지 않았지만, 그를 칭송하는(sing praises) 사실상의 대변인을 됐다. 바로 문 대통령"이라고 한 것이다.[20]

더 나아가 문 정권은 일본을 비난하며 한·미·일 삼각안보 협력을 무력화하였다. 2018년 10월 일제 강제징용 피해자들이 일본 기업을 상대로 한 손해배상청구 소송에서 한국 대법원이 피해자들의 손을 들어준 판결로 한·일 관계가 악화되었고, 이념적, 정치적 목적으로 반일 민족주의를 선동했다. 그리고 한·일 군사비밀보호협정(GSOMIA) 폐기를 기도하는 등 동아시아 안보 체제의 근간인 한·미·일 삼각협력 체제를 깨뜨리는데 앞장섰다. 문 정권이 들어선 후 한국은 매우 위험한 길을 걸었다.

한미동맹 복원

한미동맹은 단순한 국가간 협약이 아니다. 세계는 미국과 국가 대 국가로 동맹을 맺은 나라인 한국이 세계 10대 경제 대국으로 도약한 기적의 원동력이 한미 동맹이라는 것을 잘 알고 있다. 동유럽 국가들이 공산주의에서 벗어나자 제일 먼저 한 일이 미국 등 서방과의 협력 관계를 맺는 것이었다. 그런 판국에 문 정권은 세계사의 교훈을 무시하고 한미동맹을 깨려는 우를 범했다. 한미동맹을 깨려는 것은 북한, 중국과 같은 세력권으로 들어가겠다는 것을 의미한다. 이것이 문 정권 집권세력의 목표였다.

정부 수립 이후 70년간 한국은 미국을 중심으로 하고 서유럽과 함께 하는 자유민주주의 세계의 일원이었다. 한국은 그동안 아시아 태평양 지역을 포함한 세계무대에서 미국과 그 동맹국들이 벌이는 다양한 외교적 공동행동, 합동 군사훈련, 다국적 연합군 등에 참여함으로써 밀접한 관계를 맺어왔다. 미국, 영국, 캐나다, 일본, 호주, 프랑스, 독일, 이탈리아, 네덜란드, 스웨덴 등의 국가들은 모두 국제 문명사회와 자유민주주의 진영을 구성하는 핵심 국가들이다.

그런 한국이 문 정권이 들어서면서 돌연 방향을 급선회해서 세계 공산주의-전체주의 진영을 대표하는 중국, 러시아, 북한이 결성한 '북방 삼각체제'로 스스로 편입했다. 이들 세 나라는 모두 과거 6·25 남침의 주역이었고, 한국을 공산화하려 했던 나라들이다. 이것은 문 정권이 미국과 그 동맹국들을 떠나 중국, 러시아, 북한 등 공산주의/전체주의 진영에 합류함으로써 한국을 그 일원으로 끌고 가는 반역사적인 경로를 가는 것이다.

따라서 가장 시급한 일은 이런 문 정권의 시도를 완전히 폐기하고 위기에 처한 한미동맹을 정상화시키는 일이다. 한미동맹은 미국의 이익을 위해서가 아니라 한국의 이익을 위해 체결되었고 한국에 더 크게 기여하고 있다. 한국과 한국인이 지금 누리는 자유민주주의 체제, 인권과 법치, 풍요로운 생활도 그 바탕에는 한미동맹이 있다. 한국은 미국으로부터 경제, 사회, 문화 자원들을 도입하여 우리 실정에 맞게 성공적으로 정착시켰고, 그 성과를 누려 왔다. 그것이 역사적으로 올바른 선택이었음은 이미 입증되었다.

그리고 한미동맹의 맥락에서 미국의 아시아 정책에 동맹국으로서 역할을 정상화해야 한다. 이는 특히 점증하는 미·중 패권 경쟁에서 미국과의 동맹을 우선하는 것이다. 따라서 미국의 인도 태평양 정책과 남중국해 정책에 동참해야 하며, '3불 약속' 등 대중국 굴종 외교를 폐기해야 한다.

한국은 미국과 가치를 공유하는 나라들의 경제 네트워크인 '경제

번영네트워크(EPN)'에도 참여해야 한다. 경제번영네트워크는 개방성, 법치, 투명성의 원칙에 기반을 둔 국가, 기업, 시민사회 단체들로 구성된 포괄적 동맹이다. 공통의 가치를 바탕으로 선택적인 경제적 의존성을 만드는 것으로, 글로벌 공급망의 중국 의존도를 줄이고 네트워크에 참여한 국가들을 통해 공급망의 예측 가능성과 투명성을 높이는 데 있다.

미국은 일본, 인도, 호주와 함께 안보 연대인 '쿼드(Quad, 4각 협의체)'를 구성해서 인도·태평양 전략을 구체화했다. 쿼드는 원래 4개 국가간 합동군사훈련, 정보 교환 등의 전략에 대한 회의체였는데, 여기에 뉴질랜드, 베트남, 한국을 포함하여 쿼드 플러스로 확대하려는 과정에 있다. 따라서 한국은 아시아의 나토(NATO)판이라는 평가가 나오고 있는 이 기구에도 주도적으로 참여해야 한다.

한미동맹 역시 진화해야 한다. 한미동맹이 제2차 세계대전 이후 냉전 시대의 시대적 상황에 맞추어 확립된 것인만큼, 이제 그때와 다른 시대적 환경에서 다른 차원으로 재정립해야 한다. 21세기 신냉전 시대와 함께 디지털 전체주의의 등장, 게다가 핵국가를 선언한 북한의 위기 등이 추가된 복합적인 상황에서 한미동맹을 업그레이드하고 국제 사회에서 주요 국가로서의 역할을 해야 한다.

그것은 한미동맹이 북한 문제를 넘어서 글로벌 문제에 함께 공조하는 것이다. 기후변화, 전염병, 민주주의 위협, 핵무기 위협, 인권 등의 문제에 공조하는 것이다. 2020년 미국의 트럼프 전 대통령은 파리기후변화협약에서 탈퇴했지만 2021년 바이든 대통령이 재가입했다. 바이든 대통령은 2050 탄소배출제로와 같은 목표도 공표했다. 이러한 기후변화 문제에 적극 협력할 수 있다.

인권 문제도 더욱 관심을 가져야 한다. 그런 점에서 2020년 12월 문재인 정권이 강행 처리한 '대북전단금지법'은 바로 폐기해야 한다. 미국 의회의 초당적 인권 기구인 '랜토스 인권위원회'의 스미스 위원장은 "전단금지법이 가장 잔인한 공산 정권에서 고통 받는 주민들에게 민주주의를 증진하고 지원하는 행위를 범죄화한다"고 비판했다. 더 나아가 「국무부 연례 인권 자유 보고서」에서 "북한으로 들어가고 나오는 정보의 자유로운 이동은 매우 중요하며, 우리 정책의 중요한 요소"라고 했다. 이것은 한국이 반인권국가의 위치로 떨어지는 것이다.

2021년 바이든 대통령은 민주주의 10개국 정상회의(Summit of Democracies)를 개최한다고 밝혔다. 중국, 러시아, 북한 등 비민주주의 국가들로부터의 위협에 대처하는 이런 국제적 노력에서 한국이 소극적이어서는 안 된다. 주도적인 역할로 나서야 한다. '민주주의 10개국(D10)'은 단지 민주주의에만 국한된 것이 아니다. 이것을 중심으로 첨단 테크놀로지 등의 글로벌 공급망을 재편하는 것으로 연결된다.

지금 세계는 새로운 국제질서로 재편되고 있는 중이다. 그것은 미·중 경쟁을 연결고리로 해서 민주주의 국가대 전체주의 국가의 구도로 나누어지며, 정치, 군사, 경제 모든 면에서 새로운 세계화가 진행되고 있다. 한국이 이러한 과정에 자유민주주의 국가로서 적극 참여해야 한다.

중국과 거리두기

중국은 오랜 역사를 갖고 있고 세계 문명의 발전에 기여해왔다. 그러나 근·현대 시기의 중국은 세계에 그런 영감을 주지 못했다. 여전히 자국 중심의 중화(中華) 사상, 왕조 시대적 체제에 머물러 있으며 세계에 모범이 될만한 역할을 보여주지 못했다. 더욱이 최근에는 '일대일로'와 '중국제조 2025'라는 중화 민족의 부흥전략을 추진하며 패권국가를 지향하고 있다.

시진핑 주석은 2013년 9월 카자흐스탄 방문(육상 실크로드), 11월 인도네시아 방문(해상 실크로드)을 통해 '일대일로' 구상을 밝혔다. 이것은 중국 북방에서 중앙아시아를 거쳐 유럽에 닿는 육상(一帶), 중국 남부에서 해상을 따라 동남아~서남아~아프리카~중동~유럽으로 연결되는 해상(一路) 두 축으로 추진되고 있다. 2015년에 발표된 '중국 제조 2025'는 제조업을 더욱 발전시키기 위한 국가전략계획으로 중국이 첨단 산업에서 세계 선두주자가 되는 것이다. 이 계획의 핵심은 미·중 경쟁이 치열해지는 인공지능, 5G, 항공우주, 반도체, 전기 자동차, 생명공학 등에 집중되어 있다. 독일의 인더스트리 4.0 전략과 유사한 4차 산업혁명 전략인 것이다. 중국은 이 두 계획으로 미국을 제치고 패권국가가 되겠다는 목표를 '중국몽(中國夢)' 개념으로 드러냈다.

중국의 패권주의의 부상은 한반도에 커다란 영향을 준다. 중국은 한국을 아직도 속국으로 본다. 2017년 4월 미·중 정상회담에서 중국의 시진핑 주석은 미국의 트럼프 대통령에게 "한국은 역사적으로 중국의 일부"라고 노골적으로 말했다. 중국은 이미 오래전부터 역사를 왜곡하는 작업을 진행해 왔다. 2002년 시작된 동북공정은 고구려와 한국의 역사적 관계를 끊고 과거 우리 민족의 역사를 중국의 역사로 바꾸는 작업이었다. 이것은 한국의 통일 이후에도 계속 영향력을 행사하기 위한 것이다.

중국은 일관되게 한반도에 대한 영향력을 확보하려고 한다. 중국의 전략적 행보를 보면 한국에 친중 정권이 들어서서 한미동맹을 깨고 중국과 손을 잡고 남북한이 중국에 우호적인 연방통일 정권을 세우는 것을 목표로 하고 있다. 한국을 한·미·일 삼각동맹에서 분리시켜 중국화 즉 중국적 질서에 편입하는 것이 목표인 것이다.

이런 중국화가 바람직한 것일까? 중국은 그 자체가 많은 리스크를 갖고 있다. 경제적으로는 부채 증가, 내수경기 침체, 미국과의 무역 전쟁 등의 영향으로 경기 침체가 진행되면서 제조업 부문의 디폴트 위험이 있다. 중국의 정치 시스템과 리더십 위기도 크다. 2019년 홍콩 반정부 시위 확산과 그에 대한 중국 정부의 대처는 세계로부터 많은 비판을 받았다. 대만에서는 독립파 차이잉원 총통이 승리하여 중국과 거리를 두었고, 미국과의 관계를 복원하고 있다. 더욱이 우한에서 발생한 코로나19 사태로 중국은 통치 체제의 문제를 드러냈다. 정보·언론 통제와 초기 대응 실패에 따른 국민 불신과 민심 이반으로 정치적 불안이 높아졌다.

중국은 디지털 기술로 국민을 감시하는 체제를 만들었다. 얼굴 인식, 생체 인식, 빅데이터 등을 결합하여 감시 시스템을 고도화하였다. 특히 신장 위구르 지역의 이슬람 소수민족을 감시하고 억압하기 위해 이런 디지털 기술을 활용하며, 각 가정마다 고유의 QR코드가 부여되어 있을 정도였다. 중국이 인공지능 분야의 선도국가가 되겠다는 이면에는 이런 감시 전체주의의 목표가 자리하고 있는 것이다. 더 나아가 중국은 디지털 화폐인 디지털 위안화를 추진하고 있다. 그런데 이것도 통화의 흐름을 완전히 파악해서 경제 활동을 감시하고, 돈세탁을 방지하며, 자산의 해외 도피를 틀어막는 데 더 큰 목적이 있을 정도다.

이런데도 문 정권은 중국에 예속·편입하려는 국제관을 드러내 왔다. 한국을 중국, 북한과 엮겠다는 구도다. 이것은 개방과 자유를 기본 가치로 하는 해양 세력과 결별하겠다는 것이다. 대한민국은 1948년 이후 역사상 처음으로 해양 세력과 연결되면서 국가 발전의 길을 걸었다. 그런데 문 정권은 그러한 한반도의 지정학적 구도를 폐기하려고 하였다. 한미 동맹을 약화시키고, 한·미·일 3국 공조를 해체하려 했다. 우리 안보와 직결된 사드 배치와 관련해서 중국은 대단히 강압적인 간섭과 압력을 행사했다. 이에 대해서도 문 정권은 ① 사드 추가 배치를 하지 않으며, ② 미국의 미사일 방어체제(MD)에 참여하지 않으며, ③ 한·미·일 안보협력을 군사동맹으로 발전시키지 않는다는 3불(不) 정책을 발표하여, 중국에 굴복하였다.

문 정권은 패권주의를 드러낸 중국몽을 지지하는 등 심각한 반문명적, 반국가적 행위를 보여주었다. 다시 중화 조공질서로 복귀하려는 것인가?

문 대통령은 취임 이후 기회가 있을 때마다 중국을 예찬했다. 그는 2017년 12월 베이징대학 연설에서 "중국 소강(小康)사회의 꿈과 한국의 사람 중심 경제 목표가 서로 일맥상통한다고 생각한다. 국민 한 사람 한 사람을 소중하게 생각하는 근본정신이 같기 때문이다."라고 말했다. "높은 산봉우리가 주변 산봉우리와 어울리면서 더 높아진다"며 중국은 높은 산봉우리 비유하고 한국은 작은 나라라고 하며 소중화(小中華)를 자처했다.[21)]

문 대통령은 또 시진핑 주석에게 "중국의 통 큰 꿈을 보았다" "한국은 작은 나라, 그 꿈에 함께할 것" "한국과 중국은 운명공동체"라고 말하고 다녔다.

2020년 코로나19 사태 때 이러한 저자세는 절정에 달하였다. 코로나19는 중국의 공산당 일당 독재가 얼마나 취약한지, 반문명적인지를 보여주었다. 중국 정부가 이상 징후를 처음 감지한 의사들을 징계하고 언론을 통제하면서 위기관리의 가장 중요한 신속성과 투명성이 사라지고 확산된 것이다. 그런데도 문 대통령은 2020년 1월 코로나19 감염자가 급증하고 첫 사망자가 발생한 날 중국 시진핑 주석과 통화하면서 "중국의 어려움이 우리의 어려움"이라며 "조금이라도 힘을 보태고자 한다"고 했다. 그러면서 한국 정부는 중국에서 유입되는 감염원을 차단하지 않았다. 중국 공산당을 좋아하고, 마오쩌둥을 존경하고, "큰 산봉우리 중국 앞의 작은 나라 한국"이라고 스스로 비하했던 문 정권은 "한·중은 운명 공동체"라고 했다. 이에 대해 언론인 이하경은 "코로나 최고 숙주는 문 정권의 중국 눈치 보기"라고 말했다.[22)]

더욱이 2020년에는 중국이 한국 정치, 여론에 깊숙이 관여하는

'차이나게이트'가 드러났다. 중국은 공산당 차원에서 다양한 해외 공작을 해왔다. 2017년 영국 파이낸셜타임스는 시진핑 국가주석이 공산당 중앙통일전선공작부를 확대 개편해 중국의 영향력을 극대화하는 '마법의 비밀 병기'로 이용하고 있다고 폭로했다. 미국 의회 산하 미·중 경제안보검토위원회는 2018년 8월 「중국의 해외 통일전선 공작 보고서」를 발표했다.

미국과 호주, 뉴질랜드, 대만을 집중 조사한 이 보고서는 중국공산당 중앙통일전선공작부가 온갖 투명하지 못한 방식으로 정·관계 인사에게 접근해 중국의 영향력을 극대화시켜 왔음을 분석했다. 통전부는 정치인, 관료, 학자들을 음성적 자금이나 이권으로 사로잡아 중국 관련 정책을 좌지우지해왔고, 국제 사회에 중국 교포와 유학생들을 동원해 중국에 유리한 여론을 조성하는 공작을 해왔던 것이다.

중국은 통전부 이외에도 우마오당(五毛黨)이라는 댓글부대를 운영하는 것으로 알려졌다. 2000년대 초부터 지방정부들이 댓글 하나에 5마오(0.5위안)씩 주고 인터넷 여론 관리를 시켜 '50센트 정당'이라고 부른다는 것이다.[23]

중국은 한국에서도 여론 조작을 해왔음이 드러났다. 2019년 기준으로 한국에는 한국말을 아는 중국 교포가 34만 명, 중국인이 21만 명이 살고 있다. 이들이 한국 사회에 다양한 방법으로 영향력을 행사하거나 댓글 활동 등이 이루어지고 있다는 추측이 많았다. 그런데 2020년 2월 국내에 유학 중인 조선족 유학생들이 한국의 여론을 조작한다는 '어느 조선족의 고백'이라는 글이 인터넷 커뮤니티에 올

라오면서 드러났다.[24]

중국은 다른 나라의 선거나 여론 형성에 개입해왔다. 국제 사회는 이제 중국의 개입을 차단하기 위한 법·제도를 마련하고 있다. 미국, 호주, 대만 등이 대표적이다. 그러나 한국은 중국의 개입을 조사하고 그에 대응하는 조치를 취하지 않고 있다.

중국은 세계의 패권국가가 되려고 하고 있지만 세계의 모범이 되기에는 거리가 멀다. 중국의 국가 전체주의는 개인의 자유를 억압할 뿐만 아니라 사회 전체적으로 해가 된다. 중국 공산당이 정치, 경제, 군 등을 지배하는 독점으로 인해 발생하는 부패는 엄청나다. 한 금융계 인사가 3천억 원이 넘는 뇌물을 받아 챙긴 혐의로 사형을 선고받았는데, 집에 숨겨둔 현금 무게만 3톤에 달했다고 한다.[25] 금융계 인사가 이 정도니 공산당 지배층을 비롯한 권력집단의 부패 규모는 상상을 초월한다. 미국 국가과학원(PNAS)에 따르면 중국 지니계수는 세계 최고 수준이다. 평등을 지향하는 사회주의가 불평등을 높인다는 사례에 딱 들어맞는 것이다.

중국은 투명하지 않다. 공산당 일당 지배 체제로 정권에 불리하다 싶으면 언제나 통계나 자료를 은폐하고 조작한다. 중국의 세계 영향력은 커지는데 중국 정부가 공개하는 각종 자료들은 출처가 불분명하고 신뢰하기 어려우며 검증이 어렵다. 중국에서 자유와 인권은 주요 가치가 아니다. 1989년 천안문 사태 진압은 말할 것도 없고 소수민족 탄압, 2019년 이후의 홍콩 민주화운동 탄압 등에 이르기까지 인권 탄압이 상시적으로 일어난다. 따라서 단순히 경제 규모나 군사력 증강만으로 중국을 G2(주요 2개국)로 보는 것은 잘못된 것이다.

한국은 그동안 외교는 미국, 경제는 중국이라는 잘못된 공식에 사로잡혀 중국에 대한 의존도를 심화시켜 왔다. 미국과 중국 사이에서 양다리 걸치는 것을 최선인 양 '균형자'라는 이름으로 정당화해왔다. 그러나 이러한 모호성은 오히려 한국의 위상을 약화시키는 것이다.

이러한 입장에서 탈피하여 한국의 친중 정치 외교 행태와 중국 중독증에 빠진 경제를 변화시켜야 한다. 미국과 그 동맹국들과의 관계를 최우선으로 하여 대 중국 관계를 재정립해야 한다. 이것이 중국에 대한 한국의 자주적 외교를 확고히 하는 것이다. 우리의 영토와 주권, 자유민주주의 체제, 인권과 법치의 가치를 지키는 것이 한국의 외교 원칙임을 분명히 하는 것이다. 문 정권이 하듯이 중국에 저자세로 나가면 오히려 중국의 조롱과 압박만 부른다. 중국은 스스로 원칙을 포기하고 저자세로 나오는 국가일수록 더 거칠게 나온다. 사드 문제에 대해 계속 저자세로 나가다가 중국에 밀리면서 굴욕적인 양보를 한 3불 약속이 대표적이다.

오히려 한국이 전략적 가치를 강화할 때 자주적인 외교가 가능하다. 그 가치는 한미동맹에 있다. 그래서 미국의 아시아 태평양 전략에 동맹으로 참가해야 한다. 남중국해 문제에서도 미국과 아세안 우방 국가들과 공동 보조한다는 입장을 분명히 해야 한다. 한국의 사드 추가 배치와 미국 미사일 방어체제와 연계하여 운용하는 방안도 추진해야 한다.

경제적으로는 수출의 25%, 수입의 21%를 중국에 의존하는 구조에서 탈피해야 한다. 중국은 정치적 리스크가 크기 때문에 그동안 한국 기업들이 많은 피해를 보았다. 경북 성주 골프장을 사드 기지 부지로 국방부에 제공하면서 중국의 보복을 받은 한국 최대 유통기업 롯데그룹은 중국에 진출한지 11년 만에 철수했다. 한때 한국의 방송 프로그램과 영화가 중국에서 인기를 끌었지만, 그것도 잠시였을뿐 중국의 검열과 심의에 크게 피해를 보고 사라졌다. 동아시아 국가의 하나로서 중국과 무역도 필요하고 상호 교류를 계속해야 하지만 과도하게 의존하지 않도록 해야 한다. 디지털 전체주의 문제의 핵심 이슈인 중국의 화웨이 5G 통신장비는 안보문제와도 직결되어 있는 만큼 이러한 문제에 대해서는 단호하게 대응해야 한다.

해양문명권 편입

한일 관계는 역사적으로 부침을 거듭해 왔다. 특히 국내 정치 문제로 커다란 영향을 받는 경우가 대부분이었다. 문제는 반일 감정이 오랫동안 축적되어 왔다는 점이다. '역사 바로 세우기'를 내세운 김영삼 정부, 대북 유화책을 썼던 김대중 정부, 반미·친북 정서가 강했던 노무현 정부시기를 거치며 한일 관계는 계속 악화되어 왔다. 오래전의 박정희 정부가 오히려 국가와 정부의 역할을 정확하게 인식하고 한일 관계를 관리했던 반면 그 이후에는 국제관계나 국가안보보다 국민감정 관리나 정권에 대한 여론의 지지율 관리를 우선시한 경향이 짙다.

한일 관계는 특히 문 정권의 과도한 반일 정책으로 결정적으로 악화되었다. 과거사 문제 공세, 군사정보보호협정(GSOMIA) 일시 정지 등 반일 민족주의로 최악의 상황으로 치달았다. 역사 교육 왜곡 등으로 일본에 대한 비난이 지나치게 확산되었다. 더욱이 한국의 국내 법원이 일제 식민지 시대 일본의 손해배상을 판결한 것이 결정적이었다. 2018년 10월 대법원은 강제 징용 피해자에 대해 일본 기업의 손해배상을 판결하여 한일 관계를 악화시켰다. 2021년 1월에는 일본군 위안부 피해자들이 일본 정부를 상대로 제기한 소송에서 역시 일본 정부의 손해배상을 판결했다가, 4월에는 이를 뒤집는 오락가락 행보를 보였다.

그동안 한국과 일본은 과거사를 정리하기 위한 노력을 꾸준히 해왔다. 1965년 한·일 기본 조약에 이어, 한국은 일본의 사과를 요구했고, 일본은 사과 담화들을 발표해 왔다. 일본군 위안부에 대한 강제성을 인정한 1993년 고노 담화, 1995년 아시아 국민의 피해와 고통에 사죄한 무라야마 담화, 1998년 김대중－오부치 한·일 공동선언, 2005년 고이즈미 담화, 2010년 한국의 식민지 지배에 대해 사죄한 간 나오토 담화, 2015년 아베 총리의 한·일 위안부 합의에서 책임 인정 등이 이어졌다. 국제법이나 국제정치적으로 전쟁이나 식민지 지배에 대한 사과나 손해 배상 등은 논란이 많다. 국제법적으로는 각국 주권이 평등하기 때문에 한 국가는 다른 국가의 법원에서 피고로 소송을 당할 수 없다는 '주권 면제(국가 면제)' 원칙이 확립되어 있다. 더욱이 이미 1965년에 식민지 지배에 대한 포괄적인 한·일 기본 조약을 맺은 바 있다. 한국이 세계의 주요 국가의 하나로 올라선 지금 국제법과 국제정치에 대한 존중과 이해가 필수적이다.

더욱이 이러한 문제가 증폭되는 데에는 북한이 반일 민족주의를 부추기는 것도 영향을 주었다. 예컨대 위안부 문제는 북한의 선전 선동과 같은 이해관계를 갖고 있다. 2020년 6월 일본군 위안부 단체 관련 공금 유용 의혹이 제기된 윤미향 더불어민주당 의원 논란에 대해 북한 선전매체들이 "친일·반인권·반평화 세력의 준동"이라며 두둔하고 나섰다. 북한 대남선전매체 '통일의 메아리'는 "윤미향의 부정부패 의혹이 제기되었는데, 이를 구실로 정의연과 그 지지 세력에 대한 보수 세력의 비난 공세가 맹렬히 벌어지고 있다"며, "보수 세력의 비난공세는 친일, 반인권, 반평화 세력의 준동"이라고 했다. 북한의 또 다른 대남선전매체 '우리민족끼리'도 "남조선 인민이 친일청산 투쟁을 끝까지 벌여야 한다"고 선동하고 나섰다.[26] 한일 과거사가 북한이 반일로 몰고 가는 선동으로 이용되고 있는 것이다.

한일 관계의 걸림돌은 과거사 문제에 있다. 따라서 이제 과거사 문제는 국가간 협력과 분리하여 다루어야 한다. 특히 위안부 문제는 인권 사안과 안보, 경제 부문을 분리하여 해결해야 한다. 좌파 진영은 위안부 문제를 전가의 보도처럼 휘두르면서 한·일 관계 개선과 한·미·일 협력구도를 깨뜨리고 있다. 오히려 위안부 문제가 해결되는 것을 원하지 않는다. 위안부 분쟁이 영속돼야 자기 존재가 유지된다고 보는 '윤미향식 인식구조'를 가지고 있다.

2020년 5월 위안부 출신 이용수 할머니의 폭로는 한국 사회에 커다란 충격을 주었다. 상대에 대한 증오를 끊임없이 재생산하는 반일 운동이 뒤에서 남몰래 이득을 취하려는 세력에 의해 진행되어 왔다는 것이 드러났다. 반일 마케팅으로 정치적 세력을 키우고 유지해온 것이다.

　이제 이러한 반일 민족주의 운동에서 벗어나야 한다. 한·일 관계는 더 이상 이런 좁은 시각의 국내 정치용 관점이 아니라 문명사적 관점에서 재정의할 필요가 있다. 한국과 일본은 정치적, 경제적, 문화적으로 밀접하게 연결되어 있다. 현대사에서 한국과 일본은 공히 자유민주주의 진영의 일환으로 자리 잡고 있다. 자유 시장경제와 민주주의, 법치주의의 공동 가치를 공유하는 나라들이다. 이런 해양문명권에서 안보와 경제를 공유하고 균형을 갖춤으로써 동아시아의 새로운 지형을 만들어냈다. 동아시아의 한국과 일본이 세계 주요국가의 일원으로 자리 잡은 것은 두 나라의 협력이 결정적인 역할을 한 것이다. 이것은 문화적으로도 확장되어, 한류가 최초로 커다란 영향력을 갖게 된 것도 일본에서였다. 한국과 일본의 관광객들은 서로의 국가를 방문하여 관광산업을 성장시키고 서로의 문화를 더 잘 이해하고 있다. 그럼에도 불구하고 과거사에 연연하여 일본과의 관계를 악화시키는 것은 한국의 발전과 미래에 유익하지 않다. 이용수 할머니도 "한일 양국의 미래 관계를 구축해 나갈 학생들간 교류와 공동행동 등 활동이 좀 더 확대되기를 바란다"고 강조했다.

한일 관계를 과거사 문제와 분리하여 복원하는 것이 필수적이다. 그래서 한·미·일 협력을 복원하는 것이 한국의 외교 안보와 경제, 문화, 정치 등 모든 면에서 중요하다. 따라서 한일 자유무역협정(FTA) 체결, 포괄적·점진적 환태평양경제동반자협정(CPTPP, Comprehensive and Progressive Trans-Pacific Partnership) 가입 등 해양문명권의 경제적 협력을 증진해야 한다. CPTPP는 아시아·태평양 지역 경제의 협력을 목표로 공산품, 농업 제품을 포함한 모든 품목의 관세를 철폐하고, 정부 조달, 지적 재산권, 노동 규제, 금융, 의료 서비스 등의 비관세 장벽을 철폐하고 자유화하는 협정이다. 2005년 6월에 뉴질랜드, 싱가포르, 칠레, 브루나이 등 4개국 체제로 출범하여, 일본, 호주, 캐나다, 베트남, 뉴질랜드 등의 국가들이 참여한 태평양 지역의 경제협력체로 확대되었다. CPTPP 가입은 환태평양 역내 '가치 사슬 재편'을 통해 한국의 자유 경제 제도를 더 도약시킬 수 있는 기회다.

한일 관계는 유럽의 프랑스·독일 관계와 유사하다. 근현대사에서 프랑스와 독일은 엄청난 전쟁을 벌이고 한일 관계 이상의 적대 관계가 오랫동안 이어졌다. 20세기만 해도 두 번의 세계대전 모두에서 두 나라는 적으로 싸웠다. 그런 두 나라가 20세기 후반 이후에는 미래지향적이고 실용적인 외교로 함께 유럽연합을 이끌며 지금은 화해와 번영을 공유하며 누리고 있다. 한일 관계가 과거지향, 감정적 대결 관계를 지양하고 프랑스와 독일처럼 얼마든지 미래지향적인 번영의 윈윈 관계를 만들 수 있다.

동아시아에서 어떤 나라도 독자적으로는 중국의 팽창하는 파워에 대응하기 어렵다. 사드 보복, 희토류 무기화, 한국·일본 제품 불매운동 등은 그 시작에 불과하다. 지소미아는 한일 군사정보 교류측면에서 보다는 미국의 아시아 양대 동맹인 한·미, 미·일 동맹을 묶어주는 연결고리로서의 의미가 더 크다. 한·미·일 삼각체제는 북·중·러 체제에 대응하는 전략의 일환이다. 더욱이 이러한 삼각체제는 인도-태평양 전략 협력의 중요한 연결고리로 작용한다.

미국과 중국은 무역 갈등을 넘어 체제 경쟁, 가치 경쟁으로 이동하고 있다. 미·중 디커플링은 일시적이지 않고 장기적으로 진행되게 된다. 그렇게 되면 다른 나라들은 서로 더 긴밀히 공조해야 한다. 특히 한국은 유럽과 일본 등과 전략적인 관계를 더욱 강화할 필요가 있다.

더욱이 한국은 세계 질서에 적극적으로 편입하여 발전, 성장해왔다. 한국은 해양문명권의 국가들과 자유민주주의 진영에 속하면서 국제 사회의 도움을 받아 경제 성장과 민주주의 발전을 이룩할수 있었다. 그런데도 한국은 국내 정치 문제에 지나치게 빠져 다른 국가와 세계에는 관심 없는 '우리끼리' 의식이 매우 강하다. 국제적인 대의를 위한 군사 작전이나 봉사 활동 등이 취약하다. 다국적군에 참여할 때에도 위험 지역을 피하고, 주력 부대가 아니라 공병부대나 의무부대와 같은 지원 부대 위주로 파견하는 소극적인 입장을 취하는 경우가 대부분이다. 국제 사회의 주요 국가로서 이제는 그러한 폐쇄적인 틀을 벗어나야 한다. 국제 사회에 보다 개방적이고 깊은 책임을 가지고 참여해야 한다.

디지털 민주주의 동맹

　국제 질서에서 중요한 부문으로 떠오르고 있는 것이 디지털 기술이다. 미국과 중국 사이에 벌어지고 있는 신냉전 패권 전쟁에서 디지털 기술 전쟁은 가장 중요한 부문의 하나다. 세계가 인공지능과 빅데이터, 5세대 이동통신 등과 같은 디지털 기술의 기반에 의해 디지털 경제와 사회로 변화하고 있기 때문이다.

　디지털 시대가 시작될 때에는 디지털 기술이 민주주의를 증진시킬 것이라는 낙관적인 기대가 있었다. 모든 사람이 더 많은 정보에 접하고, 개인이 정보를 생산할 수 있어서 개인의 자유를 증진할 수 있다고 보았던 것이다. 한때 인터넷 민주주의와 모바일 민주주의에 대한 기대가 높았다. 그러나 전체주의 국가들이 디지털 기술을 수용하면서 그러한 기대는 무너지고 있다.

　중국이 그 선두에 있다. 중국은 얼굴 및 음성 인식, 5G 이동통신, 디지털 결제, 양자 통신, 상업용 드론 시장 등의 분야를 주도하고 있는데, 비민주주의적인 기술 이용에 앞장서고 있는 것이다. 얼굴 인식이나 음성 인식은 국민을 통제하고 감시하는데 광범위하게 사용되고 있다. 특히 신장 위구르 지역의 주민들을 통제하는데 이러한 인공지능 기반 인식 기술을 사용하여 억압하고 있다는 것이 알려져 세계에 충격을 주었다.

　중국의 화웨이는 디지털 기술 질서의 핵심 문제로 떠올랐다. 미국이 화웨이 통신장비 제품의 사이버 보안 문제를 내세워 수입을 통제하고 나선 것이다. 2018년 2월 CIA, FBI, NSA 등 미국의 정보기관들이 화웨이 제품을 사용하지 말라고 경고했다. 8월에는 미국 정부가 '국방수권법'을 통과시켜 화웨이를 정부 조달에서 배제하기로 했다. 미국이 우려한 것은 화웨이 제품의 백도어를 통해 유출될 데이터가 야기할 국가안보의 문제였다. 화웨이가 5G 이동통신망을 장악할 경우 미국의 핵심적인 국가정보를 중국 정부에게 내줄 수 있다는 우려가 제기된 것이다. 따라서 2019년 2월 마이크 펜스 미국 부통령은 뮌헨 안보회의에서 미국의 동맹국들이 화웨이 제품을 사용하지 말도록 촉구했다. 5월에는 트럼프 대통령의 행정명령으로 국가비상사태를 선포하고 민간 기업들에게도 화웨이와 거래 중지를 요구했다. 화웨이같은 기업이 통신 장비의 백도어로 비민주주의적 방식으로 개인의 사생활을 침해하고, 정보를 빼내서 중국 공산당 정권에게 제공함으로써 디지털 전체주의에 기여하고 있다는 것이다.

중국은 이러한 디지털 전체주의를 국제적으로 확산하고 있다. 이것이 중국 일대일로에 비교되는 디지털 실크로드(Digital Silk Road) 프로젝트이다. 그러면서 쿠바, 이란, 북한, 러시아, 베네수엘라 등과 같은 국가가 중국의 사례를 따라 디지털 기술을 불법적인 목적으로 점점 더 많이 사용하고 있다. 중국은 이들 나라를 돕고 있다. 예를 들어 짐바브웨에서 중국 AI기업 클라우드워크(CloudWalk)는 국가 안면 인식 시스템 개발을 돕고 있으며, 이는 짐바브웨 정부에 정치적 통제를 위한 강력하고 새로운 도구를 제공하고 있다. 더욱이 이들 국가들의 협력 체계를 만들어 공동으로 대응하고 있다. 중국과 러시아, 기타 권위주의 국가들은 정보 보안, 로봇 공학, 전자

상거래 등의 분야에서 협력하기로 하고 상하이 협력기구(Shanghai Cooperation Organization)와 같은 독자적인 그룹을 만들어 새로운 기술사용 표준을 만드는 국제적인 압력단체로 키우고 있다.

중국을 중심으로 이루어지고 있는 이러한 국제 디지털 기술 질서에 대해 자유민주주의 국가들은 두 가지 방안으로 대처하고 있다. 하나가 중국 기업인 화웨이 장비를 사용하지 못하게 공동으로 협력하는 것과 같은 전략이다. 따라서 미국, 영국, 일본 등의 자유민주주의 국가들은 자국에서 화웨이를 퇴출시키고 있다. 2019년까지만 해도 영국, 독일 호주, 뉴질랜드 등의 국가들은 5G 사업에 화웨이 제품을 일부 쓰겠다는 태도를 취해왔다가, 2020년 이후 입장이 다 바뀌었다. 미국은 한국에 대해서도 화웨이 부품을 사용하지 말도록 권고하고 있으나 문 정권은 동의하지 않았다.

또 다른 방향으로는 자유민주주의 국가들 간에 디지털 협력의 새로운 거버넌스를 만드는 전략이다. 자유민주주의 국가들이 디지털 기술에 대한 동맹을 만들어 대처하는 것이다. 특히 2020년 말에 이러한 기술 동맹에 대해 구체적인 제안들이 나왔다. 영국 정부도 중국 기술 기업에 대항하기 위해 '민주주의 10(Democracy 10)'그룹을 제안했다.

국제정치학자인 코엔(Cohen)과 퐁텐(Fontaine)은 국제정치 저널인 '포린어페어스(Foreign Affairs)'에 자유민주주의 국가들이 '기술 민주주의(TechnoDemocracies)국가들 간의 디지털 협력(Digital Cooperation)' 그룹을 설립할 것을 제안했다. 이것을 'T-12'로 부르고, 미국, 영국, 일본, 독일, 프랑스, 호주, 캐나다, 한국, 핀란드, 스웨덴, 인도, 이스라엘 등을 후보 국가로 제안했다. 코엔 등은 'T-12' 회원국들이 특히 반도체와 같은 중요 부문에서 공급망의 보안에 대해 서로 정보를 공유하고 대처할 수 있다고 보았다. 국제 시장에서 중국산 부품이나 소프트웨어가 포함된 공급망을 조사할 수 있으며, 중국의 5G 기술이 가져올 위험에 대해 비교 평가할 수 있다는 것이다.

또한 양자 컴퓨팅의 발전을 검토하고, AI 안전성을 조사하고, 지적 재산권의 탈취를 방지하기 위한 전략을 공유하며, 온라인 선전, 허위 정보, 독재 정권이 자유민주주의를 훼손하기 위해 기술을 사용하는 특정한 방법 등에 대한 정보를 교환할 수 있다고 주장했다. 새로운 디지털 기술의 표준을 정하는 일은 대단히 중요하다. 안면 인식 소프트웨어만 하더라도 이미 중국 정부뿐만 아니라 러시아 정부도 사진을 소셜 미디어 계정과 연결하는 등 감시 목적으로 사용되고 있는데, 주요 민주주의 국가들은 안면 인식 기술사용에 대한 규칙에 아직 동의하지 않았다.[27]

한편, 싱크탱크인 신미국안보센터(Center for a New American Secu -rity)는 '민주주의 기술 정책 동맹(Alliance Framework for Democratic Technology Policy)'을 제안하였다. 세계의 주요 자유 민주주의 국가들의 기술 리더십은 민주주의 제도, 규범 및 가치를 보호하는 데 필수적이다. 따라서 자유민주주의적 가치, 법치, 인권을 존중하며, 21세기 경제에 중요한 기술 분야에서 규모의 경제와 광범위한 역량을 보유한 국가들로 기술 동맹을 설립할 것을 제안하였다. 회원국 후보 국가로는 호주, 캐나다, 유럽 연합(EU), 프랑스, 독일, 이탈리아, 일본, 네덜란드, 한국, 영국, 미국 등 10개국을 들었다.[28]

2021년 들어서는 화웨이에 이어 반도체 이슈가 제기되었다. 미국은 자유민주주의 국가들 중심으로 반도체에 대한 공급망을 재편하기 위해 나섰다. 바이든 대통령은 2021년 4월 '반도체 및 공급망 회복 최고경영자(CEO) 회의'를 주재하고 반도체를 21세기 인프라로 보고 중국을 배제한 공급망 재편을 추진하겠다고 밝혔다. 여기에는 한국의 삼성전자와 대만의 TSMC 등의 글로벌 반도체 공급망을 대표하는 동아시아 국가의 기업들이 초청되었다.

이렇게 디지털 기술 분야에서 제기되는 국제 기술 동맹은 새로운 세계화의 한 방향이다. 그리고 이것은 미국과 중국 대결의 신냉전을 반영하고 있다. 19~20세기 국제 질서가 제국주의 시대와 냉전 시대의 지정학적 질서였다면, 21세기 국제 질서는 기술과 경제 중심의 질서로 움직이고 있음을 알 수 있다.

한국은 이러한 자유민주주의 국가들의 디지털 기술 동맹에 주도적으로 참여해야 한다. 한국이 이러한 국제 질서의 논의에 초청 후보 국가가 되는 것은 자유민주주의와 디지털 국가로서의 위상 때문이다. 한국이 이런 위상을 놓치지 않고, 자유민주주의의 가치를 공고히 한다면 국제 사회에서 주도적인 역할을 할 뿐만 아니라, 더 나아가 경제와 사회를 도약시키는 새로운 기회를 맞을 수 있다.

03 자유민주주의 통일

대한민국과 북한의 통일관

많은 국민들이 통일을 해야 한다고 생각한다. 그런데 통일이라는 담론에 감정적으로 빠져 있어 종종 어떤 통일이냐를 묻지 않는다. 통일에는 여러 가지 방안이 있다. 자유민주주의를 기반으로 한 통일이 있는가 하면, 공산주의가 주도하는 통일이 있을 수 있다. 사회주의적 공통분모를 가진 연방제 통일이 있을 수도 있다. 그러므로 우리는 먼저 그냥 통일이 아니라 어떤 통일이냐를 확인해야 한다.

대한민국과 북한이 1945년 이후 완전히 다른 길을 걸어온 만큼 통일에 대한 두 당사자의 인식은 대단히 다르다. 대한민국은 자유민주주의 체제로 통일하는 방안을 갖고 있다. 이승만 대통령의 '북진통일', 박정희 대통령의 '선 평화 후 통일'을 거쳐, 김영삼 대통령 때 '한민족공동체 통일 방안'으로 정리했다.

그런데 1998년 이후 한국의 통일방안에 변화가 생겼다. 김대중 대통령은 연방제 또는 국가 연합과 같이 그 이전과는 다른 방안을 제시했고 그것을 '햇볕정책'으로 불렀다. 햇볕정책은 북한에 협력과 지원을 함으로써 북한이 핵을 포기하고 개혁·개방에 나서도록 한다는 목표로 널리 알려졌다. 그러나 북한은 개혁·개방에 나서지도 않았고, 오히려 핵 개발을 중단하지도 않았다. 그리고는 한국 정부로부터 4억 5천만 달러에 이르는 현금 지원을 비롯한 각종 지원만 받았음이 밝혀졌다. 결국 햇볕정책은 친북직 동일방안으로, 북한의 통일전선전술에 호응한 결과만을 낳던 것이다. 좌파 정권들은 북한의 주장을 국민과 국제사회에 왜곡해서 알리는 행태를 보이며 결과적으로 이런 전술에 호응하였다. 특히 북한이 주장하는 한반도 비핵화를 마치 북한의 비핵화인 것처럼 오도하여 국민들에게 알리는 치명적인 잘못을 저질렀다. 북한의 핵을 북한의 체제 안전 수단일 뿐이라고 옹호하기까지 했다.[29]

문 정권 들어서는 연방제 통일 방안을 목표로 한걸음 더 나갔다. 한국이 먼저 연방제 수준의 지방분권 내용을 추진한 것이다. 2018년 문 대통령의 청와대가 발표했던 헌법개정(안)은 그러한 사전 포석이 담겨 있어서 많은 사람들을 놀라게 했다. 개헌안 전문에 "자치와 분권을 강화"한다는 구절이 들어갔고, 제1조 제3항에 "대한민국은 지방분권 국가를 지향한다"는 조항을 포함했다. 이러한 시도는 연방제 통일을 추진하기 위한 포석으로 간주되었다. 연방제 통일 방안은 중국식 일국양제를 지향하는데, 1개의 연방국가 내에 한국의 분권정부와 북한의 중앙집권정부가 공존하게 된다. 그러면 분권정부를 가진 한국보다 강력한 중앙정부의 북한이 더 큰 영향력을 행사하게 되는 불균형이 발생한다. 결국 한국이 약한 고리로 작용하여 북한이 주도하는 통일의 한 방편으로 작용할 수 있다.

문 정권은 3차례에 걸친 남북정상회담, 종전선언 추진, 남북경협 제안 등 적극적 친북 정책을 추진해왔다. 북한 석탄을 수입하고, 공해상에서 석유를 환적하는 등 유엔의 경제 제재를 지키지 않고 불법적인 대북 지원에 나서기까지 했다. 문 정권의 이러한 친북 정책은 미국 및 유엔의 대북 경제 제재, 야당의 반대 등의 반대에도 불구하고 지속적으로, 때로는 은밀하게 이루어졌다.

　그 결과 대한민국 내에서는 통일 방안이 분열되는 상황이 이어졌다. 특히 문 정권이 북한의 통일 방안에 공조하면서 한국 주도의 통일 추진력이 약화되었다.

　반면에 북한은 일관되게 북한 중심의 공산주의 체제가 주도하는 통일 방안을 고수해 왔다. 북한은 조선혁명을 고수하며, 신 조선 김씨 세습왕조를 이어가고 있다. 이제는 조선 민족을 넘어 아예 스스로를 '자주 김일성·김정일 민족'으로 부른다. 심지어 헌법에 "조선민주주의인민공화국은 김일성과 김정일의 국가건설사상과 업적이 구현된 주체의 사회주의국가이다…. 조선민주주의인민공화국 사회주의 헌법은 김일성과 김정일의 주체적인 국가건설 사상과 국가건설 업적을 법화한 김일성–김정일헌법이다."라고 명시하고 있다.[30] 헌법에 김일성과 김정일의 이름을 넣어 국가의 헌법을 이들 사인들의 헌법이라고 명시하는 것은 세계적으로도 매우 이례적이다.

　북한은 2016년 제7차 노동당 대회에서 북한 주도의 한반도 통일에 대한 의지를 재확인하였다. 이후 핵무기, 대륙간 탄도미사일 등 전략무기를 중심으로 북한이 주도하는 한반도 통일 방안을 지속적으로 추진해왔다. 2017년에는 6차 핵실험과 대륙간탄도미사일 실험에 성공했다. 그리고 2021년 제8차 노동당 대회에서도 핵을 포함한 무력을 계속 강화할 것을 선언했다. 게다가 불과 4년 만에 핵잠수함과 다양한 전술핵 개발로 고도화할 정도로 무력을 강화시켰다.

북한의 통일 방안은 변하지 않았다. 최종적으로는 무력에 의한 적화통일을 목표로, 주체사상 이념의 연방국가를 만드는 '고려연방제 통일 방안'을 추진해왔다. 이것은 "프롤레타리아 계급투쟁으로 남조선을 해방하고 공산주의 사회를 건설한다."는 것을 다르게 표현한 것이다.

따라서 한국의 좌파 정권이 주장하는 연방제와 북한의 고려연방제가 접점을 이룬다. 2000년 6·15 남북공동선언문(김대중·김정일) 2항에 "남과 북은 나라의 통일을 위한 남측의 '연합' 제안과 북측의 '낮은 단계 연방' 제안이 서로 공통성이 있다고 인정하고 앞으로 이 방향에서 통일을 지향해 나가기로 하였다."는 것이 시작이었다.

북한의 연방제의 목표는 노동당 규약이 정한 대로 한반도 전체의 공산화다. 북한은 그들이 말하는 낮은 단계의 연방제에서도 남한과 북한이 하나의 국가를 형성하고, 단일화된 주권을 행사하는 중앙정부가 창립되며, 따라서 남한과 북한은 주권이 박탈된 지방정부로 지위가 전락한다고 본다. 낮은 단계의 연방제는 높은 단계의 연방제(고려연방제), 즉 북한의 통일방안인 '고려민주연방공화국'으로 가는 중간단계다. 고려연방제는 1국가 2체제 2정부 방식의 연방제다. 중립국인 고려민주인민공화국을 건립하고 통일의회, 통일내각, 통일군대를 둔다. 한국은 자본주의 체제를, 북한은 사회주의 체제를 유지한다. 연방정부는 정치, 외교, 국방권을 행사하고, 2개의 자치 정부는 입법·행정·사법권을 행사한다.

고려연방제 통일 원칙은 자주(주한미군 철수), 평화(미국과 평화협정 체결), 민족 대단결(남한 내 공산주의 활동 보장)이다. 남한 내 '자주적 민주정권(공산정권)수립'을 기본목표로 한다. 고려연방제 통일 전제 조건은 주한미군 철수, 국가보안법 폐지, 국정원·기무사 등 안보수 사기관 해체 등이다. 결국 연방제의 목적은 공산주의 정당인 조선 노동당이 상부구조인 공산주의 국가 북한과 한국이 함께 연방정부 구성에 참가한 후 연방정부를 공산화시키는 것이다. 북한은 이런 공산화 전략을 포기한 적이 없다.

문 대통령은 오래전부터 연방제를 주장해왔다. 2012년 8월 김대 중 전대통령 3주기 추도식에서 "남북 국가연합 또는 낮은 단계의 연방제를 꼭 실현해 그 분이 6·15선언에서 밝힌 통일의 길로 나아가 고 싶다"고 했다. 2017년 4월 대선후보 TV토론에서도 "낮은 단계의 연방제는 우리가 주장하는 국가연합과 거의 다르지 않다고 생각한 다"고 주장했다.[31]

문 정권의 '낮은 단계 연방제'가 북한의 '높은 단계 연방제'와 다 른 것은 연방정부는 남북관계를 조절하는 역할만 담당하고 외교, 군사권을 각 자치정부가 담당한다는 정도다. 공통점은 1국가 2체제 라는 것이다. 게다가 낮은 단계의 연방제도 1개의 국가이므로 외국 군인 미군이 철수해야 한다. 그리고 북한 자치정부에 대한 고무·찬 양 등 이적행위를 처벌하는 국가보안법도 폐지해야 한다. 즉 북한의 요구를 다 들어주는 것이다.

문 정권은 2018년 연방제 수준의 '지방분권' 내용을 담은 개헌안을 발의했다. 개헌 시도는 무산되었지만, 한국을 연방국가로 만드는 것은 북한의 연방제 통일방안을 수용하기 위한 토대를 마련하는 작업이라는 비판을 받았다. 2018년 9월 19일 문 대통령은 평양을 방문하여 5·1 경기장에서 연설하면서 자신을 '남쪽 대통령'으로 격하시킴으로써 대한민국을 국가로 보지 않고 '지방'으로 보는 입장을 전 세계에 공개했다.

연방제는 공산주의 세력이 전형적으로 쓰는 '통일전선' 전략의 일환으로, 정치권력 투쟁에서 아직 경쟁 세력을 제압하지 못할 때 쓰는 전술이다. 연방제 추진이 어떻게 귀결되는가는 역사에서 많이 볼 수 있다. 중국 현대사에서 공산당과 국민당이 권력 투쟁을 벌이고 있을 때 공산당은 몽골, 티베트, 신장 위구르 지역을 끌어들이기 위해 이들 소수 민족들이 중국과 자유롭게 연방을 형성하고 이탈할 수 있는 권리를 보유한다는 '자유연방제'를 대대적으로 선언했다. 1931년 11월 '중화소비에트공화국헌법대강'에 조항으로 포함시켰다. 그러나 1949년 중국 공산당이 정권을 잡았을 때 자유연방제는 바로 폐기되고 이들 지역을 무력으로 정복함으로써, 이들이 독립할 수 있는 자유를 완전히 부정했다. 그 결과는 어떠한가? 오늘날 신장 위구르 지역의 인권 탄압은 세계적인 인권 문제가 되고 있다.

문 정권의 이념적, 정치적 차원의 반미, 반일, 친중, 친북적 입장은 '9·19 남북 군사합의'에 따른 군사 능력의 약화로 이어졌다. 한미

연합훈련을 축소하고, 지소미아 파기에 따른 한·미·일 안보협력 체제를 와해시키려 했고, 한미동맹을 약화시키는 등 안보 상황을 위기에 빠뜨렸다. 북한의 주체사상과 민족해방통일전선 이론에 기초한 대남전략이 한국의 80년대 운동권 세대의 반미, 친북 정서와 결합되어 문 정권의 낡은 민족주의에 기반을 둔 통일 방안으로 이어졌다.

문 정권은 또한 통일을 이벤트로 부풀리고 선전으로 활용했다. 북한이 비핵화에 전혀 관심이 없다는 것은 이미 알려져 있었다. 그것이 세습독재 체제를 보장하는 생명보험과 같다고 믿고 있기 때문이다. 그런데 문 정권은 북한이 비핵화에 관심이 있다는 허위 정보를 미국에 알려서 평화 쇼를 하게 함으로써 세계와 국민들을 속였다는 것이 밝혀졌다. 볼턴(John Bolton) 전 미국 국가안보보좌관은 회고록 『그것이 일어난 방』^{The Room Where It Happened}에서 "비핵화를 둘러싼 미·북 외교는 한국의 창조물"이라고 썼다. 미·북 정상회담을 포함한 북핵 외교가 북핵 폐기를 위한 진지한 논의보다는 문재인 정부의 '남북 이벤트'를 위해 이루어졌다는 것이다.[32]

뿐만 아니라 2019년 판문점에서 열린 미·북 정상회담에서도 문 대통령은 "미·북이 사실상 적대 관계를 종식했다"고 선언했다고 주장했다. 이것은 현실을 왜곡하고 국민들을 속인 것이다. 한국 국민을 북한의 핵 위협의 공포 속에서 인질 신세로 살아가도록 한 것이나 마찬가지다. 북한의 핵 문제를 이벤트와 쇼로 평화로 포장하는데만 정신이 팔렸다.

문 정권은 더 나아가 북한의 핵을 민족의 자산이라고 보기까지

하는 위험한 발상을 드러냈다. 문 정권 인사가 "통일 후를 생각하면 북한의 완전한 비핵화보다 일부 핵을 남겨두는 것이 더 나을 수도 있다. 우리 민족이 강대국의 횡포를 견제하는 데 핵을 가진 것이 훨씬 유리하다. 남의 경제력과 북의 핵이 합쳐지면 세상 무서울 게 없다. 우리 세대에 이 위업을 이루자"고까지 주장했다.[33]

언론인 지해범은 이러한 상황이 대한민국의 '북한화'를 우려한다고 경고했다. 대북 정책은 저자세를 넘어 '굴종'을 우려할 정도가 되었다. 핵무기도 용인하는 듯한 입장을 취하며, 대한민국 성취는 깎아내리고, 북한의 참혹한 현실에는 관대했다. 국가 운영 방식도 북한처럼 '일당 체제'를 불사한다고 지적했다. 정부 입장과 다른 주장을 하면 처벌하는 법도 만들었다. 공산주의식 '평등 경제'까지 나왔다. 문 대통령은 6·10항쟁 기념사에서 '평등한 경제가 실질적 민주주의'라고 했다.[34]

자유민주주의에 기반을 둔 통일

세계사적인 의미에서나 인류의 보편애, 그리고 한반도에 사는 시민들의 번영과 안전을 위해서도 통일 방안은 단 하나다. 자유민주주의에 기반을 둔 통일 방안을 확립하고 일관되게 추진하는 것이다.

무엇보다도 한반도 통일은 역사의 진보냐 퇴보냐의 관점에서 보아야 한다. 통일이 역사의 퇴보여서는 안 되지 않겠는가? 북한이 한반도 통일을 주도하는 모델은 역사의 퇴보다. 북한은 민주주의 측면에서 세계 최악의 국가다. 영국의 주간지 「이코노미스트」 지식팀의 세계의 민주주의 지수 조사에서 북한은 늘 꼴찌를 기록하고 있다. 개인의 자유가 박탈당하고 표현의 자유도 없다. 북한 주민의 인권은 억압당하고 있다.[35] 우리가 그런 북한 주도의 통일에 경도되어서는 안 되는 이유다.

한국의 통일은 자유민주주의와 한미동맹에 기반을 두어서 실현해야 역사의 진보를 실현할 수 있다. 특히 한미동맹은 자유민주주의 통일을 위한 기반이자 가치다. 한국은 미국의 인도·태평양 전략에 참여하고, 미국의 대중국 전략의 핵심인 한·미·일 협력을 통해 자유민주주의 연대를 분명히 한 위에 통일의 프로젝트들을 구상해야 한다.

그리고 자유 시장경제의 가치와 성과를 기반으로 하는 자유통일 전략을 추진해야 한다. 북한에 시장 확대와 개혁 개방이 확산될 수 있도록 노력하는 가운데 진행되어야 한다. 또한 세계적으로 인정받고 있는 한국의 문화, 한류를 널리 확산하면서 문화적인 거리감을 좁혀야 한다.

그러나 북한은 북한 주도의 통일을 포기하지 않는다. 미국의 맥마스터(Herbert McMaster) 전 백악관 안보보좌관은 북한이 핵을 체제 수호의 수단을 넘어서서 핵무기를 지렛대로 북한 주도의 한반도 통일을 추진하고 있다고 지적했다. 북한전문가 구해우도 북한이 핵을 가진 채 한반도 통일을 주도하면서 개혁 개방 국가 모델을 지향하는 신 베트남 모델로 전환을 추진하고 있다고 분석했다. 핵을 가진 북한이 한반도 통일을 주도하는 '한반도 전체의 베트남 모델화'를 목표로 하고 있다는 것이다.[36] 한반도 전체의 통일은 베트남식이 아니라 독일식 모델이어야 한다.

북한의 핵 문제는 최근의 일이 아니다. 오랜 역사를 갖고 있다. 북한은 6·25 전쟁 이후 1950년대 중반부터 핵 개발을 시작했고, 1993년 1차 핵 위기를 시작으로 본격적으로 확대해왔다. 북한은 파키스탄, 중국과의 협력으로 핵무기를 개발했다. 특히 파키스탄은 북한으로부터 핵탄두 운반용 미사일 개발 기술을 배우고 북한은 파키스탄으로부터 핵개발 기술을 배우는 협력체제가 오랫동안 작동한 결과였다.

북한은 핵무기로 수령절대주의 체제를 고착시켰다. 경제를 희생해서라도 핵을 가져야 생존할 수 있다는 선전, 선동으로 비정상적인 독재 체제를 유지해왔다.

북한은 2012년 개정한 헌법에서 핵무기 보유국가임을 선언했다. 특히 6차 핵실험과 지속적으로 발전시킨 대륙간탄도미사일(ICBM) 성공은 북핵 문제를 남북관계를 넘어서 세계 문제로 확대시켰다.

북한은 2016년 7차 당 대회를 계기로 김정일 체제에서 김정은 체제로 체제를 전환하면서, 핵무기를 지렛대로 한, 북한 주도 한반도 통일이 목표임을 분명히 밝혔다. 핵보유 국가로 인정받아 체제 안전을 확보하고, 한반도에서 북한 주도 통일을 실현하는 것이다. 그런데 한반도의 현실은 북한이 점점 군사적, 외교적 우위를 과시하는 불행한 방향으로 가고 있다.

더욱이 2017년 이후 북한은 문 정권과 협력하여 비핵화 쇼를 벌이면서 대북 제재 완화에 나섰다. 여기에 미국 트럼프 대통령이 가세하여 미·북 회담이 3번이나 열렸다. 이것은 북한이 2017년까지 핵무력을 완성하고, 2018년 이후 평화 국면으로 전환한다는 계획대로 진행된 것이었다. 겉으로 비핵화를 말하고 실제로는 핵을 보유하는 전략을 실행한 것이다.

　북한이 핵무기를 보유하려는 것은 크게 두 가지 목표를 갖고 있다. 하나는 북한 사회 내부를 다지고 나아가 한국을 장악하려고 할 때 미국이 군사적으로 개입하지 못하게 하는 대미 억지력 때문이다. 북한은 언젠가 한국의 정치·사회적 혼란이 극심해질 경우 재래식 무기, 특수부대, 공작원만으로도 한국을 장악할 수 있다는 생각을 하고 있다고 한다. 그리고 북한의 극심한 경제난, 한국의 파괴적 국론 분열, 한미 동맹 와해라는 세 가지가 겹치는 순간이 가장 위험하다는 것이다.[37]

　다른 하나는 북한이 핵을 보유한 것은 한반도를 넘어서 세계의 문제다. 이미 국제사회에서는 북한이 이란 등 중동국가와 비밀리에 핵 개발을 공유하고 있다는 것이 알려져 있다. 중동의 지정학적 위기에 북한의 핵무기가 연결되어 있는 것이다. 더욱이 핵무기가 세계 각지의 테러집단에게 유통될 가능성도 크다. 북한이 외화 수입을 위해 인류의 미래와 안전에 역행하는 행위를 할 가능성이 큰 것이다. 따라서 북한은 체제 안정을 위해 핵무기를 보유한다고 주장하지만, 이는 한반도뿐만 아니라 세계를 위협하고, 인류의 보편성에 반하는 잘못된 생각이다.

더욱이 북한의 인권은 세계 최악의 하나로 비판받고 있다. 북한은 김씨 왕조 체제가 3대째 독재 체제를 운영하고 있으며 국가 전체가 마치 병영이자 감옥처럼 움직이는 나라다. 이런 체제 하에서 북한 주민들은 개인의 자유가 허용되지 않고 억압받고 있다. 주민들은 인권을 제대로 누리지 못하는 지구상 유일한 국가에 살고 있다. 북한 주민 수백만 명이 희생되기도 했다. 2014년 유엔 북한인권조사위원회(COI)는 북한 정권을 2차 세계대전 때 나치 정권과 비견되는, 지구상에서 가장 반인도적 범죄를 저지르는 정부로 고소했다.

문 정부 하에서 정부출연연구기관인 통일연구원조차 2019년 6월 발간한 『2019 북한인권백서』에서 북한 정치범 수용소에서는 어떠한 법적 절차도 없이 보위부원에 의한 처형이 이뤄지고 있다고 밝혔다. 또 수용자들에 대한 강제노역 등 심각한 인권 침해가 이뤄지고 있으며 실제 수용자들은 탄광 노동의 경우 하루 노동량을 채우지 못하면 마칠 때까지 일을 해야 한다고 한다. 폭행과 가혹 행위 또한 만연해 있다고 통일연구원은 지적했다.[38]

미국 국무부는 2020년 6월 발표한 「2020년 인신매매 실태 보고서」에서 북한을 18년 연속 '최악의 인신매매 국가'로 지정했다. 이 보고서는 "북한 정부는 인신매매 근절을 위한 최소한의 기준을 완전히 충족하지 못하고, 인신매매를 해결하기 위한 어떤 노력도 보여주지 않았다"고 지적했다.[39]

한국 정부는 2016년 처음으로 '북한인권법'을 제정했다. 북한인권법은 북한주민의 인권을 보호하고 증진하는 것이 통일 기반을 마련하는데 중요하다고 보고 제정된 것이다. 이 법에 따라 북한주민의 인간다운 삶을 실질적으로 증진하고, 북한 당국의 정책 노선을 인권·민생 친화적으로 전환하는 노력을 하며, 북한 인권 증진 과정을 통해 남북간 동질성을 회복하는 목표를 정했다.

그런데 법 제정 이후에 등장한 문 정권은 북한 인권 문제에 눈을 감았다. 2016년 제정된 '북한인권법'을 사실상 무력화시키며, 아무런 법적 기능을 하지 못하게 했다. 문 정권은 오히려 무조건적으로 북한 퍼주기와 제재 완화에 앞장서 왔다. 김정은을 지원하면서 북한의 2천만 주민들을 독재 치하에 살도록 하고 북한 인권에는 전혀 눈을 돌리지 않았다.

북한인권법은 정부가 북한인권증진기본계획을 마련하도록 규정하고 있다. 법에 따라 2017년 4월 최초로 '제1차 북한인권증진기본계획'이 발표되었다. 1차 계획에는 "북한 당국이 보편적 가치와 국제규범에 따라 인권 보호에 대한 책임을 인식하고, 주민에 대한 인권 침해 행위를 중단하도록 하고, 인권·민생 친화적인 방향으로 법·제도를 개선해 실질적 인권 개선에 호응해 나오도록 유도한다"고 했었다. 그러나 문 정권 들어 2020년 4월 발표한 '제2차 북한인권증진기본계획'은 북한 인권 문제를 개선하기 위한 선행 조건으로 "상대방의 입장을 고려한다"는 문구를 명시했다. 이 계획안의 비전과 목표에 "북한 인권 문제는 상대방이 있는 만큼, 실질적 개선을 위해 북한의 수용 가능성, 남북관계 상황 등을 종합적으로 고려"하며 "북한인권 개선의 성과 창출을 위해 대화 상대방의 입장을 고려한 보다 실효적인 방법을 강구"한다고 적시한 것이다. 이는 1차 계획에 담긴 북한 인권 개선 방안을 뒤집은 것으로, 북한 지도부의 허락을 구하기 전까지 북한 주민의 인권에 대해 주도적으로 나서지 않겠다는 입장을 보인 것이다. 이에 대해 '한반도인권과 통일을 위한 변호사 모임(한변)'을 비롯한 많은 시민단체, 북한 관련 단체들의 비판이 이어졌다.[40]

심지어 2019년 11월 문 정권은 북한 인권침해를 비판하고 즉각적인 개선을 촉구하는 유엔인권결의안의 공동 제안국 중 하나로 이름을 올리지 않았다. 2008년 이후 11년 만에 처음 있는 일이다. 북한 인권에는 눈을 가리고 귀를 닫았다.

탈북민에 대한 억압도 이어졌다. 2019년에는 북한을 탈주해온 주민의 손발을 묶고 눈까지 가려서 북으로 되돌려 보낸 사건까지 발생했다. 탈북인이 북한에 돌아가서 어떤 보복을 당할지 충분히 예상되는 상황에서도 그런 것이다. 또한 2019년 말 베트남에 억류돼 있던 탈북민 13명이 북송 위기에 처한 적도 있었다. 당시 탈북민들은 여성 2명이 자살을 시도할 정도로 공포에 질려 있었고, 결국 미국 정부의 도움을 받아 안전한 곳으로 피신할 수 있었다. 그러나 한국 정부는 그들을 돕는 일에 "주저하는 것처럼 보였다"는 외신 보도가 있을 정도였다.[41]

탈북민은 북한을 탈출해서 자유민주주의 사회로 피난 온 대한민국 국민이다. 3만여 명의 탈북민들은 통일을 위해 중요한 존재들이다. 그런데 문 정권이 들어선 이후 탈북민과 탈북민 단체들에 대한 지원이 중단되고 피해를 보는 지경에 이르렀다. 2020년 7월 문 정권은 대북전단 활동을 한 탈북민 단체 두 곳의 설립허가를 취소했다. 그것도 북한 정권이 공개적으로 한국 정부에 탈북민 탄압을 요청한 후에 화답하듯이 이루어졌다.

이에 국제사회에서도 탈북민 인권을 크게 우려하고 나섰다. 토마스 퀸타나(Tomas Quintana) UN북한인권특별보고관은 "탈북 단체들이 북한 인권이라는 매우 중요한 일을 하고 있다. 어떤 조치도 이 단체들의 임무 수행을 방해해서는 안 된다"고 밝혔다.[42]

문 정권이 2020년 12월에 개정한 '대북전단살포 금지법'은 국제사회에서 한국이 아예 표현의 자유를 억압하는 국가로 비판받는 대상으로 전락했음을 보여주었다. 이 법은 남북 군사분계선 인근에서 전단을 살포하거나 대북 확성기 방송 등을 할 경우 3년 이하의 징역이나 벌금을 부과할 수 있도록 했다. 이에 미국, 영국 등 자유민주주의 국가뿐만 아니라 국제연합(UN)까지 나서서 이 법이 한국 국민과 북한 주민의 인권을 침해할 요소가 있다고 비판하고 나섰다.

2021년 4월 미국 의회 내 초당적 기구인 '톰 랜토스 인권위원회'는 대북전단금지법 제정 등 한국의 인권 상황과 관련한 청문회를 개최했다. 미국 의원들과 증인으로 출석한 참석자들은 한국 정부의 '대북전단금지법'이 '표현의 자유'를 포함한 인권의 기본권리를 침해한 것이라며 강하게 비판했다.

영국 의회에서도 자국 정부의 개입을 촉구하는 주장이 나왔다. 데이비드 올턴(David Alton) 영국 상원의원은 영국 의회의 '북한 문제에 관한 초당파 의원 모임(APPG NK)'을 대표해 영국 외무장관에게

서한을 보내 "이 법안의 목적은 한국에서의 북한 인권과 종교적 활동 및 목소리를 침묵시키는 것"이라며 "기본적인 인권인 표현, 언론, 종교 및 신앙의 자유를 보호하는 한국의 민주적인 헌법의 법칙에 비추어 볼 때, 민주주의와 인권을 증진하는 기본적인 자유를 희생하고 위의 활동을 범죄화하는 것은 남북관계발전을 위한 올바른 접근법이 아니다"라고 강조했다.[43] 대북전단금지법은 인류 보편적 가치이자 우리 헌법이 보장한 표현의 자유를 제한하는 법이다.

더욱이 이 법은 북한의 김여정이 2020년 6월 전단을 금지시키라고 주장한 담화를 마치 지시라도 되는 양 문 정권이 4시간여 만에 대북전단금지법을 만들겠다고 밝힌 것을 실행한 것이다. 북한에 대한 이런 저자세는 국민의 자존감까지 뭉갤 정도로 굴욕적이었다.

우리는 북한 인권을 정면으로 다루어야 한다. 북한 인권 문제는 북한 주민들을 위한 것일 뿐만 아니라 인류 보편적인 가치를 실현하는 것이다. 탈북민에 대해서도 마찬가지다. 탈북민을 압박할 것이 아니라 안전과 보호를 제공해야 한다. 이는 자유민주주의에 입각한 통일을 위해서도 매우 중요한 문제다.

평화는 안보를 바탕으로 이루어진다. 마찬가지로 통일도 안보를 바탕으로 하지 않으면 안 된다. 더욱이 통일 문제는 한국과 북한만의 문제가 아니라 미·중 갈등의 연장선상에서 세계적인 지정학적 문제다. 한반도는 전략적 요충지로서의 가치를 갖고 있다. 19세기 이후 한반도는 동아시아의 패권을 결정한 주요한 전쟁터였다. 1894년 중국(청나라)과 일본의 전쟁, 1904년 러시아와 일본의 전쟁은 모두 한반도 쟁탈을 두고 일어난 전쟁들이다. 1950년 6·25 전쟁도 한국의 안보가 약한 틈을 타서 북한의 주도로 소련, 중국의 지원하에 일어난 전쟁이었다. 한국의 안보 역량이 약할 때 한반도는 전쟁의 위험에 노출되는 것이다. 따라서 통일을 위해서뿐만 아니라 대한민국을 지키기 위해서 반드시 강력한 안보의 기반을 갖추어야 한다.

북한은 취약한 경제와 계속되는 경제난에도 불구하고 끊임없이 비대칭 전력을 강화하며 한국을 위협해왔다. 대륙간탄도미사일(ICBM) 등 핵무기와 각종 탄도미사일을 개발하고 배치한 것이 대표적인 사례이다. 북한은 이미 세계 3위의 화학무기 대국이며, 생물학 무기도 13종이나 보유하고 있다. 세계를 위협하는 해킹 등 사이버전 능력은 최고 수준의 비대칭 위협이다. 북한은 대규모 사이버 전단을 운영하며 국내·외 온라인 매체를 도용해 대남 선전·심리전을 펴왔다.

2020년 8월 미국 국토안보부, 재무부, 연방수사국(FBI)과 사이버 사령부는 북한 금융 해킹에 대한 합동 경보를 발령했다. 북한 정찰총국 산하의 해킹팀이 외국 은행 결제 시스템을 악성 코드에 감염시켜 자동입출금기(ATM)에서 빼돌리려 한 현금만 20억 달러(약 2조 3700억 원) 규모에 달할 정도였기 때문이다. 미국 법무부는 북한이 암호 화폐 거래소 해킹으로 탈취한 수백만 달러를 세탁하는 데 사용한 계좌 280개에 대한 몰수 소송을 제기했다. 핵 능력과 최첨단 사이버 작전 능력을 가진 나라가 북한이다. 제재도 그래서 받고 있다.[44]

그런데 문 정권은 이런 북한의 위협에도 불구하고 한국의 안보를 지속적으로 약화시켜 왔다. 2018년 4월 판문점 선언과 그해 9·19 남북 군사분야 합의서는 국방 안보를 완전히 와해시킨 초유의 사건이었다. 남북군사합의의 핵심 내용은 비무장지대(DMZ) 감시초소(GP) 철수, DMZ 인근 비행금지 구역 설정, 서해 완충수역에서 적대행위 중지, 한강 하구 공동이용 등인데 이것들은 모두 한국군의 발을 묶고 눈을 가리는 조치들이었다.

군사합의는 비행금지구역을 설정함으로써 한국군의 우위 분야인 정보·감시·정찰 능력과 정밀타격력을 결정적으로 제약했다. 또한 NLL 기준 북쪽 50km 그리고 남쪽 85km까지를 평화수역으로 설정하고 이 수역 내에서의 포격 등 군사훈련을 중지시켰다. 이것은 수도권 방위에 결정적으로 중요한 해역에서 한국군의 대비훈련을 제약하는 결과를 가져왔다. 또한 서해 NLL을 일거에 백지화시킴으로써 서북 5개 도서가 북한의 기습 위협에 노출되고 수도권 방위가 취약해졌다.[45]

이 합의 이후 국방부는 비무장지대에서 한국군 전방초소(GP)를 일방적으로 철수하는 결정을 내렸고, 한미 합동군사훈련도 중단했다. 한미 연합훈련은 실제 훈련을 중단하고 도상 훈련으로 '컴퓨터 게임화'하고 있다는 말을 듣고 있다. 훈련하지 않는 군대를 가진 안보는 매우 위험하다.

군사합의는 한국의 국방 역량을 크게 약화시키는 합의였다. 2019년 9월, 850여 명의 예비역 장성들로 구성된 시민단체인 대한민국수호예비역장성단은 9·19 군사분야 합의의 이적성을 이유로 송영

무, 정경두 두 전 국방부 장관들을 검찰에 고발하기까지 했다.

이러한 국방 전력 약화와 함께 문 정권은 특히 미국과의 안보 협력을 약화시켜왔다. 미국이 주도하는 인도·태평양전략에 참여를 거부했다. 1947년 창설됐던 미국 태평양사령부는 2018년 5월 인도·태평양사령부로 재편됐다. 인도·태평양사령부의 첫 번째 전략적 목표는 중국의 지역 패권 추구와 '나쁜' 행동 억지다.

두 번째 전략적 목표가 북한의 군사 도발 대응이다. 동북아에서 중국이 패권을 추구하고 러시아가 질서 유지에 훼방을 놓으면, 북한이 즉각적 위협이 된다.[46] 한국은 이러한 전략의 핵심 당사자다. 그런데도 문 정권이 인도·태평양 전략에 참여하지 않음으로써 안보를 취약하게 만들었다.

문 정권의 이러한 안보 포기는 전시작전권 이양, 사드 배치, 한미 군사훈련 축소, 종전선언 추진 등으로 계속 이어졌다. 문 대통령은 2020년에는 다양한 자리에서 종전선언을 수없이 되풀이했다. 9월 유엔총회 영상기조연설에서 "종전선언이 한반도에서 비핵화와 함께 항구적 평화체제의 길을 여는 문이 될 것"이라고 주장했다. 비핵화와 무관하게 종전선언부터 하자는 것이다. 그러나 문 정권이 종전선언에 매달리는 것은 우리 안보를 약화시키는 연결고리다. 종전이 선언되면 평화가 도래했다는 착시가 유발되면서 남·남 갈등과 내부 분열에 빠지게 된다. 이는 친북 세력의 활동 공간을 넓혀주고 유엔군 사령부 해체와 주한 미군 철수 캠페인으로 이어진다. 그 종착역은 안보를 송두리째 포기하는 것이다.

더욱이 문 정권은 국가정보원의 대공수사권을 경찰로 넘겼다. 국정원은 정보 전문 기관이므로 경찰에 비해 대공 수사 노하우와 대북 정보 분석, 해외 방첩망 운영, 통신 해독 및 대공 과학 정보 역량 등 여러 면에서 비교할 수 없다. 이런 국정원의 대공 수사권을 대공 수사 역량을 축소해온 경찰에게 넘긴 것이다. 2017년 이래 3년간 경찰은 전국의 보안경찰 인력, 특히 대공 수사를 담당하는 보안수사대 인력의 4분의 1이나 대폭 감축해 왔다. 이런 조치는 모든 국가들이 운영하고 있는 정보전에서 손을 떼는 것이나 마찬가지다.[47]

2020년 6월 북한은 개성 남북공동연락사무소 청사를 폭파했다. 청사 폭파가 국민에게 던진 충격은 너무나 컸다. 그러나 국민 세금 170억 원이 투입된 국가 재산이 북한에 의해 훼손됐는데도 문 정권은 북한 눈치를 살피면서 비난 한마디 하지 않았다. 오히려 집권당은 북한의 도발을 유엔과 미국의 제재 탓으로 돌리기까지 했다. 이는 모든 문제를 '대북 적대시 정책' 탓으로 돌리는 북한의 선전·선동에 동조한 것이다. 김영호 교수는 이렇게 북한의 선전·선동에 휘둘리고 북한을 옹호하는 것을 '북한화 현상(Northkoreanization)'이 심해지고 있다고 보고, 북한화 현상은 '전체주의적 사고'의 일상화를 통해 대한민국의 정치체제를 '민주적 전체주의'로 타락시키고 있다고 지적했다.

북한과의 일련의 합의를 통한 문 정부의 대북 정책은 평화 쇼에 불과했다. 북핵 문제의 당사자인 한국이 중재자를 자처하고 '김정은 수석대변인'으로서 국제 심부름이나 하고 다닌 자체가 애초에 잘

못이다. 북한이 핵을 포기할 의사가 없는데도 마치 가능성이 있는 것처럼 선전하고 다닌 것은 역사에 엄청난 죄를 짓는 것이다.[48]

그러면서 문 정권은 유엔 대북 제재가 엄연히 작용하고 있는데도 불구하고 끊임없이 남북경제협력을 추구했다. 북한에 불법 석유를 제공하거나 공해상에서 불법 환적. 북한 석탄 수입 등을 해왔다. 북한과의 경제협력을 위한 특별 기금인 '남북경협기금'은 국회에 구체적인 사용 내역을 제시하지도 않고 국회 심의에서 벗어나 있다. 기금을 무슨 용도로 어떻게 사용했는지 알 수 없을 정도다. 그러면서도 일방적으로 개성공단 재개, 남북철도와 도로 연결, 금강산 개별 관광 등을 추진하려고 하고, 발표를 반복했다.

문 대통령은 2019년 12월, 한국·북한·중국·러시아를 포괄하는 철도 공동체 구상을 밝혔다. 정부는 북한 원산·갈마 지역 등에 대한 관광 개발을 북한에 제안했다. 문 대통령은 2020년 1월 다시 "남북관계에서 운신의 폭을 넓히겠다"며 '상생 평화 공동체론'을 폈다.

2019년에 집권당 국회의원 60여 명은 중국과 러시아가 유엔안전보장이사회에 제출한 대북 결의안을 지지하면서 대북 제재 완화를 촉구하는 공동성명을 발표했다. 문 대통령도 유엔 등 국제무대에서 지속적으로 제재 완화를 주장했다.

이러한 일방적이고 투명하지 못하며, 국제 규범을 지키지 않는 경제협력을 추진해서는 안 된다. 북한 주민들의 궁핍한 생활을 향상시키고 한국과의 통일을 위해서도 경제협력은 필요하다. 그것은 북한 주민들을 위해서뿐만 아니라 통일의 전제로서 북한의 경제를 자유 시장경제로 통합하기 위해서도 그렇다. 그런데 경제협력이란 이름으로 무조건 퍼주기를 하거나 불투명하게 진행해서는 안 된다.

경제협력은 투명하고 합법적으로 진행되어야 한다. 그러면서도 전략적으로 추진할 필요도 있다. 경세협력을 북핵 문제와 북한 문제를 연결하는 방안으로 고려하는 것이다. 북한 문제 해결은 북한 내의 시장경제의 확산과 개혁개방세력의 확장을 기반으로 하여 한국이 주도하는 자유통일국가를 목표로 하는 것이다. 그러므로 미국 등 국제 사회와의 협력으로 자유민주주의적인 가치와 질서에 기반을 둔 경제협력 방안을 모색할 수 있다. 그럴 경우 북한에게는 기회가 많다. 북한을 4차 산업혁명의 테스트베드화할 수 있다. 북한을 개발하면서 4차 산업혁명으로 직행하게 하는 것이다. 기존의 세계 도시들은 개혁을 추진하는데 장애가 많다. 그러나 개발되지 않은 북한은 마치 백지와도 같다. 도로를 건설하면서 자율주행자동차 시스템을 바로 도입할 수 있고, 도시를 개발할 때 스마트시티화 할 수 있다.

이러한 경제협력은 투명하고 개방적으로 이루어져야 하는 것이 전제가 된다. 예전처럼 경제협력이라는 명목 하에 비밀리에 북한 정권 유지 자금을 지원하는 방안이어서는 안 된다. 4억 5천만 달러에 달하는 대북송금이 북한 주민의 혜택으로 돌아가지 않고 김정일 체제의 통치자금과 핵개발 자금으로 사용된 전례를 반복하지 않도록 해야 한다.

또한 경제협력은 북한의 비핵화와 상수 관계에 있다. 북한의 비핵화 문제로 국제사회의 공식적인 경제 제재를 받고 있기 때문이다. 따라서 경제협력을 경제만 떼어놓고 무작정 추진할 것이 아니라, 비핵화에 도움이 되도록 생각하고 추진해야 한다. 경제협력 방안을 비핵화와 연동해서 개발할 때 국제사회의 동의도 얻고, 북한 비핵화의 진정한 성과를 거둘 수 있다. 이것이 북한 정권을 위한 것이 아니라 북한 주민에게 혜택이 될 수 있다.

2부

디지털 경제의 자유화

04 자유 시장경제

국가 주도 경제 유산의 폐해

 한국은 기업하기 어려운 나라라는 비판을 받는다. 정치 관여가 심하고 다양한 규제가 경제를 지배하고 있기 때문이다. 캐나다의 프레이저연구소(Fraser Institute)는 정부의 규모, 법적 제도, 자본건전성, 무역 자유, 규제 등 5개 부문에 걸친 지표를 통해 매년 경제 자유도를 평가하여 발표해 오고 있다. 2018년을 기준으로 한국은 세계 10위권의 경제 규모를 가지고 있지만 경제 자유도는 조사 대상 162국 중 36위에 머물러 있다.[49] 특히 낮은 평가를 받은 분야는 노동시장 규제 등 규제 부문이다. 노동시장 규제는 거의 바닥 수준인 145위 수준이며, 전체 규제 부문도 59위에 있다. 무역 자유도는 51위를 기록하고 있다. 무역이 차지하는 비중이 높은 한국 경제에서 놀랄만한 일이다. 이는 한국의 경제가 얼마나 규제를 많이 받고 있는지를 단적으로 보여준다.
 경제 발전 초기에는 계획 경제가 필요할 수 있었다. 아직 경제의 틀, 운용 방식과 주체가 성숙되기 전에는 경제 운용 계획을 잘 짜서 시스템을 만들고 성장시킬 필요가 있다. 한국도 박정희 대통령 시절 경제개발 5개년 계획을 수립해서 계획 경제를 추진했다. 단, 이때 채택한 경제는 사회주의 계획 경제가 아니라 자본주의 자유 시장경제 체제를 기본으로 한 경제계획이란 점에서 성공적인 선택이었다. '기업 보국(企業報國)'이라는 틀로 민간 기업을 경제 주체로 하여 자유 시장경제의 활력을 통해 한국이 잘하는 분야를 만들어 간 것이다. 물론 여기에는 한미동맹의 안보가 보호막이 되었고, 자유민주주의 진영의 글로벌 분업체계에 적절하게 적응하면서 한국이 제조업 분야에서 뚜렷한 성과를 낸 것이 결정적이었다. 만일 이때 사회주의 경제 계획을 선택했다면 그 결과는 세계사적인 사회주의 몰락, 그리고 지금의 북한 경제에서 볼 수 있는 것처럼 참혹한 실패로 귀결되었을 것이다.

그런데 경제가 성장한 후에도 국가의 개입은 변하지 않았다. 오히려 늘어 왔다. 그러면서 국가의 개입과 간섭이 경제에 심각한 장애 요인으로 작용하는 지경에 이르렀다. 더욱이 좌파 정권을 거치면서 한국의 경제에도 사회주의적 요소들이 많이 개입되었다. 그런데 우파 정권도 그 방향을 되돌리거나 자유주의 경제를 복원하기보다는 경제의 자유를 제한하는 흐름에 합류하는 오류를 범했다.

대표적인 것이 경제민주화다. 경제민주화는 얼핏 그럴듯하게 보이지만 민주적이지 않고 강제적이다. 경제민주화는 소위 평등이라는 명분 아래 국가가 나서서 투자를 규제하고 기업 경영에 간섭하고 자율성을 침해하는 것이다. 대기업의 투자 기회를 막거나 수도권 규제 등이 모두 경제민주화의 이름으로 진행됐다. 최저임금과 노동시간을 강제하는 것도 마찬가지다. 재벌이 시장을 지배하기 때문에 중소기업을 보호하기 위해 규제하거나 퇴출시켜야 한다거나, 출자총액을 제한하고, 금산분리를 강화하며, 대형마트의 영업시간을 제한하고, 기업인의 경제범죄 형벌을 강화하는 것과 같은 조치들이 뒤를 이었다. 이런 경제민주화 조치들은 '평등'이란 명분으로 진행됐다. 경제의 평등은 말 자체가 모순이다. 시장에서는 잘 하는 기업이 있고 그렇지 않은 기업이 있을 수 있다. 이런 차이와 수월성이 자연스러운 것인데, 그것을 강제적으로 제한하게 되면 기업은 더 잘하려고 하지 않게 된다. 오히려 보다 자유로운 환경을 찾아 해외로 떠나게 된다. 그 결과 국내의 일자리는 줄어들고 경제 활동의 기회가 줄어든다. 이렇게 평등의 패러다임은 경제 전반에 하향평준화를 가져오고 경제 성장과 창의적인 도전을 막는다. 그래서 오히려 경제의 양극화를 가져온다.

2017년 문 정권이 들어선 후 경제 민주화를 추진하면서 경제가 활력을 잃기 시작한 것은 당연한 귀결이었다. 반기업 정책들이 양산되면서 기업 경영이 갈수록 어려워지는 데다 기업인을 범죄자처럼 다루는 행태로 인해 투자 의욕과 사기가 역대 최저로 떨어졌다. 삼성전자 같은 글로벌 기업들이 수십 차례 압수 수색을 당하고, 많은 기업의 인재들이 처벌을 받았는데, 이런 상황에서 경제가 잘 된다면 오히려 이상할 것이다. 선진 국가 중에 기업인이 이렇게 수난을 겪는 나라는 한국 밖에 없을 것이다.

더욱이 문 정권은 국가가 경제를 더욱 주도하고 경제를 정치에 종속시켰다. 기업의 일자리 창출이 미진하다면서 정부가 직접 고용을 늘리는데 앞장섰다. 문 정부 임기 중 17만 명의 공무원 증원을 추진한다고 한 것이 대표적이다. 공기업을 평가하는데도 수익성 개선 비중을 낮추고 사회적 기여도 비중을 대폭 높이는 등 기업을 자선단체 취급하듯 했다. 또한 정부 예산으로 과거 취로사업 같은 단기 일자리를 많이 만들었다. 그런데 그런 일자리라는게 빈 교실 전등 끄기, 산책로 청소 등 황당한 일자리들이었다. 이것은 제대로 된 일자리가 아니다. 취로사업일 뿐이다.

그 결과 제대로 된 일자리는 줄어들고 소득 분배는 더욱 악화되었다. 2020년 고용동향 결과에 따르면, 연간 취업자 수가 21만 8,000명이나 줄었다. 2009년 글로벌 금융위기 이후 11년 만에 가장 크게 줄었다.[50] 코로나19 사태가 영향을 주었다고는 하지만 취업자 수가 줄어들었다는 것 자체가 이례적이었다. 더욱이 일자리 예산으로만 25조 원을 퍼부었는데, 이것이 공공근로 위주의 60대 이상 일자리만 늘렸다는 것은 정부의 일자리 창출이란게 쇼에 불과하다는 것을 말해 주었다. 정작 20~30대와 미래 세대인 청년들의 취업이 크게 준 것은 경제가 비정상적임을 보여주었다.

또한 문 정권은 정부의 규모를 크게 늘리고, 정부가 직접 민간 분야에까지 개입했다. 세금을 많이 걷고, 재정을 확대하는데 나섰다. 문 정권 들어 정부 예산은 비정상적으로 확대되었다. 2016년까지 300조 원대 규모였던 예산이 2017년 423조 원, 2018년 447조 원, 2019년 476조 원, 2020년 513조 원, 2021년 558조 원으로 급격하게 늘었다. 전년 대비 9%를 넘는 슈퍼예산들이 연이어 편성된 것이다.

이를 위해 세금을 늘리고, 재정 적자를 늘렸다. 더 큰 문제는 예산을 낭비적으로 사용하는데 있었다. 세금을 펑펑 쓴 것이다. 예산 낭비를 막기 위한 안전장치 중 하나가 국가재정법상의 '예비타당성 조사'다. 총 사업비가 500억 원 이상이면서 국가 재정지원 규모가 300억원 이상인 건설사업이나 국가연구개발사업은 경제성과 사업성을 검토해 집행 여부를 판단한다. 1999년 도입 이후 2017년까지 지방자치단체 사업 767건 중 37%를 '사업부적합'으로 판정하며 국고 누수를 막았다.[51] 예비타당성 조사는 재정 지출의 효과성을 검증하는 거의 유일한 수단인데, 이런 예비타당성 조사 제도를 무력화하고 재정 지출을 확대한 것이다.

문 정부는 2019년 전국 16개 지역, 총 24조 원 규모의 23개 철도·도로·산업단지 조성 사업에 대해 예비타당성 조사를 면제하였는데, 대부분이 예비타당성 조사를 통과하지 못할 지역의 SOC사업에 몰려 있었다. 특히 8,000억 원이 투입되는 새만금 국제공항 사업은 세금 낭비의 전형적인 예다. 새만금 공항과 자동차 1시간 거리에 무안공항이 있다. 이 무한공항은 매년 100억원대 적자를 내는 부실 덩어리가 된 지 오래다. 게다가 KTX 라인이 증설되고 고속도로가 증설되어 국내선 항공 수요는 갈수록 줄고 있다. 새만금 주변으로 호남선 고속철도 2단계 사업이 진행 중이고, 2024년에는 제2 서해안고속도로도 완공된다. 그런데 인근에 부실 공항을 지어 놓고 그 옆에 새로운 공항을 또 짓겠다니 정말 이만저만한 세금 낭비가 아니다.

이 뿐만이 아니다. 2019년에는 급속한 최저임금 인상 대책으로 정부가 내놓은 3조 원 일자리 지원 자금이 마구잡이 퍼붓기 식으로 집행됐다는 것이 드러났다. 최저임금 16.4% 인상으로 중소기업과 소상공인의 인건비 부담이 커지자 정부가 세금으로 메워주겠다고 한 것인데, 예상보다 신청이 저조하자 자금 집행 실적을 높이려고 했다는 것이다. 퇴사한 근로자, 지원 대상이 아닌 사업주의 직계존·비속에게도 지급됐을 정도로 엉망으로 집행됐다고 한다. 소급 지급 대상을 늘리는 등 집행 실적 높이려 온갖 규정을 바꿨다고 한다.[52]

문 정권은 더 나아가 '평등경제'까지 들고 나왔다. 문 대통령은 2020년 6월 "평등한 경제는 제도의 민주주의를 넘어 우리가 반드시 성취해야 할 실질적 민주주의"라고 주장했다.[53] 자유 시장경제 체제에서 경제의 평등은 모순이다. 창의와 혁신을 통해 경제를 성장시키는데 평등이 들어갈 자리는 없다. 평등경제란 양적인 평등을 지향하는 경제를 의미하며, 정부가 인위적으로 경제를 주도하고 소득을 분배하려고 하는 것을 말한다. 그 과정에서 기업을 규제하고 개인의 자유와 재산권을 침해하게 된다. 문제는 이런 경제가 역사적으로 모두 실패했다는데 있다. 평등경제가 실질적 민주주의를 가져오는 것이 아니라, 자유를 보장해 경제의 역동성을 높일 때 실질적 민주주의가 구현되는 것이다. 평등경제가 아니라 자유경제를 말해야 하는 것이다.

한국 경제가 위기에 처한 이유는 경제적 자유가 크게 제한받기 때문이다. 공산주의 국가인 중국보다도 경제적으로 자유가 없다는 말이 널리 퍼져 있을 정도다. 그동안 한국 경제의 병폐로 고착되어

온 이러한 국가가 주도하는 계획 경제 구조를 자유시장 경제로 혁신하지 않으면 안 된다. 경제 주체인 기업이 정권에 종속되고 눈치보는 관행이 지속되는 한 경제는 심각한 질곡에서 벗어나기 어려울것이다. 기업이 더욱 독립적이고, 책임성을 갖고 경제의 주체로서역할을 할 수 있어야 한다.

자유 시장경제 복원

문 정권은 2017년 5월 출범과 동시에 간판 경제정책으로 소득주도성장을 내세웠다. 그리고 소득이 늘면 내수 시장이 커지고 경기가 올라갈 수 있다고 주장했다. 성장보다 분배에 치중한 것이다. 문정권은 소득주도성장을 하기 위해 세금을 늘리고 최저임금 인상을추진했다. 국민의 조세저항을 줄이기 위해 법인세율 인상에 대해서는 '부자증세'를, 소득세율 인상에는 '슈퍼 리치에 대한 핀셋증세'라는 명분을 동원하며 합리화했다.

문 정권은 먼저 최저임금을 급격하게 올렸다. 기업이 노동자에게 지불하는 임금의 최저 수준을 규정하여 노동자의 소득을 높이려한 것이다. 2017년 집권하자마자 최저임금을 7,530원으로 전년 대비16.4%나 올렸다. 2021년에는 8,720원으로 올렸다.

그러나 소득주도 성장이라는 명분으로 최저임금을 급격히 인상한 것은 저소득 노동자들의 임금을 높이기보다는 한계 일자리들을아예 없애는 결과를 낳았다. 임금은 낮지만, 별다른 기술이 없는 사람들이 받을 수 있는 한계 일자리 수는 많고 나름대로 사회에 공헌한다. 그런데 최저임금이 시행되어 그런 일자리들이 오히려 사라지게 된 것이다. 2017년부터 2019년까지 최저임금이 2년 사이 29% 오르면서 도·소매, 음식·숙박, 시설관리업 등 최저임금에 민감한 3대 취약 업종의 일자리가 1년 사이 29만 개가 사라졌다. 생활고에 쫓기는 시민들이 보험을 깨면서 보험 해지 환급금이 1년 새 2조 원 가까이 늘었고, 고금리 대부업체에까지 손을 벌린 사람이 412만 명을 넘어섰다. 자영업자 금융부채는 문 정부 들어 14% 증가했다.[54] 최저임금을 무리하게 올려서 추진한 결과 저소득 계층이 일자리를 잃고, 자영업자는 사업을 포기하며, 일자리를 잃지 않은 사람들이 소득이 올라가는 현상이 나타난 것이다.

주 52시간 근무제도는 더욱 커다란 문제를 불러 일으켰다. 2018년 7월 도입된 주 52시간 근무제도가 2021년부터 300인 미만 중소기업으로까지 확대 시행되었다. 근무시간은 업종마다 다를 수 있다. 예컨대 언론사는 뉴스가 24시간 중 언제 터질지 모르니 52시간제를 꼭 지키기가 어렵다. 그런데도 지킬 수 없는 법을 일방적으로 만드는 것은 결국 범법자를 양산하는 것이나 다름없다. 더욱이 중소기업에게는 인력난을 가중시켜 큰 타격을 주었다. 중소 제조업체의 숙련공은 몸값이 오르고 그마저도 확보하기 어렵게 되고 생산성 하락 등 부작용이 심각해진 것이다. 근무시간은 원칙적으로 사용자와 근로자의 자율 협의로 해야 하는 것이다.

그런데도 문 대통령은 2018년 5월 열린 국가재정전략회의에서 "소득주도성장과 최저임금의 긍정적인 효과가 90%"[55]라고 발언하는 등 현실과 동떨어진 인식을 보여주었다. 이런 듣도 보도 못한 경제정책들은 오히려 서민의 삶을 어렵게 만들고 경제를 위기에 빠뜨렸다. 이에 대해 세계에서도 한국의 경제 정책이 급격히 변한데 대한 우려를 쏟아냈다. 미국 경제지 월스트리트저널(WSJ)은 2019년 2월 "자본주의의 가장 성공한 모델"이었던 한국이 "세계에서 가장 과감한 좌파 경제정책"인 급격한 최저임금 인상을 실험하다가 고용은 감소하고 성장은 위축됐다고 평가했다.[56]

그 결과 사회적 빈곤층은 더 늘어났다. 2020년 기초생활보장 수급자와 차상위 계층을 합한 사회적 빈곤층은 272만 명으로, 2017년 정부 출범 초기에 비해 55만 명이나 늘었다. 코로나19의 영향이 있지만, 코로나19 사태가 터지기 이전인 2018년(16만 명)과 2019년(13만 8,000명)에 이미 많이 늘어난 빈곤층 수를 고려하면 결국 소득주도성장의 결과가 드러난 것이었다.[57] 정부는 사회적 약자 보호를 앞세워 무리하게 최저임금을 인상하고 근로시간을 줄였지만 그 결과 영세 자영업자는 생계 기반을 잃고, 임시직과 비정규직은 일자리를 잃어 빈곤층으로 떨어진 것이다.

문 정권 하에서 경제의 수레바퀴는 분배 중심의 사회주의 정책을 추진함으로써 오히려 뒤로 굴러갔다. 소득주도성장은 성장을 하지 않겠다는 것과 마찬가지이며, 경제에 온갖 부작용을 초래하며 논란을 일으켰다. 그런데도 문 정권은 최저임금 인상과 주 52시간 근무제도를 일종의 '절대선'이자 '성역'으로 간주했다.

또한 문 정권은 집권 초기부터 기업을 적대시하는 반기업정책을 표방했다. 정권 초기 김상조 공정거래위원장은 회의에 참석하고 와서는 "재벌 혼내주고 왔다"고 공개적으로 말했다. 기업을 혼내야 하는 대상으로 본 것이다. 문 대통령은 "반세기 만에 세계 10위권 경제 대국이 되었다. 그러나 함께 이룬 결과물이 대기업 집단에 집중되었다. 성장할수록 부(富)의 불평등이 심화되었고 기업은 스스로 국제 경쟁력을 약화시켰다."고 주장했다.[58] 그리고 대기업을 청산해야 할 착취 세력으로 규정했다.

이에 따라 문 정권은 상법·공정거래법 개정, 협력이익 공유제 등을 비롯한 수많은 반기업 정책을 추진했다. 2020년 12월에는 기업규제 3법(상법·공정거래법·금융그룹감독법)과 노동조합법 개정안 등 반기업·친노동 법안을 무더기로 국회 통과시켰다.

스튜어트십의 도입이 대표적이다. 문 정부는 2020년 1월 상법·자본시장법·국민연금법 시행령을 개정해서 스튜어트십을 도입했다. 정부는 이를 주주총회 및 이사회를 통한 경영진에 대한 견제기능이 강화되어 '기업경영의 투명성과 경쟁력'이 높아질 것으로 기대된다고 포장했지만, 실은 국민연금의 의결권 행사를 강화하기 위한 것이었다. 즉 정부가 국민연금을 통해 민간기업 경영에 개입하는 법적인 장치를 만든 것이다. 특히 기업의 정관 변경을 수시로 가능하도록 한 것이 독소조항이었다. 국민연금 스튜어드십 코드 원칙에 따른 정관 변경이 경영권 영향 밖으로 인정되어 정관 변경이 용이해진 것이다. 이것은 국민연금과 같은 기관투자자의 경영간섭을 쉽게 하기 위한 것으로, 한국이 연금 사회주의로 진입했음을 보여주었다. 연금 사회주의는 국가 권력이 국민연금 등을 통해 기업들을 장악한 후 국영기업처럼 통제하는 것을 말한다. 코스피 시가총액 100대 기업 중에서 국민연금이 지분 10% 이상을 소유한 곳이 37개다. 정부가 통제하는 국민연금이 대기업의 경영에 영향을 미칠 수 있게 된 것이다. 이것은 자유 시장경제에 반(反)하는 제도다.

  문 정권이 자유 시장경제를 부정하고 기업을 옥죄는 정책으로 기업 경영 환경이 악화되자 기업 투자가 크게 줄어들고, 해외 탈출 기업이 늘어나고, 국내의 제조업 공동화 현상이 심화되었다. 2018년 한국의 기업이 해외에 직접 투자한 규모는 전년보다 9.1% 증가한 478억 달러(약 55.5조 원)로 사상 최고를 기록했다. 특히 중소기업 해외투자는 전년보다 31.5%나 급증한 100억 달러(약 11.6조 원)를 기록했다.[59]

  2021년 2월 쿠팡이 미국 뉴욕증권거래소에 상장한다는 결정은 한국 사회를 놀라게 했다. 그런데 쿠팡은 미국행 이유가 한국에서 사업을 영위할 경우의 위험때문이었다고 밝혔다. 쿠팡은 "한국 기업에 투자하는 데에는 특수한 위험(special risks)이 있다"고 밝히고 "긴급사태 발생 시 한국 정부의 규제가 있을 수 있다. 기업 경영진들이 직접 또는 감독 책임에 따라 형사처벌을 받을 위험이 있다"고 주장했다. 쿠팡은 "지식재산권 침해나 근로기준법, 공정거래법 위반에 대한 고발, 제조물 관련 결함이 있으면 기업은 물론 경영진까지 기소되거나 수사를 받을 수 있다"고 지적했다. 또한 쿠팡은 온라인 유통업체를 규제하기 위한 온라인 플랫폼 중개거래의 공정화에 관한 법(온라인 플랫폼법) 제정안, 전 분야의 징벌적 손해배상제 도입을 핵심으로 하는 상법 개정안 등 정부가 추진하고 있는 각종 규제도 '미래 위험 요인'으로 제시했다. 쿠팡은 "법률안들이 법제화되고 시행되면 쿠팡의 핵심 비즈니스 분야에 역량이 집중되지 못할 수 있다"고 밝혔다.[60] 이것은 한국의 반기업 제도가 얼마나 심각한 것인가를 보여주는 징표다.

한국의 금융은 오랫동안 관치금융으로 유명했다. 한국은 과거 국가 주도의 경제개발 계획을 추진하면서 정부가 금융기관을 통제해 왔다. 1961년에 '금융기관에 대한 임시조치법'의 제정과 '한국은행법', '은행법'의 개정을 통해 금융을 완전히 정부에 예속시키면서 금리 결정, 대출 배분, 예산과 인사 등 금융의 모든 부문을 지배해왔다. 20년이 지난 후에야 '금융기관에 대한 임시 조치법'이 폐지되고, 시중은행의 민영화가 이루어졌으나 감독권 등을 통해 여전히 정부가 금융에 개입하고 있다.

문 정권 들어서서 관치금융의 정도는 더욱 강화되었다. 금융 감독기관이 민간 은행 인사에 공개적으로 개입하고, 금융기관들의 이익단체인 각종 금융협회장에 낙하산 인사를 대거 투입하는 등 인사는 물론이고, 심지어 정부가 민간 금융기관의 사업 분야에 직접 뛰어들기까지 했다. 중소벤처기업부와 서울시가 만든 '제로페이' 같은 국가가 주도하는 결제 방식은 자유 시장경제에서 있을 수 없는 일이다. 자연히 제로페이는 소비자의 외면을 받았다. 정부 부처와 지방정부가 직접 금융에 뛰어들기까지 하는 것이야말로 금융의 후진성을 보여주는 사례다. 그러면서 금융을 관치에서 탈피하고 자유화하려는 노력은 발걸음도 떼지 못하였다. 우리나라 은행 산업은 여전히 과점화 되어 있고 부동산담보 위주의 관행으로 일관하고 있으며, 투자은행의 역할이 미약해 산업의 동맥으로서의 역할을 하지 못하고 있다.

사모펀드 옵티머스 사건은 그러한 낙후된 관치금융의 전형적인 사례였다. 문 정권 집권 이후 조성된 옵티머스 펀드 사건은 5,000억 원대의 고객 예탁금의 환매 중단 사태를 촉발하면서 알려졌다. 옵티머스 펀드는 정부 산하기관이나 공공기관 매출 채권에 투자해 연 3%대 수익을 낸다고 홍보하여 대형 증권사 창구를 통해 3조 원어치를 판매했다. 그러나 공공기관 매출 채권 투자는 애초부터 없었고 비상장 기업 회사채에 투자하는 투기성 거래에 심지어 대부 업체에도 투자한 것으로 밝혀졌다. 더욱이 이런 부실 자산을 공공기관 매출 채권으로 둔갑시키기 위해 각종 서류를 위조하기까지 했다. 사모펀드는 금융감독원의 사후 심사를 받도록 되어 있는데도 금융감독원은 옵티머스 측이 제출한 서류만 보고 통과시켰다.[61] 그리고는 엄청난 부실로 이어진 것이다.

금융이 정부의 통제 하에 놓여 있고 자율성이 부족한 이런 환경을 바꾸지 않으면 안 된다. 은산·금산 분리 규제를 폐지하고 대규모 투자은행을 육성하는 등 금융의 혁신이 필요하다. 새로운 일자리 창출에 효과적인 벤처와 핀테크 산업을 활성화하기 위해 금융의 자유를 대폭 확대해야 한다.

4차 산업혁명 시대의 금융을 상징하는 핀테크도 주요 선진국보다 늦은 2017년에야 도입되었다. 세계에는 이미 그 이전부터 페이

팔(Paypal), 벤모(Venmo) 등 다양한 인터넷 금융기관, 핀테크 스타트
업들이 등장했지만, 한국에서는 기존 금융 논리에 막혀 추진되지
못하였다. 뒤늦게 도입된 핀테크조차도 개방적이지 못하고, 폐쇄적
인 접근으로 K뱅크, 카카오뱅크 2개만을 허용하는데 머물렀다. 더
욱이 핀테크 전문은행을 도입하면서 금산분리 규제로 인해 성장하
지 못하는 한계를 보였다.

　이제 핀테크는 4차 산업혁명 시대에 보편적인 금융이 되었다. 세
계시장의 핀테크 투자 규모도 10년 전인 2009년에만 해도 연 40억
5,000만 달러(4조 8,000억 원)에 불과했지만, 2019년에는 1,000억 달러
(120조 원)를 돌파했다. 매년 46.5%씩 증가해 왔다. 핀테크에 대해 기
존의 금융에 대한 접근 방식에서 과감하게 탈피하여 자율성을 보장
하고 다양한 서비스를 제공하는 금융의 혁신이 필요하다.

　문 정권 이후 이념에 기반하고 자유 시장경제와 동떨어진 소득주
도성장은 경제를 더욱 악화시켰다. 뿐만 아니라 경제가 정치에 종
속되고 국가가 더욱 주도하는 잘못된 방향으로 운영되었다. 경제
전반에 퍼져 있는 반 시장경제 정책을 폐기하고 자유 시장경제를
복원해야 한다. 일자리와 소득을 창출하는 경제 주체는 기업이다.
따라서 기업이 경제 주체로서 자유롭게 활동할 수 있도록 반기업적
인 다양한 규제와 행정을 개혁하지 않으면 안 된다. 노동시장 유연
성을 확대하고 국내의 산업 공동화를 막아야 한다. 여기에 관치 금
융을 혁신해서 시장경제의 선순환 구조가 돌아갈 수 있도록 해야
한다.

에너지, 원전 정상화

에너지는 인류가 살아가는데 없어서는 안 되는, 산업 발전에 필수적인 요소다. 18세기 중반 영국에서 시작된 산업혁명 이후 에너지는 석탄으로부터 석유로, 이제는 원자력으로 변해가며 인류의 생활과 세계의 산업을 지탱해왔다. 인류 문명의 발전은 안전하고 신뢰할 수 있는 에너지원을 어떻게 확보하느냐에 달려 있다고 해도 과언이 아니다. 2019년 세계 에너지 통계에 따르면 한국은 세계 6위의 에너지소비국, 세계 8위의 석유소비국으로, 에너지소비량이 대단히 크다. 그러나 한국은 에너지 자원을 풍부하게 갖고 있지 못한 에너지 빈국이다. 자연히 에너지의 자급도가 매우 낮아서 에너지의 97%를 해외에서 수입해야만 하고, 일 년에 200조 원에 달하는 돈을 지출하고 있다. 대부분 석유와 천연가스 수입에 지출하고 있다. 풍력과 태양광 그리고 수력과 같은 재생에너지도 이용하지만 그 비중은 아직 미미하다. 따라서 한국 정부는 일찍이 원자력을 핵심으로 하는 에너지 계획으로 우리에게 필요한 에너지를 공급해 왔다. 그러면서 원전의 안전성에 대한 대비를 높인 결과, 안전한 원전 생산국이 되고 나아가 원전을 수출하기에 이르렀다.

그런데 문 정권이 들어서면서 갑작스럽게 탈원전의 이념에 집착하여 원전 생태계를 파괴했다. 2017년 집권하자마자 원자력 발전을 확대하지 않고 새로운 원자력 발전소 건립 계획도 백지화하겠다는 발표로 한국 사회를 충격에 빠뜨렸다. 2017년 6월 그 어떤 행사보다도 빠르게 고리 1호기 영구 정지 선포식을 열어서 '탈핵 시대'를 선포하고, 탈원전 실행계획 로드맵에 따라 원전 축소를 추진했다. 원자력 발전소를 2017년 24기에서 2031년 18기, 2038년 14기로 줄인다고 했다. 이에 따라 신한울 3·4호기, 천지 1·2호기 등 신규 원전 6기의 계획을 백지화했다. 당시 건설 중이던 신고리 원전5·6호기는 건설 중단을 결정했다. 이에 대한 반대 여론이 높아지자 건설 지속 여부를 시민들로 구성된 공론화위원회 의견을 따르기로 했는데, 공론화위원회가 건설 재개를 결정해 가까스로 공사가 재개될 정도였다. 2018년 6월에는 한국수력원자력(한수원)이 월성 1호기 조기 폐쇄하고 신규 원전 4기(천지·대진) 건설 취소를 의결했다.

에너지 정책은 안정적 공급과 경제성, 환경성 등을 고려해서 이루어져야 한다. 그러나 문 정권의 에너지 정책은 수단에 치우쳐 목적을 상실했다. 에너지를 어떻게 안정적으로 공급할지 생각하는 것이 아니라 원전의 축소에만 초점을 맞추었다. 특히 제조업 중심으로 전력 소비가 많은 한국에서는 경제성이 중요한데도 이러한 고려는 무시되었다. 수많은 전문가들이 탈원전 정책의 수정을 요구했지만 문 정권은 꿈쩍도 하지 않았다.

심지어 문 대통령은 원전을 세월호에 비유하기까지 했다. "설계수명이 다한 원전 가동을 연장하는 것은 선박 운항 연령을 연장한 세월호와 같다. 월성 1호기는 전력 수급 상황을 고려해 가급적 빨리 폐쇄하겠다."고 말하기까지 했다.[62]

탈원전에 대한 문 정부의 신념은 신앙에 가까울 정도였다. 발전 비용 증가에 따른 한국전력 적자, 전기 요금 상승, 전력 수급 불안, 온실가스 증가, 연이은 에너지저장장치(ESS) 화재 등의 부작용에도 불구하고 강행했다. 원전을 대체한다고 한 신재생 에너지(태양광, 풍력 등)는 국토파괴나 훼손 및 유해성으로 환경적이지도 않고 에너지 효율성도 떨어진다. 더욱이 태양광을 확대하자 태양광 설비를 만드는 중국이 이득을 보고, 풍력을 늘리니 북유럽의 풍력발전기 회사는 좋아졌지만, 정작 국내 원전 산업은 황폐화되었다. 대외적으로는 원전 수출 부진으로 인한 막대한 손실에, 대내적으로는 원전 산업과 고용에 엄청난 손실을 가져왔는데도 꿈쩍하지 않았다. 개보수에 7,000억 원이 들어간 월성 1호기의 영구 정지에 이어 월성 2~4호기도 같은 운명에 처해졌다.

문 정권의 이러한 급작스런, 반이성적이고, 반과학적인 탈원전은 전 세계의 놀림감으로 전락하기까지 했다. 특히 국내에서는 원자력 발전을 막아 놓고 해외에 나가서는 원전을 세일즈하는 이율배반의 행태를 보였다. 문 대통령은 2018년 3월 아랍에미레이트(UAE) 원전 1호기 건설 완료 기념행사에서 "한국 원전 경쟁력은 최고라고 인정해줄 정도"라고 하고, 2019년 4월 카자흐스탄 대통령과의 면담에서 "한국은 40년간 원전을 운영해 오면서 높은 실력과 안정성을 보여주었다. 앞으로 카자흐스탄에서 추진하면 한국도 참여할 수 있는 기회가 있었으면 한다"라고 함으로써 망신을 샀다. 어느 나라가 국내에서 원전을 중단하고 외국에 원전을 수출하자는 한국을 믿을 수 있겠는가?

멀쩡한 원전을 폐기한 것은 중대한 국가 산업 파괴행위다. 이는 문명적 설비에 대한 홍위병적 몰이해와 이념 과잉의 교조적 정치의 결과다.

이는 원자력 관련 산업과 생태계 전체를 무너뜨렸다. 2016년에 12조 원 이상 영업이익을 냈던 한국전력은 2019년에 1조 3,566억 원 적자를 기록했다. 탈원전, 신규 채용 대거 확대, 한전공대 설립 등 정부 지시로 적자 수렁에 빠졌던 것이다.[63] 원자력 주기기를 생산하는 두산중공업은 부도 위기에 봉착했다. 정부가 긴급 공적자금 1조 원을 투입했지만, 세계적인 경쟁력을 가지고 있는 기업을 정권의 오판으로 망가뜨린 것이다.

그런데 3년이 지난 후 진행된 감사원의 감사 결과 월성 1호기 조기 폐쇄 결정이 무리가 있다는 것이 밝혀져 커다란 충격을 주었다. 2020년 10월 감사원은 한국수력원자력이 조기 폐쇄 결정에 결정적인 경제성 평가를 조작하고 은폐했다는 감사 결과를 발표했다. 국내 20개 원전의 2001~2010년 평균 가동률이 92.6%였는데, 「경제성 평가 보고서」에서 월성 1호기의 예상 가동률을 60%로 잡아 왜곡했으며, 원자력 전기 판매 단가도 2013년 kWh당 39원에서 2017년 61원까지 올랐는데도 이것이 갑자기 떨어지기 시작해 2022년 49원이 되는 것으로 가정했다는 것이다.[64]

이런 조작에도 불구하고 보고서에는 월성 1호기는 계속 가동하는 것이 즉시 폐쇄하는 것보다 경제성 있다는 결론이 나왔다. 그러자 한수원은 보고서를 이사회에 제출하지 않고 조기 폐쇄 의결을 유도했다. 여기에 산업통상자원부 소속 공무원 3명이 월성 1호기 관련 자료 530건을 무단으로 삭제하도록 지시하거나, 삭제해 감사원의 감사를 방해했다는 것이 밝혀졌다. 검찰은 이들을 기소했다.[65] 이러한 과정은 탈원전 방침 추진이 비정상이라는 것을 단적으로 보여주었다.

원전은 국가 에너지 안보 차원에서 핵심적인 위치에 있다. 한국은 에너지의 90% 이상을 수입하고 있다. 따라서 에너지 안보는 국가 안보와 직결된다. 원유와 가스 등의 에너지원이 들어오는 해상 수송로인 남중국해 항로가 만일 봉쇄되거나 제한된다면 이는 에너지의 안정적 보급에 타격을 주어 국내 경제, 사회를 뒤흔들 것이다. 따라서 원전은 그러한 경우에 대비해야 하는 안보 차원의 위상을 갖고 있다.

더욱이 4차 산업혁명의 인프라 구동에 결정적인 것이 에너지다. 클라우드의 운영, 빅데이터 분석 등 모든 것에 에너지가 더욱 많이 소요된다. 인공지능 시대는 그냥 오는 것이 아니다. 수많은 데이터를 확보하고 슈퍼컴퓨터를 돌리기 위해서는 에너지가 뒷받침되어야 한다.

게다가 자동차 산업은 점점 전기차 중심으로 이동하고 있다. 세계적으로도 전기차의 비중이 더욱 증가하고 있다. 세계적인 투자은행 모건 스탠리(Morgan Stanley)는 전기차 비중이 2025년에는 13.2%, 2030년에는 31.0%로 높아질 것으로 전망했다. 유럽의 경우는 2030년 전기차 비중이 40%에 달할 것으로 내다봤다.[66] 한국에서도 전기차 운행이 빠르게 늘고 있다. 오히려 전기 충전소 부족이 전기차 수요를 못 따라갈 정도다.

한국 경제를 지탱하는 반도체 생산만 하더라도 잠시라도 전기가 끊기면 클린룸의 청정 진공 상태가 망가져 불량품이 나온다. 4차 산업혁명 시대에는 양질의 전기를 얼마나 안정적으로 공급하느냐가

한 국가의 산업 경쟁력을 좌우하는 핵심 요소가 된다. 게다가 우리는 미국이나 유럽처럼 비상시 인근 국가에서 전기를 공급받을 비상 안전망이 없다. 안정적 전력 공급원을 확보하고, 늘어나는 에너지 수요를 감당하기 위한 유일한 방안이 원자력 발전소다.

뿐만 아니라 원진을 중단하여 석탄화력 발전이 증가하면서 미세먼지가 크게 늘어서 국민들이 고통을 받았다. 원자력 전문가인 주한규 교수는 문 정권 출범 후 3년간 줄어든 원자력 발전량이 석탄과 LNG 발전 증가로 대체됐고, 화력 발전 증가는 미세먼지와 온실가스 증가를 유발했다고 지적했다. 발전 부문에서 늘어난 온실가스는 2016년에 비해 지난 3년간 누적량이 5,100만 톤으로 추산되어, 원래 2,200만 톤을 줄여야 했는데 오히려 2배 이상 늘었다는 것이다.[67]

더욱이 '탄소중립'이 세계적으로 요구되는 새로운 경제, 세계 질서가 되기 시작했다. 세계의 주요 국가들은 2050년까지 탄소중립을 실현하겠다고 선언하고 나섰다. 여기에는 미국, 유럽연합, 일본 등의 모두 참여하고 있다. 이제 코로나19에 이어 기후변화가 또 다른 팬데믹을 가져올 것이라는 예상이 높다.

이에 따라 기후변화 위기에 대응하기 위해 국제적으로 대응을 위한 방안들이 속속 등장하고 있다. 유럽연합은 온실가스 감축 정책에 소극적인 나라에 경제적 불이익을 주는 탄소 국경세를 시행할 것이라고 밝혔다. 2023년 도입을 목표로 제품 생산 과정에서 유럽연합보다 탄소 배출이 많은 국가에서 제조된 제품에 관세를 매기는 것이다. 미국도 2025년까지 화석연료 사용으로 환경 의무를 준수하

지 못하는 국가나 기업 제품에 대해 추가 관세를 물리는 탄소 국경
세를 검토하고 있다.[68] 이제 기후변화는 단지 환경문제가 아니라
경제와 국가 경쟁력 문제로 확대된 것이다. 수출경제 비중이 큰 한
국은 이 문제가 국가의 미래에 커다란 영향을 미치게 된다.

　자연스럽게 세계는 '원전 르네상스'를 선언하며 원전을 늘리고
있다. 미국, 영국, 프랑스 등은 기후변화를 멈추고 탄소 중립 경제
로 가려면 원전이 핵심 역할을 해야 한다는 인식에 따라 원전 투자
를 늘리는 계획을 내놓았다. 미국은 한때 세계 원전 시장을 지배했
었지만, 1979년 스리마일 원전 사고 이후 30여 년간 자국 내 원전
건설이 중단되면서 원전 시장 주도권을 러시아, 중국, 한국에 내주
었다. 그러나 미국은 최근 이러한 입장을 철회했다. 미국 에너지부
는 "원자력 에너지는 에너지 독립과 국가 안보, 청정 전력의 핵심
요소"라고 강조했다.

　미 상원 환경·공공사업위원회는 2020년 12월 원자력 관련 투자
확대와 규제 개선을 담은 '원자력 인프라법'을 통과시켰다. '원자력
부문 미국의 글로벌 리더십 재정립과 첨단 원자력 기술 지원, 관련
규제 개선'이 법안의 핵심 내용이다. 영국 정부도 2020년 12월 에너
지 백서를 발표하고 "첨단 원전 기술과 청정 수소 기술 개발 등을
위해 10억 파운드(약 1조 5000억 원)를 투자할 것"이라고 밝혔다. 미국
에 이어 세계 2위의 원전 대국인 프랑스도 "원전은 미래에도 국가
전력 공급의 핵심 역할을 할 것"이라는 기조에 따라 원전 투자를 늘
리기로 했다.[69]

　원전이 탄소중립을 위해 필수적이라는 인식은 널리 알려져 있다.

따라서 저비용 청정에너지인 원자력 발전을 가동해야 하는 것을 더 이상 선택의 문제가 아니다. 원전을 복원하는 것은 세계적인 흐름이며 디지털 경제를 위해 필수적이다. 에너지 안보를 강화하고, 늘어나는 에너지 수요에 대처하고, 미세먼지를 줄이기 위해서도 그렇다. 더욱이 원자력의 경제성·환경성·안전성은 지금까지 오랜 가동 이력으로 검증이 된 것이다. 특히 한국 원전 유형인 가압수형의 경우 생명 손실은커녕 방사선 유출도 없이 가동되어 원자력의 생명 안전성을 입증했고 국제경쟁력을 인정받아 왔다. 원전 복원에서 더 나아가 원전 확대의 새로운 로드맵을 짜야 한다.

부동산을 이념에서 경제로

문 정권에서 부동산 문제는 경제 문제에서 가장 뜨거운 이슈였다. 2017년 집권 후 2020년 말까지 3년 동안 24번의 부동산 대책을 내놓았다. 그런데 그 결과는 집값이 엄청나게 오르고 전세 가격이 폭등하며 집을 구하기가 더 어렵게 만들었다. 24번 째 대책은 앞으로 2년간 시내의 노후 상가와 오피스, 빈 호텔 등 숙박시설 등까지 주거용으로 리모델링해 전국에 11만 4,100가구의 전세 위주 공공임대를 공급한다는 내용의 '서민·중산층 주거안정 지원 방안'이었다. 호텔 등을 전세 공공임대로 공급하겠다는 발상은 이제 부동산 대책이 더 이상 갈데없이 막다른 골목에 다다랐다는 것이나 다름없다.

좌파 정권의 등장과 함께 한국의 부동산은 불안정한 상태에서 벗어나지 못했다. 그것은 부동산 문제를 경제 문제가 아니라 이념으로 보기 때문이다. 즉 부동산을 모든 사회적 불평등의 기원이라고 보는 것이다. 나아가 부동산을 가진 계층과 그렇지 않은 계층을 분열시키고 정치와 선거에 이용하기까지 한다. 그래서 주택시장 상위 계층에 대한 증오 프레임과 징벌 테크닉을 다양하게 내놓는다. '부동산은 계급'이라는 정치적, 이념적 시각으로 접근하여 부동산을 정치로 본다. 문 정권의 부동산 문제를 책임졌던 김수현 전 청와대 정책실장은 "부동산은 정치"라며 "집을 가진 사람은 보수적인 투표 성향을 보이며 그렇지 않은 경우는 진보적인 성향이 있다"고 했다.[70] 즉, 부동산 정책을 강남과의 전쟁을 만들어 비강남 지역에 사는 사람들을 부추겨서 자신의 편으로 만들려고 하는 전형적인 편 가르기로 만드는 것이다. 세계 어디에도 특정 지역 집값 잡기에 주택정책을 올인하는 정부는 없다. 문 정권이 부동산을 보는 시각은 이념에 기초한 전형적인 포퓰리즘이다.

문 정권은 출범 이후 거의 2개월에 한 번꼴로 세제, 금융 정책을 총동원하는 부동산 대책을 내놓기에 바빴다. 2020년 6월 발표된 22번째 부동산대책은 수도권 전체를 규제지역으로 묶고, 주택을 구입할 때에는 자금조달계획서를 제출하도록 하는 등 전례없는 수준까지 나갔다. 이것은 사실상 주택허가제도나 마찬가지였다. 이미 2020년 1월 청와대 정무수석이 '주택매매허가제'를 주장했었는데, 이를 투기과열지구나 조정대상지역에 적용한 것이다. 이것은 국가가 사유재산의 거래에 일일이 허가를 하겠다는 것으로, 재산의 자유로운 처분권을 빼앗는 사회주의적 발상을 내세운 것이다. 아이러니한 것은 중국 등 사회주의 국가에서도 이런 주택 매매 허가제를 하는 곳은 없다는 것이다.

여당의 전 원내대표는 더 나아가 개헌을 통해 '토지공개념'을 명확히 했으면 좋겠다고 주장했다. '경자유전(耕者有田)원칙' 등을 개헌 주제로 다루자며 사적인 '토지소유권'의 제한을 거론했다.[71] 좌파 집권당의 이러한 입장은 일회성으로 나온 것이 아니라 계속 누적되어 왔다. 2017년 집권 민주당 대표는 정기국회 교섭단체 대표연설을 통해 "농지개혁에 버금가는 지대개혁을 해야"한다고 주장하고, 심지어 "토지사용권은 인민에게 주되, 소유권은 국가가 갖는 중국식이 타당한 얘기"라고 말했다.[72] 2018년 하반기에는 집권당 대표도 "토지공개념의 실체를 만들지 않아서 토지 공급이 제한되고 있고 이 때문에 집값이 폭등한다"며 '토지공개념' 도입을 주장했다.[73] 집값 폭등의 원인을 토지공개념으로 만들어 토지 국유화를 하려는 것이다.

임대에 대해서도 개인의 재산권을 제한하는 대책들이 잇따라 만들어졌다. 2020년 6월 전월세신고제·전월세상한제·계약갱신청구권제 등을 골자로 하는 '주택임대차보호법' 개정안과 '부동산 거래신고 등에 관한 법률' 개정안 등 소위 '임대차 3법'이 개정되었다. 전월세상한제는 계약갱신청구권을 사용한 재계약의 경우 임대료 상승 폭을 연 5%로 제한한 것이다. 여기에 각 지자체가 임대차 시장 여건 등을 고려해 조례로 법정 임대료 상한선인 5% 아래로 지정 비율을 낮춰 정할 수 있도록 권한을 부여했다. 그러자 전세 가격이 올라가고 집구하기가 어려워졌다. 서민 보호라는 명목으로 법을 바꾼 임대차 3법이 오히려 부동산을 더 불안정하게 한 것이다.

이것 역시 개인의 재산권을 명백히 침해하는 것이다. 시장에서 결정되어 온 것을 오히려 규제로 막고 재산권을 억압하니 집구하기가 어려워진 역설이 생긴 것이다. 그리고는 공공임대주택으로 가라고 하니, 토지 공유화에 이어 부동산 공유화로 진행하는 양상으로 이어졌다.

이렇게 문 정권에서 부동산은 경제가 아니라 이념이자 정치였다. 문 정권은 부동산을 통해 계층 간 갈등을 조장하는 수단으로 이용했다. 있는 자 때리기로 없는 자 표를 얻기 위한 수단에 다름 아니다. 그러면서도 공급을 통제하는 정책으로 집값이 폭등하는 결과를 가져왔다. 그리고는 부동산 관련 각종 세금을 인상하여 세금을 늘리는 도구로 이용했다. 분양가 상한제로 노무현 정부 때 집값 폭등을 경험했는데도 분양가 상한제를 다시 꺼낸 것은 집값 잡기가 목적이 아니라 계층 갈등을 조장하고, 그를 통해 표 얻기가 목적이었던 것이다.

부동산 대책의 해법은 이념에서 경제로 전환하는데서 찾으면 된다. 더욱이 부동산 역시 재산권의 자유라는 측면에서 보아야 한다. 재산권의 자유를 보장하고 사고팔고 하는 경제 활동이 시장에서 이루어지게 하면 된다. 수요가 있는 곳에는 공급을 늘리는 것이다. 박병원 전 한국경영자총협회 회장은 재개발, 재건축 등 토지 이용 관련 규제와 최저임금, 주간 노동시간 등 노동시장 관련 규제를 비강남 지역에 한해서 모두 풀어 주거나 각종 규제 권한을 지자체로 넘겨서 정부의 투자 활성화 정책들이 비강남에서 실현되도록 하자고 제안했다.[74]

부동산이라는 재산을 이념·정치 문제에서 경제 문제로 전환해야 모든 실타래들이 풀릴 것이다. 불공정 행위가 있으면 공정거래에 관한 법제도로 풀면 된다. 또한 재산권의 자유라는 관점을 놓쳐서는 안 된다. 주택 매매 허가제와 같이 거래의 자유를 제한하는 제도를 도입한다는 것은 자유시장 경제의 기초를 허무는 것이다.

세금 인하

한국에서 정부와 공공 부문이 커지면서 이와 비례해서 세금도 계속 늘어 왔다. 써야 할 돈을 세금에서 조달하는 수밖에 없기 때문이다. 아니면 적자 재정을 감수해야 한다. 그나마 재정 건전성을 중시하고, 세금 인상에 주의를 기울인 정부가 들어서면 상황은 호전되었지만, 그런 경우는 적었다. 포퓰리즘적인 계획에 세금이 필요하면 세율을 올리거나 새로운 세금을 만들어서 대응해 왔기 때문이다. 세금은 자유 시장경제를 위축시키는 수단으로 작용하고 있다.

문 정권은 정부가 사회의 모든 분야를 직접 주도하겠다는 방식으로 나서면서 개인과 기업으로부터 세금을 많이 걷었다. 법인세·소득세뿐만 아니라 취득세·재산세·종합부동산세·양도소득세 등의 세금 부담이 모두 늘었다. 기존에 없던 새로운 세금도 많이 늘었으며, 세금이 아닌데도 기업이 부담하는 준조세가 크게 늘었다. 준조세는 국민연금과 같은 사회보험료, 폐기물 분담금 등 각종 부담금에 비자발적 기부금을 합한 금액이다. 2019년 기업이 부담한 준조세는 67조 5,900억 원, 법인세는 72조 1,700억 원으로, 준조세가 법인세에 맞먹는 액수에 달한 것이다.[75)]

문 정권은 2017년 5월 출범하자마자 법인세를 인상하면서 '부자 증세'라는 명분을 내세웠다. 법인세 최고세율을 25%로 올렸고, 소득세 최고세율을 42%로 인상했다. 법인세는 OECD 평균 법인세율 21.5%를 앞섰으며, OECD 국가 중 7위이다. 2007년 이후 OECD 35개국 중 20개국이 법인세를 낮추었지만 한국은 거꾸로 갔다. 그리고 소득세 최고세율을 40%에서 42%로 인상했다. 3년 뒤인 2020년 7월에는 이것도 45%로 올렸다. 2020년을 기준으로 한국은 미국보다 더 높은 소득세율과 법인세율을 부담하고 있다. 소득 상위자가 차지하는 소득세 비중은 대단히 높다. 소득 상위 20%가 부담하는 소득세 비율은 90%에 달한다.

더욱이 부동산 가격이 오른 것만큼 부동산 관련 세금을 크게 늘렸다. 2020년 7월에는 개인에 대해 집에 대한 보유세조차 크게 올렸다. 정부가 집값을 잡겠다며 재산세, 종합부동산세 그리고 건강보험료의 부과기준이 되는 공시가격을 서울 공동주택의 경우 3년 연속 10% 이상 올리는 바람에 시세 대비 공시가격이 75~80%로 높아진 아파트가 많아졌다. 일부 아파트는 현실화율이 90%에 육박할 정도로 높아졌다. 자신이 살고 있는 집에 대한 보유세 인상은 국민들의 조세 저항까지 불러일으켰다.

새로운 세금도 신설했다. 2023년부터는 주식 거래에 대해 기존에 있던 증권거래세에 추가하여 주식양도소득세를 도입하기로 했다. 이것은 전형적인 이중과세인데, 세계 어느 나라에도 증권거래세와 양도소득세 두 가지를 모두 과세하는 나라는 없다.

이렇게 세금을 올린 결과 GDP 대비 세금의 비중은 2018년에 미국과 스위스를 추월했고, GDP 증가율 대비 세금 증가율의 격차에서 한국은 OECD 국가 중에 1위였다. 이것은 경제성장률에 비해 세금이 급격하게 증가한 것을 의미한다. 더욱이 2020년에는 코로나19 사태로 긴급재난지원금 지급 등으로 세금이 더욱 늘었다.[76] 여기에 한국판 뉴딜 정책이 추가됐다. 정부 주도의 다양한 사업으로 많은 일자리를 창출하겠다는 것이다. 그런데 그 비용은 모두 국민의 세금에서 나왔다.

그런데 문제는 그렇게 거둔 세금을 포퓰리스트 정책에 펑펑 쓴다는데 있다. 민간 부분이 맡아야 할 부분까지 정부가 세금으로 지출하며 세금을 낭비했다. 일자리를 창출한다는 명분으로 시급하거나 필요하지 않은 일에 세금을 썼다. 그런 일자리란 게 쓰레기를 줍거나 풀을 베는 공원 환경미화, 각종 시설 봉사 등이다. 세금을 투입해서 일자리를 만들어 실업률이 줄었다고 홍보하지만, 실제로는 도덕적 해이가 심하고, 양질의 일자리를 만들지도 못하는 보여주기식 행사로 전락하고 만다. 이는 국민을 모독하는 것이다. 문 정권의 세금 인상 쥐어짜기는 세금 인상의 명분과 방법, 지출 모든 면에서 잘 못된 정책이었다.

이렇게 국가 재정을 방만하게 늘리는데만 초점을 맞추어 조성하고 있는 불합리한 세금을 전면적으로 재조정해야 한다.

먼저 법인세를 인하해야 한다. 세계 주요 국가들은 모두 법인세를 낮추고 있다. 한국조세재정연구원에 의하면 세계 94개국 중 76개 국이 2018년 기준 2000년에 비해 법인세율을 인하했다. 미국은 37% 에서 21%로, 일본은 34%에서 23%로, 영국은 19%에서 17%로 내렸다. 손경식 경영자총협회장은 2019년 10월 한 토론회에서 "법인세를 경쟁국 수준으로 낮춰 기업의 투자 여력을 높이고, 기업인의 의욕을 꺾고 있는 고율의 상속세도 인하해 달라"고 요청했다.[77]

상속세는 개혁 수준으로 인하해야 한다. 가족 기업이 44% 이상 인 한국에서 가업 승계는 매우 중요한 문제이다. 그러나 현행 상속 증여는 상속세가 걸림돌로 작용하고 있다. 한국의 상속세율은 최고 50%나 되는데, 최대 주주가 보유 주식을 상속·증여할 때에는 최대 60%의 세율이 적용된다. 이것은 세계 최고 수준이어서 가업 상속을 통한 승계가 사실상 불가능할 실정이다. 이런 가혹한 기업 주식 상속세 때문에 많은 중소기업이 상속을 포기하고 매각을 고려하고 있을 정도다. 문제는 이렇게 기업 매매 시장이 점점 커지자 여기에 사모펀드와 중국계 자본까지 침투해 알짜 기업을 매수하거나 기술을 탈취할 가능성까지 있다는 것이다.

기업의 상속은 기업을 지속가능하게 하는 중요한 의미를 갖고 있다. 그런데 과도한 상속세는 기업의 연속성을 단절시키고 미래와 후손의 일자리를 파괴하며 결국은 국가적으로 커다란 손해가 된다. 그래서 최근 많은 나라에서 상속세를 폐지하고 있다. 러시아마저 2006년에 폐지했다. 독일은 기업과 고용을 유지하는 한 상속세가 거의 없고, 7년 안에 기업을 처분하면 그때 상속세를 납부하도록 한다. 주식을 상속하는 시점에서 상속세를 부과하는 것도 잘못되었다.[78]

상속재산을 국가가 환수하는 것은 재산권을 보호하지 않는 것이다. 자유시장 경제의 근간을 무너뜨리고, 자본투자에 기초한 경제 질서에 심각한 비효율을 초래한다. 이제 한국의 기업 상속이 3~4세대에 이른 만큼 상속세를 개혁해서 지속가능한 기업 경영을 할 수 있도록 할 때가 되었다.

미국의 대표적인 공화당 정치가 중 한 사람이었던 배리 골드워터(Barry Goldwater)는 일찍이 무거운 세금을 부과하는 것이야말로 자유를 제한하는 것이라고 강조했다. 골드워터는 태프트(Taft) 전 상원의원의 말을 인용하여 "정부를 탈취하여 사회주의 국가로 만들 수 있는 것과 마찬가지로, 과세 부담의 지속적인 증대를 통해 사회주의 국가로 만들 수 있다. 무거운 세금의 부과야말로 자유를 제한하는 것이다"라고 설파했다.[79]

세금 문제는 거의 인내할 수 없는 수준까지 왔다. 개인과 기업의 세금 부담을 줄이지 않으면 안 된다. 무엇보다도 그렇게 거둔 세금을 정권이 방만하게 사용하는 것은 있을 수 없는 일이다.

규제 혁신

한국은 '규제공화국'이라고 불릴 정도로 규제가 대단히 많다. 그 래서 그동안 정권이 바뀔 때마다 규제 혁신이 경제 부문의 중요한 화두가 되었었다. 그럼에도 불구하고 규제는 줄어들지 않았다. 좌 파 정권은 말할 것도 없고 우파 정권에서도 규제를 줄이지 못했다. 우파 정권도 시장경제보다는 관치경제에 의존해온 탓이다. 이것은 우파 정권이 자유 시장경제를 제대로 이해하지 못하고 있거나, 관 치 경제에 익숙해 온 경로를 벗어나지 못한 탓이다. 이러한 과정이 축적되어 한국 경제가 점점 자유 시장경제에서 멀어지고 말았다. 그러다 보니 좌파 정권이 들어섰을 때 빠르게 사회주의적 국가 주 도 경제로 이동하는데 별 걸림돌이 없는 것처럼 보이는 것이다. 기 업이나 국민들도 경제 구조가 바뀌는 것을 체감하지 못하고 순응하 는 모습을 보인다. 그러니 민간 부문은 더욱 급격히 위축되고 경제 활력은 빠르게 떨어지게 되는 결과를 초래한다. 이런 상황에서는 경제 혁신도 어렵다.

문 정권은 혁신경제를 내걸었지만, 혁신경제 자체가 정권의 정체 성과 어긋나는 것이니, 사실 공허한 말에 지나지 않는다. 혁신을 하 려면 규제가 없어야 하는데 규제를 더욱 강하게 늘려놓고, 국가가 직접 간섭하면서 혁신을 기대할 수는 없기 때문이다. 미국이나 일 본 등 4차 산업혁명에 앞장선 선진국은 말할 것도 없고 동남아시아 나 동유럽에서도 다 되는 공유차량, 공유숙박, 원격의료 등의 서비스가 한국에서는 금지되는데 혁신을 말할 수는 없다. 자율주행 자동차, 빅데이터, 핀테크, 블록체인 같은 신기술 관련 규제 등도 여전히 강력하다.

그러다 보니 한국의 기업들은 해외로 나가 돌파구를 찾는다. 네이버와 카카오는 2018년 일본에 블록체인 관련 자회사를 세우고 싱가포르에 가상 화폐 거래소를 열었다. 현대자동차는 규제를 피해 미국에서 공유차량 사업을 시작하고, 네이버는 자회사인 라인으로 일본에서 원격의료 사업을 시작하는 식이다. 기업과 인재들이 미국 실리콘밸리 등 해외로 빠져 나갔다. 이런 상황이니 아무리 혁신경제를 이야기해도 그저 말잔치 정도로 여기고 이벤트 한번으로 끝날 뿐 진정한 신산업 육성과 일자리 창출과는 거리가 멀었다.

공유경제만 해도 문 정권은 그 의미와 혁신을 전혀 이해하지 못하고 있다. 그것은 2019년 7월 국토교통부가 내놓은 차량 공유 서비스 대책인 '혁신성장과 상생 발전을 위한 택시제도 개편 방안'에서 여지없이 드러났다. 이 방안에 따르면 차량 공유 서비스 사업을 하려면 기존 택시의 면허권을 매입하고, 택시 기사의 복지 등에 들어갈 사회적 기여금을 정부에 내야하며, 기사도 택시 기사 면허증 보유자로 제한했다. 운행 가능한 대수도 정부의 허가를 받아야 했고, 정부가 정해주는 만큼의 기존 택시 면허를 사야 했다. 이것은 공유경제 서비스를 하지 말라는 말과 똑같다. 새로운 모빌리티 산업에 대한 진입 장벽을 오히려 더 높인 것이다. 이것은 이익집단의 반발을 극복하지 못하고, 정치와 이념이 우선순위에 있음을 여실히 보여준 것이다. 이렇게 해서는 혁신과는 거리가 멀다.

플랫폼 경제나 디지털 전환 경제는 기존 경제와 다르기 때문에 규제 충돌이 일어날 수밖에 없다. 아무래도 기존에 존재하는 규제는 기존 산업과 관련된 것이기 때문이다. 따라서 새로운 경제가 등장하거나 서비스나 상품이 나타날 때에는 규제 충돌이 있게 마련이고 이를 조정하고 재정리하는 과정이 필요하다. 그 방안은 기존 산업 종사자들의 반발만 의식할 것이 아니라 새로운 참여자의 혁신을 어떻게 수용할 것인가, 그리고 소비자의 혜택이 얼마나 있을 것인가가 관건이다. 그런 기준에서 기존 규제가 맞지 않다면 그것을 고집해서는 안 된다.

동남아시아 지역 차량호출 시장을 장악하고 있는 그랩은 미국 우버, 중국 디디추싱(滴滴出行) 등과 함께 세계에서 가장 잘나가는 차량호출회사 중의 하나이다. 사업 가치를 인정받아 한국의 현대·기아차, 일본 토요타 자동차, 중국 디디추싱 등으로부터 거액의 투자금을 유치했고, 2019년 3월에는 일본 소프트뱅크비전펀드(SVF)로부터 14억 6000만 달러(약 1조 6483억 원)의 신규 투자를 받았다. 그랩이 세계적인 스타트업으로 성장하는 데 말레이시아 정부가 한 일이란 젊은이들이 창업하고 이를 성장시키는 과정을 그냥 지켜보았을 뿐이다. 한국에서처럼 정부가 나서서 '육성…'이나 '…보고회'를 하지 않고 자유롭게 하도록 한 것뿐이다.

한국에서 혁신적인 경제가 어려운 것은 우리의 규제 체계가 포지티브 규제 방식을 취하고 있기 때문이다. 즉 새로운 서비스나 사업을 하려면 법을 마련해야 하고 규제가 먼저 있어야 한다. 그러니 법과 규제가 없으면 아무 것도 못한다. 국가가 정해주어야 할 수 있는 것이다. 이것 역시 국가가 경제 개발을 주도해 온 유산이 지배하고 있기 때문이다.

규제 혁신의 핵심은 네거티브 규제 도입이다. 네거티브 규제는 기본적으로 자유롭게 경제 활동을 하도록 하되, 미리 정한 분야만 규제하는 방식이다. 이것이 자유주의 경제에 맞는 방식이다. 그런데도 오래전부터 네거티브 규제를 도입할 필요가 있다는 주장이 있음에도 불구하고 여전히 바꿔지지 않고 있다. 법제도 시스템을 개혁해야 하고 정부가 받아들여야 하는데, 정권들이 나서지 않았기 때문이다. 게다가 국가 개입을 지향하는 좌파 정권은 네거티브 규제를 원하지 않는다.

규제 혁신에 새로운 발상으로 접근할 필요가 있다. 특히 데이터에 기반을 둔 자율규제가 대표적이다. 플랫폼 경제가 증가하면서 이용자의 만족도나 평가를 통한 평판 시스템을 갖추고 있으므로 이를 통해 자율적인 규제 방식을 만드는 것이 유리하다. 평판 분석과 빅데이터 분석을 통한 새로운 자율규제 제도를 만들 수 있다. 데이터에 기반을 둔 자율규제를 개발하고 확대한다면 기존의 강력한 규제 제도와 구조를 개혁하는데 도움이 될 수 있다. 디지털 기술은 산업에만 유리한 것이 아니라 규제와 같은 분야에도 투명성과 개방성을 높일 수 있는 장점이 있는 만큼, 이런 기술 기반 규제 개혁을 추진할 필요가 있다.

OECD는 1990년에 이미 「구조개혁의 진전 보고서」*Progress in Structu -ral Reform*에서, 회원국들의 구조개혁의 내용을 보고하고, 추진해야 할 구조개혁의 방향을 제시하였다. OECD가 제시한 구조개혁의 내용과 방향은 30년이 지난 지금 오히려 우리에게 필요한 것으로 가득 차 있다. 그것은 첫째, 금융시장: 개방화, 둘째, 해외직접투자: 장애요인 감축, 셋째, 요소시장과 상품시장: 경쟁 강화, 넷째, 경쟁 정책: 규제 완화 및 철폐, 다섯째, 국제무역: 자유화, 여섯째, 농업: 보조금지급 폐지, 일곱째, 산업정책: 경쟁력 강화, 여덟째, 노동시장: 유연성 제고, 아홉째, 공공부문: 경쟁원리 도입으로 효율성 제고 등이다.[80] 이러한 구조개혁은 경제에 자유시장 원리를 도입하는 방안들을 제시한 것이다. 놀랍게도 모두 지금 한국에게 시급히 요청되는 내용들이다.

이렇게 자유시장 경제의 관점에서 경제 구조와 운영 전체를 혁신할 일이 많다. 민간의 자유로운 경제활동을 최대한 보장하고, 공공개혁과 노조개혁 등 경제 구조 개선을 위한 구조개혁이 함께 필요하다. 기업가 정신을 장려하고 자유롭게 운영하도록 하면 경제는 활성화되고 일자리는 자연스럽게 생기게 되어 있다.

자유 시장경제는 큰 정부와 공존할 수 없다. 정부 규모가 커질수록 정부가 좌우할 수 있는 자원의 양이 늘어나고, 자연스럽게 정부의 영향력이 커진다. 정부가 영향력이 클수록 정치 논리가 경제를 압도하게 된다. 그러면서 개인의 자유가 침해되고, 기업 활동이 위축되고, 경제의 효율성이 떨어지고, 부정과 부패가 늘어나게 된다.

생산수단을 점유하고 생산을 위한 자원배분과 생산물의 분배를 시장이 아닌 정부가 개입하는 경우에는 인간의 속성상 그 권한을 가진 기구나 사람들에게 부와 권력이 집중될 수 밖에 없다. 대부분의 공산주의 국가에서 당 간부들을 중심으로 한 특권 계층은 국민들과 차원이 다른 부와 권력을 향유하면서 국민들에게만 평등을 강요하고 있는 것이 일반적이다. 그러한 체제를 유지하기 위해서는 정보를 독점하고 일방적인 선전·선동을 극대화하고 권력을 독점하는 독재 체제가 필요하게 된다.

대부분의 공산국가들이 공산당 일당 독재를 유지하고 있는 이유가 바로 이 때문이다. 평등을 주장하며 세워진 공산주의 국가가 가장 불평등한 문제를 보여주는 아이러니가 발생하는 것이다. 생산을 위한 자원배분과 생산물의 분배를 시장이 아닌 국가가 개입하고 통제하면서 무소불위의 독점적인 권력이 탄생하게 되고, 그 결과 국민경제가 붕괴한다. 1991년 소련의 해체와 공산주의 붕괴는 그러한 역사의 필연이었던 것이다.

반면에 개인과 기업의 창의와 자유를 기본가치로 하는 자유민주주의와 시장경제는 경제를 성장시키고 그 혜택을 시민과 사회에 돌려주어 사회 전체가 발전하게 한다. 기업 활동을 장려하기 위해서는 세금을 줄이고, 정부 지출을 줄여야 한다. 그래야 기업가 정신이 활성화되고 개인의 자유가 확대된다.

05 노동의 자유

한국은 '규제공화국' 말고도 '노조공화국'이라는 말이 널리 퍼져 있다. 그만큼 노조가 강하다는 뜻일 터이다.

사실 한국은 그동안 노동자와 노동조합을 과보호해 왔다. 1990년대 이후 노동운동 출신이 대거 정치계로 진입하고 국회로 진출하면서 노동관련법을 노동자의 이익을 늘리는 방향으로 바꿔왔다. 세계의 기준에 비해서도 과다한 노동자 보호와 쟁의 보호, 노조 편향 제도들을 꾸준히 양산하면서 이제는 노조가 정치 세력화하는데 이르렀다. 노동조합은 노동자들을 대변하는 기구를 넘어 정치권력 집단화하여 노동시장과 노사관계를 지배하고 있다. 한국의 노동조합은 다른 나라에서 사례를 찾기 어려울 정도로 특권을 누리고 있다.

문 정권에서는 그 정도가 더욱 심해졌고, 노동 관련 제도가 민노총 등 노동 세력에 의해 좌지우지되었다. 코로나19 사태가 심각해져서 모든 집회를 금지하고 있는 중에도 민노총 집회는 허용될 정도였다. 또한 최저 임금제를 도입하고, 주 52시간 근무제를 도입했다. 인천국제공항공사 등을 중심으로 비정규직을 정규직으로 무리하게 전환하는 정책도 추진했다. 반면에 저 성과자 해고와 취업규칙 변경 등 노동 유연화를 위한 지침을 폐기했다. 그러나 이렇게 한 것이 오히려 노동 환경이 악화되는 결과를 초래했다. 최저임금제도는 도입 3년 만에 33% 인상된 결과 오히려 저소득층의 일자리가 감소되었고, 주 52시간 근무제는 2018년 대기업에 이어 2021년 중소기업에도 적용되면서 기업 부담이 크게 늘었다. 비정규직은 2017년 657만 명에서 2020년 742만 명으로 늘어났다. 그러면서 오히려 임금 격차만 더 커졌다.

〈표 1〉 정규직·비정규직 임금 격차[81]

연도	정규직	비정규직	임금격차
2017	284만 3000원	156만 5000원	127만 8000원
2018	300만 9000원	164만 4000원	136만 5000원
2019	316만 5000원	172만 9000원	143만 6000원
2020	323만 4000원	171만 1000원	152만 3000원

* 월 평균 임금 기준. 통계청

2020년 12월에는 해고자·실업자의 노조 가입 허용, 노조 전임자 급여지급 금지 규정 삭제 등을 주요 내용으로 하는 노동조합 관련 법 개정안들을 입법했다. 그런데 해고자와 실직자들은 이미 해고된 상태이므로 해고될 위험이 없고, 기업에 대한 책임감이 없는데, 이들이 노조에 가입해 과격한 조합활동을 하면 노사관계가 더욱 어려워진다. 노조 전임자에 대해 급여를 지급하는 것은 근로자단체에 대한 사용자의 재정상 원조를 '간섭행위'로 간주하는 국제노동기구 (ILO) 협약 제98호 제2조와도 맞지 않는다.

이러한 노동 환경은 인공지능 시대의 노동 환경과는 거리가 멀다. 인공지능 시대에는 자유롭고 독립적인 노동이 중심이 되는데, 노동 관련 제도는 아날로그 시절의 제조업이나 수공업 수준에 머물러 있다.

한국은 인적 자원이 핵심인 나라다. 더욱이 사람은 노동을 통해 자신의 삶을 더욱 가치 있게 만든다. 경제학자인 토드 부크홀츠 (Todd Buchholz)는 "풍부한 석유 때문에 오히려 경제적 낙후와 독재 정치에서 벗어나지 못하는 베네수엘라와 교육에 대한 투자와 근면함으로 서유럽 수준에 오른 한국이 잘 대비된다"고 말했다.[82] 사람이 일하는 방식, 시간, 임금, 성과 등을 자유롭게 해서 더욱 창의적인 일을 하고, 자신을 가치 있게 만들며, 사회를 풍요롭게 만들어야 한다.

노동시장 자유화

한국의 노동시장은 자유로운 시장이 아니다. 노동 시간, 임금, 성과 평가, 정년 등 노동의 모든 면에서 정부가 강제하고 일일이 규제한다. 문 정권 들어서는 주 52시간 근무제와 최저임금제도를 도입하여 노동 시장을 더욱 경직시켰다.

주 52시간 근무제를 일률적으로 시행하는 것은 다양한 노동 방식을 무시하는 잘못된 방안이다. 직종에 따라 근무 시간은 다양하다. 그러한 다양성을 인정하지 않고 국가가 일률적으로 강제해서는 안 되는 것이다.

더욱이 주 52시간제가 도입되면 임금이 크게 줄어들 수 있다. 제 조업이나 대기업 협력업체의 경우 대부분 시급이나 일당 근로자들 이 많기 때문에, 근무 시간 단축은 곧 임금 삭감으로 이어지는 것 이다. 예컨대 삼성중공업의 협력업체인 척추산업의 경우 경력 10년 차 기술자들은 월 350~360시간씩 일하고 400만원(시급 1만 2000원) 이 상 받는다. 그런데 주 52시간만 일하게 되면 월급이 200만 원대로 뚝 떨어지게 된다. 더욱이 척추산업과 같은 조선업의 특성상 주 52 시간제는 적용하기 어렵다는 것이다.[83]

최저임금제도도 마찬가지다. 임금은 노동시장에서 수요와 공급 이 만나서 결정되는 시장가격이다. 정부가 마음대로 정하는 것이 아니다. 임금이 시장 원리에서 벗어나면 시장의 작동 체계가 어긋 나고 노동 시장의 효율성을 떨어뜨릴 수 있다. 더 많은 성과를 내면 더 많은 임금을 받을 수 있고, 직종에 따라 다양한 임금 체계가 나 오는 것이 자연스럽다. 그런데 문 정권은 임금의 다양성을 무시하 고 동일노동 동일임금, 혹은 최저 임금제의 강제적 인상 등을 강요 하고 있다.

성과급제는 평등의 잣대로 배척하고 있다. 동일노동 동일임금이 평등을 구현한다는 잘못된 신화에 매몰되어 있다. 이는 문 정권이 지나치게 평등주의의 이념에 사로잡힌 결과다. 영국 프로축구에서

뛰는 손흥민 선수가 큰 시장에서 높은 임금을 받는 것이 자유시장 원리에 맞는 것이다.

또한 정해진 계약 없이 정년을 보장하는 것도 노동시장의 자유를 제한하는 것이다. 경쟁을 없애고, 성과에 대한 자유로운 보상 없는 노동 시장에서는 정년까지 아무 일도 하지 않아도 계속 자리만 차지하는 좀비 노동족이 양산된다. 당연히 그러한 조직은 경쟁력을 가질 수가 없다.

노동시장의 경직성을 풀고 자유화하지 않으면 취업자가 늘어날 수 없다. 한국의 고용 구조는 한 번 채용하면 해고하기가 매우 어렵다. 그러나 해고를 어렵게 한 것이 노동자를 위하는 것처럼 보이지만, 실상은 정반대다. 해고를 어렵게 하고 노동시장의 경직성을 유지하는 것이 실은 취직하지 못한 청년들이 일자리를 구하는 것을 막고 있는 것이다. 노동시장을 자유화하고 유연하게 해야 청년들이 일자리를 구할 수 있다. 채용 방식도 1년에 한번 수능시험처럼 뽑는 정기 공채를 없애고, 필요할 때 사람을 뽑을 수 있어야 한다. 연공 서열에 따라 정해진 호봉제를 없애서 임금 체계의 유연성을 높여야 한다.

인공지능 시대의 지식창조 분야는 프로젝트별로 움직인다. 어떤 프로젝트에 계약해서 일하고 임금을 받고, 그 프로젝트가 성공하면 성과급의 보상을 받고, 프로젝트가 끝나면 해체하는 방식이다. 인공지능 시대에는 정규직이나 정년을 보장받는 제도나 노조가 존재하기 어렵다. 정규직과 비정규직을 나눌 필요 없이, 정년과 비정년을 나눌 필요 없이, 일에 따라 계약을 하고 이동하는 문화가 만들어지게 된다. 그러면 누구나 실직을 두려워하지도 않고, 노동시장이 경쟁력을 가질 수 있다.

인공지능 시대에는 노동의 자유가 핵심인 사회로 변모한다. 정부나 노조, 제3자가 개입하면 할수록 노동의 효율적인 사용이 제약받고, 오히려 그 결과 고용의 불안정을 초래한다. 이런 외부 개입과 장치가 늘수록 실업률이 오히려 높아진다는 연구 결과가 많다. 우리는 고용 보호가 강할수록 신규 채용이 사라져서 오히려 청년 실업이 증가하는 것을 알고 있다. 노동 시장을 자유롭게 하는 것이 생산성을 향상시키고 일자리를 만들고 고용을 촉진하는 경제를 만드는 길이다.

노동조합 개혁

그러나 한국의 노동조합은 사회의 변화, 경제의 변화에 적응하지 못하고 오히려 충돌하고 있다. 한국의 대부분의 대기업과 공공기관은 이미 강성 노조가 장악하고 있다. 300인 이하 사업장의 노조 조직률은 2% 미만이다. 100인 이하 사업장은 0.6%밖에 안 된다. 현재의 노조가 누구를 대변하는지 잘 보여준다. 즉 대기업이나 공공기관에 다니는 이들의 기득권만 지키는 것이다. '기업과 주주'의 이익보다 노조의 이익이 우선시되고 있다. 공공기업의 경우 공공의 이익이라는 그럴듯한 명분을 내세우지만 노조의 이익이 앞서고, 민간기업의 경우 노조 이익 추구는 기업가치 하락으로 이어진다.

문 정권에서 노동조합은 정권을 뒷받침하는 세력이 되었다. 노동조합이 정치 세력화되어 있어서 노조의 활동이 자유민주주의를 파괴하는 방향으로 이루어지고 있다. 노조에서 진행하는 교육과 선전은 노동자와 자본가를 대립시키는 내용으로 채워져 있다. 노조가 자유 시장경제 체제 하에서 노동자의 권익을 위해 존재하는 것이 아니라 자유 시장경제 체제를 부정하고 있다. 가장 커다란 노조인 민주노총(전국민주노동조합총연맹)은 강령에서 "우리는 노동자의 정치세력화를 실현하고… 민족의 자주성과 건강한 민족문화를 확립하고 민주적 제권리를 쟁취하며 분단된 조국의 평화적 통일을 실현한다."고 선언하고 있다. 노조가 민족문화와 통일을 목표로 내세우고 있으며, 아예 정치세력임을 내놓고 표방하고 있는 것이다. 더욱이 "우리는 권력과 자본의 탄압과 통제를 분쇄…"한다고 함으로써 협상과 토론이 아니라 투쟁 일변도의 행동강령도 제시하고 있다.[84] 이런 강령에 따라 민주노총은 파업, 집회, 교육, 훈련 등으로 노조원들을 이끌고 있다. 이런 활동은 노조 운동을 넘어선다. 사회주의적 정치 세력을 교육, 훈련시키는 장으로 활용되는 것이다.

따라서 노사관계도 늘 대립적이며 투쟁적이고 갈등적이어서, 현재 한국의 노사협력 수준은 세계 최하위로 평가되고 있다.

〈표 2〉 한국의 노동시장 및 노사관계 경쟁력[85]

	유연성	정리해고비용	고용 및 해고관행	노사협력	임금유연성
141개국 기준	97위	116위	102위	130위	84위
OECD(36개국)	34위	33위	25위	36위	21위

※ 출처: WEF The Global Competitiveness Report 2019

　　더 나아가 노조에게 힘을 실어주는 법과 제도가 추가적으로 도입되고 있다. 2020년 12월 노조3법(노동조합법·공무원노조법·교원노조법) 개정으로 이제는 해고자, 실업자 등 사업장에 종사하지 않는 자의 노조 가입이 허용되었다. 또 노조 전임자에 대한 급여지급 금지 규정을 삭제하여, 노조 전임자에게도 기업이 급여를 지급해야 한다는 잘못된 관행을 만들었다. 이것은 노조의 자주성, 독립성 원칙을 훼손하고 노사 관계 갈등을 증폭시킬 우려가 크다. 노조 전임자의 급여를 노조 스스로 부담해야 한다는 원칙이 국제기준이나 노조의 자주성 원칙에 맞는 것이다. 또한 해고자의 노조 가입과 사업장 출입을 허용한 것은 노동조합의 본래 설립 취지와도 맞지 않는다. 이들은 조직의 발전을 위하기보다는 파업과 같은 강력한 투쟁에 더 나설 것이다.

　　이러한 노조 활동은 시대착오적이다. 1960~70년대 인력 중심의 제조업 사업장에서나 가능하던 노조 조직과 행위들이다. 디지털 도구, 인공지능과 함께 일하는 조직에는 전혀 맞지 않는다. 대기업 중심의 노총은 주 52시간제를 고수하지만, 이것은 일을 더 하기 원하는 벤처나 중소기업에는 맞지 않는다. 일의 특성에 따라 기업과 일하는 사람의 자유로운 계약에 의해서 노동 시간이 결정되는 것이지, 노동시간마저 자유롭지 못하는 사회에 미래는 없다.

그런데 한국에는 노조의 파업에 대해 기업이 대항할 수 있는 수단이 법적으로 마련되어 있지 않다. 노동조합 및 노동관계조정법에 따르면, "사용자는 쟁의행위 기간 중 그 쟁의행위로 중단된 업무의 수행을 위하여 당해 사업과 관계없는 자를 채용 또는 대체할 수 없다. 사용자는 쟁의행위 기간 중 그 쟁의행위로 중단된 업무를 도급 또는 하도급 줄 수 없다."고 규정하여 대체근로를 금지하고 있다.[86] 이것은 근로자의 측면에서만 쟁의를 보장한 것으로서 사용자의 영업과 기업활동의 자유의 측면은 보장하지 않는 불균형을 안고 있다.

주요 선진국에서는 이미 근로자의 쟁의권과 사용자의 경영권을 대등하게 보장하기 위해 파업 중 대체고용을 허용하고 있지만, 한국에서는 이것을 허용하지 않고 있는 것이다. OECD 주요 국가들 가운데 파업 중 대체 고용을 금지하고 있는 국가는 없다. 대체 고용 금지 규정은 노조의 파업에 대한 권리만 보장하고, 이로 인해 침해되는 경영권은 보장하지 않고 있어, 사실상 노조의 파업을 일방적으로 보장하는 결과를 낳고 있다.

파업 기간 중에 대체 노동을 금지하는 것은 노조에 일방적으로 끌려가서 노사 관계의 불균형을 초래하고 있다. 이것이 노조의 무리한 요구를 관철하기 위한 수단으로 악용되어, 노조의 파업을 유발하는 기제로 작용한다. 더욱이 이는 헌법에 보장되어 있는 영업의 자유를 침해한다. 따라서 쟁의 행위 기간에 대체 고용을 허용하는 것이 근로자와 사용자의 권리를 균형 있게 한다는 점에서 헌법의 가치를 복원하는 길이다.

노조의 사회적 책임의식이 미약하다 보니 코로나19로 인한 사회적 위험 상황에서도 자기 이익을 앞세우는 행태를 보였다. 코로나19 초기에 마스크 수요가 급격히 늘어나자, 품귀 현상을 빚었고 이에 따라 마스크 공급 확대가 절실한 상황이었다. 마스크 생산 공장을 풀가동해야 하는데도 노조가 주 52시간의 연장근로에 대한 '예외'를 반대하고 나선 것이다. 이렇게 노조가 유연하지 못하면 경제는 동맥경화에 걸릴 수 밖에 없다.

노동조합은 이러한 정치 투쟁에서 벗어나야 한다. 적절한 범위에서 본연의 역할은 하는 노동조합은 건강한 사회 운영에 도움이 된다. 본래 노동조합도 자유의 표현이다. 노동조합은 노동자가 고용조건에 대해 고용주와 협상하기 위해 자신들을 대표하여 결성한 것이다. 여기에는 노조 참여가 자발적이어야 하며, 노조 활동이 노동현장에서의 협상에 한정되어야 한다는 조건이 충족되어야 한다. 노조의 협상은 관련된 노동자와 고용주가 해야 한다. 노조의 협상에 관련 없는 제3자가 개입하거나 노조가 정치 활동에 나서는 것은 노동조합의 존재 의미를 왜곡하는 것이다.

그리고 노사 협력과 사회적 책임을 갖도록 노조 스스로 혁신해야 한다. 산업현장에서 발생하는 사업장 점거 같은 문제도 개선해야 한다. 사용자만 과도하게 규제하는 부당노동행위 제도를 개선해 노조의 부당노동행위에 대해서도 책임을 지도록 해야 한다. 특히 인공지능 시대의 일, 일자리, 고용 형태가 보편적인 환경이 되고 있는 상황에서 노동조합에 대한 전반적인 재구조화가 이루어져야 한다.

AI시대의 유연한 노동

2000년대 이후 디지털 노동(digital work) 또는 플랫폼 노동(platform work)이 빠르게 늘어나고 있다. 정해진 시간을 재량껏 조정하는 유연한 노동이 늘어나고, 프리랜서 일자리가 늘어났다. 직장의 이동과 지역의 이동, 심지어 국경을 넘는 이동도 다반사로 이루어지고 있다. 이제는 정규직 중심의 고정된 노동이 줄고 프리랜서, 파견, 임시직 등의 유연한 노동이 주류가 되는 환경으로 변화하고 있다. 그래서 이미 이러한 경제를 긱 이코노미(gig economy)라고 부르고 있다. 인공지능과 같은 디지털 기술은 이러한 긱 이코노미 현상을 훨씬 현실감 있게 보여준다. 우리 주변에도 이미 프리랜서, 독립 근로자들을 훨씬 많이 볼 수 있다.

인공지능으로 일자리가 영향을 받을 것이라는데 대해서는 이미 수많은 논의가 있었다. 일자리가 줄어들 것이라는 전망과 어떤 일자리는 줄지만, 보완 혹은 대체 일자리가 늘어난다는 전망이 늘 엇갈린다. 그런 가운데서도 공통적인 의견들이 있다. 줄어드는 일자리는 정형화된 업무 위주일 것이라는 점이다. 단순하고 반복 패턴의 특성을 가진 일자리는 인공지능 알고리즘으로 대체가 가능하다.

반면에 복잡하며 조정력이 필요한 일자리는 여전히 인간의 개입이 필요하다. 또 일자리의 형태가 다양화되므로 인간과 인공지능의 협업이 필요한 일자리들이 생긴다.

더욱이 코로나19 이후 재택근무가 일상화되었다. 그러면서 유비쿼터스 노동(ubiquitous working, 어디서든 일할 수 있음)이 널리 확산되었다. 이제 집, 회사, 거점 오피스 등 근무 장소에 구애받지 않고 자유롭게 일할 수 있는 비대면 노동 환경으로 바뀌고 있는 것이다. 마이크로소프트 창업자인 빌 게이츠는 출장은 앞으로 50%, 출근은 30% 감소할 것이라고 말했다. 비단 출장과 출근이 줄어들 뿐만 아니라 노동 환경이 달라진다.

사실 이것은 새로운 것은 아니다. 10여 년 전부터 '스마트워크(smart work)'가 도입되었다. 정부와 기업들은 ICT를 활용해서 시간과 장소의 제약 없이 일을 해서 효율성을 높이자는 스마트워크 시대가 올 것이라고 예상했었다. 그러면서 여기저기에 스마트워크 센터를 세우고, 재택근무제들이 도입됐다. 정부는 스마트워크를 범국가적으로 추진할 계획도 세웠다.

그러나 당시만 하더라도 단점이 많이 부각되었다. 변화에 대한 두려움, 고용에 대한 불안, 여기에 기술적 문제도 있었다. 화상회의는 영상이 부자연스러워서 불편하게 여겨졌다. 여러 사람이 접속할 때는 부드럽게 연결되지 못했다. 업무 집중력 저하, 조직과의 의사소통 문제도 있었다. 한국인의 집단주의적 성향과 그런 조직 문화에서 만남이 없는 것은 쉽게 수용되기 어려웠다. 스마트워크는 지지부진했다. 그러나 코로나19 사태가 이런 문제들을 단번에 해결해

버리고 말았다.

코로나19 상황에서 많은 기업이 재택근무를 시행했다. 이제는 재택근무를 하지 않는 기업을 찾기가 더 어려울 정도가 되었다. 취업정보업체인 '사람인'의 조사에 따르면 국내 기업 10곳 중 4곳이 재택근무를 포함한 유연근무를 하고 있고, 특히 대기업의 96%가 코로나19 사태 이후에도 이런 근무 형태를 지속하겠다고 답했다고 한다. 포스코는 초등학교 2학년 이하 자녀를 둔 직원을 대상으로 '경력단절 없는 육아기 재택근무제'를 시행하기로 했다.[87] 무엇보다도 한국에서 근로자와 기업들이 원격근무를 받아들이게 된 것은 커다란 변화다. 코로나19 사태를 겪으면서 한국에서 재택근무를 해도 문제가 없다는 사실을 알게 된 것이다.

이제 기업이나 조직은 근로 공간에 대해 재정의할 필요가 생겼다. 기존의 사무실 문화는 이제 역사 속으로 사라질 것이다. 일하는 공간이 다양해지게 된다. 스마트워크 센터와 같은 거점 오피스도 한 조직이 독점할 필요도 없다. 누구나 거점 오피스에서 일할 수 있게 하는 것이 좋다. 공간 활용이 달라지면 조직문화도 달라지게 된다. 노동 환경이 유연해지는 것이다. 그렇게 되면 자연스럽게 노동법 체계와 근로계약 체계가 달라진다.

현재 노동법 체계는 집단적 근로조건을 전제로 하여 만들어졌다. 회사나 조직이라는 틀 내에서 단체협약과 취업규칙, 근로규칙은 모두 그런 집단 체제를 상정하여 만들어진 것이다.

이러한 집단 체제는 한편으로는 조직 내에서 동일한 노동조건을 제공하고, 다른 한편으로는 노동자들의 쟁의를 편리하게 하는 수단으로 작용했다. 그러나 이런 획일화된 집단주의는 개발도상국 시대, 제조업 중심의 노동 환경에서 나온 것으로서 디지털 일자리와 다양한 노동 형태와 맞지 않는다. 개인의 자유를 제한하는 요소가 짙다. 심지어 이런 방식은 불공정하기까지 하다.

이제는 집단보다 개인의 삶을 중시하고, 다양한 개인에게 맞는 근로 계약으로 바꾸어야 한다. 표준적인 근로형태보다는 비표준적인 근로 형태(non standard forms of work)가 많아진다. 프리랜서, 자영업자, 임시직 전일제 근로자, 시간제 근로자들이 여기에 해당된다.

앞으로 개인별로 맞춤형 근로계약을 만들어야 한다. 개인의 자유의사에 따라 일자리의 조건을 결정할 수 있도록 하는 것이다. 그동안 기업을 비롯한 많은 조직들이 조직에 혁신을 불러일으키려고 했지만 번번이 실패했는데, 이제 코로나19 상황과 인공지능을 활용한 노동의 변화가 그런 혁신을 가능하게 만들었다. 개인의 자유를 확장하고 혁신을 가져올 수 있는 근로 계약과 노동법 체계로 전환해야할 때다.

06 복지 현대화

   한국에서 포퓰리즘이 가장 강한 분야는 복지 분야다. 특히 선거가 있을 때 좌파와 우파를 가릴 것 없이 선심성 복지를 들고 나옴으로써 자유시장 원칙을 왜곡해 왔다. '보편 복지'라는 이름 아래 모든 사람에게 동일한 혜택을 주는 것이 옳은 것처럼 간주되었다. 그 결과 모든 사람에게 현금을 퍼주고 복지 지출을 늘리는 것이 최선인 양 경쟁적으로 복지 지출을 늘려왔다. 세금으로 현금을 지급 받는 국민이 이미 1,200만 명을 넘어섰고, 현금 복지 종류만 2,000종에 육박할 정도로 쌓여 왔다.

   배리 골드워터는 사회주의자들이 개인을 국가에 종속시키기 위한 전략의 하나로 복지 국가주의를 점점 늘리고 있다고 날카롭게 파악했다. 개인의 요구를 제공하는 수단을 개인에게서 빼앗음으로써, 요람에서 무덤까지 개인의 요구를 보살피는 책임을 국가에 부여함으로써 개인이 국가의 처분에 맡겨진다는 것이다. 국가 복지주의를 통한 사회주의가 국유화를 통한 사회주의보다 훨씬 더 커다란 위험을 초래한다는 것을 간파했다.[88]

60년 전의 이러한 경고는 지금 한국 사회에서 그대로 진행되고 있다. 각종 '보조금'과 '공공'이란 이름의 복지 프로그램이 엄청나게 실행되고 있고, 시민들을 피보호자로 취급하며 정권 세력이 무제한적인 정치적, 경제적 권력을 행사하는 것이다.

복지의 원래 목표는 사회적 약자에게 생활 안전망을 마련해주는 것이므로 수요와 비용 부담을 고려해 자원을 차등화하여 배분하는 것이 원칙이다. 소득 수준에 따라, 보다 도움이 필요한 사람에게 제공하는 것이다.

그러나 경기도와 서울시 등 주요 지방자치단체에서 가구 소득과 무관하게 현금을 지급하는 것은 이런 원칙에 어긋난다. 특히 청년기본소득과 청년수당처럼 청년들에게 모두 현금을 지급하는 것은 사회적 약자에 대한 보호로서의 복지 개념과 거리가 멀다. 청년들은 세금으로 지급되는 이 돈을 용돈처럼 쓰고 만다. 따라서 청년 일자리를 늘리고 노동 시장을 유연하게 하는 등의 구조적인 해결로 접근해야지 이렇게 단기적인 현금 살포로 해결해서는 안 된다. 도덕적 해이가 만연해지고, 시민들은 점점 의존적이 되어 사회의 활력이 떨어지는 커다란 문제를 낳는다. 한편 국민의 노후를 위한 국민연금은 기금이 점점 고갈되고 있는 가운데, 국민연금이 투자한 민간기업에 대해 정부가 경영에 개입하는 스튜어트십 코드를 할 수 있도록 해서 우려를 낳았다. 이러한 포퓰리즘과 정치 과잉에서 탈피해서 복지 시스템을 선진화해야 한다.

마이너스 소득세

4차 산업혁명 시대에 인공지능과 로봇의 활용으로 일자리가 줄어들 것이므로, 일자리를 잡지 못할 계층에 대한 복지 대책으로 '기본소득' 방안이 제기되었다. 게다가 불평등이 확산되고 있으므로 기존의 복지 체제와 다른 체제가 필요하다는 주장이 힘을 받으면서 기본소득에 대해 많은 논의가 이루어졌다. 여기에는 좌파와 우파 정당이 모두 동조하는 모습을 보였다.

그러나 이것 역시 포퓰리즘적인 발상에서 나온 것이다. 4차 산업혁명 시기에 일자리가 감소한다는 것은 아직 검증되지 않았다. 오히려 역사를 보면 예전의 산업혁명 시기에도 그런 우려는 있었지만, 실제로는 일자리가 늘었음을 알 수 있다. 일자리의 총량이 준 것이 아니라 일자리의 유형이 변해온 것이다. 따라서 4차 산업혁명 시기에도 기존의 생산직 일자리 등은 줄 수 있지만, 인공지능 경제를 유지하기 위한 새로운 일자리가 생기고 서비스 분야의 일자리는 더 늘 수 있을 것으로 예상된다.

불평등 문제를 해결한다고 전 국민에게 같은 금액을 지급하는 기본소득제는 약자를 지원하는 방식이 아니라는 문제가 있다. 사회적 약자의 지원이라는 원칙에 부합하지 않는다. 이것은 자유 시장경제 원칙에 위배되는 것이다. 도덕적 해이를 가져오고, 개인의 자유와 근로 의욕을 침해한다.

그동안 모든 정권들은 각종 조세 혜택이나 현금지원을 남발해 왔다. 소득공제와 세액공제는 납세자들의 특정한 지출에 대해 세금을 공제해 줌으로써 실질적으로 소득을 지원해주는 복지의 일종이다. 그런데 이 제도가 계속 축적되어 전체 근로자의 45%가 세금을 부담하지 않을 정도에 이르렀다. 따라서 이제는 조세의 소득재분배 효과도 적다. 특히 문 정권 하에서 중앙정부와 지방정부가 모두 포퓰리즘에 빠져 다양한 형태의 현금 지원을 늘려서 복지 체계를 더욱 흩트려 놓았다. 게다가 그 방식이 세금을 늘리고 적자 예산을 동원하여 추진함으로써 국가 재정을 위기에 빠뜨리는 결과를 초래했다. 문 정권 집권 초기 670조 원이던 국가 부채가 임기가 끝나는 2022년에는 1000조 원이 넘을 것으로 예상된다. 과다한 복지 남발이 제대로 된 복지가 아니라 도덕적 해이를 가져오고 국가 재정의 건전성을 훼손한 것이다.

따라서 복지 체계를 재정비하지 않으면 안 된다. 그렇다면 그 방안은 단기성 땜질이 아니라 보다 근본적으로 자유 시장경제 방안이어야 한다. 그 방안으로 '마이너스 소득세(Negative Income Tax)' 또는 '음소득세' 제도를 도입할 필요가 있다. 이 제도는 특정 기준까지의 소득에는 세금이 없고, 그 수준보다 높은 소득에는 세금을 부과하며, 이보다 낮은 소득의 사람들에게는 부족한 부분을 지원하는 제도다. 무조건 전체 국민에 지급하는 방식의 기본소득과는 달리 사회적 약자 층을 대상으로 최저소득을 보장하는 것이다. 자유 시장경제가 기회를 공정하게 운영하는 제도지만, 소득의 불평등을 가져오기 때문에 불평등의 해소를 보완할 수 있는 방안이다. 마이너스 소득세를 미국의 자유시장 경제학자 밀턴 프리드먼(Milton Freedman) 등이 제안한 것도 그 때문이다.

이 제도의 장점은 저소득층의 근로 의욕을 크게 저해하지 않는 다는데 있다. 기존의 기초수급 시스템에서는 수혜자가 일정한 소득을 넘어서면 수급 자격을 잃기 때문에 차라리 일을 하지 않는 것을 선택한다. 오히려 실업자를 늘리는 것이다. 이런 도덕적 해이를 없애고 근로하고자 하는 의욕을 갖게 하는 것이다. 근로야말로 최선의 복지 아닌가? 또한 방만한 복지 제도를 운영하는 관료기구가 불필요하며, 수없이 많은 각종 복지 프로그램을 단순화하여 투명성을 높일 수 있다. 더욱이 마이너스 소득세는 현행 소득세 제도로 가능하다. 그래서 수급자 선정과 관리, 유지에 드는 비용을 획기적으로 줄일 수 있다. 뿐만 아니라 마이너스 소득세 하에서는 최저임금제도 문제도 해소할 수 있다. 소득 기준 이하에 대해 지원이 이루어지기 때문이다.

프리드먼은 마이너스 소득세 도입의 전제로 연금제도를 포함한 다른 사회보장을 해체할 것을 제시했다. 이것이 이 제도의 조건이 된다. 즉 기존의 각종 현금복지 프로그램을 통폐합할 필요가 있다. 그렇게 되면 국민연금, 실업보험, 효과 없는 창업 보조금 등 효과가 떨어지는 제도들을 많이 줄일 수 있다. 기초연금이나 기초생활보장제도 중 생계급여, 근로장려세제 등도 폐지할 수 있다. 이 경우 제도의 이행기에 기존의 복지 프로그램으로 혜택을 받던 사람 중 지원을 못 받는 경우가 생길 수 있으므로, 이에 대한 보완을 마련하면 된다.

경기도의 '청년배당', 서울시의 '청년수당'같이 지방자치단체장들의 현금 나눠주기 정책은 윤리적으로도 경제적으로도 해서는 안 되는 전형적인 포퓰리즘 제도다. 지자체마다 편파적 복지를 도입하는 것은 국가의 복지 체계에 혼란과 낭비만 줄 뿐이다.

이제 복지제도를 마이너스 소득세와 같은 선진화되고 투명한 제도로 바꾸는 근본적인 개혁이 필요하다. 기존 복지제도를 관장하던 수많은 정부기관, 인력, 예산 등을 줄이고, 포퓰리즘 정치가들의 선동과 개입의 여지를 없앨 수 있다. 또한 인공지능에 의해 변화하는 일자리와 사회 변화에 대응할 수 있는 방안이다.

시장 친화적 국민연금

국민연금은 1988년 도입 이후 국민의 노후 생활 안전망에 기여하고 있다. 국민연금은 국민의 노후를 위해 국가에서 만들고 운영하는 공적 연금제도이다. 그런데 국민연금의 노후 안전 보장 혜택이 작다. 수급자의 78%는 월 50만 원 미만의 연금을 받고 있다. 연금 보험료 납부시 평균 소득 대비 연금 수령액을 표시하는 연금 소득 대체율은 2028년까지 지속적으로 삭감될 예정이다.

국민연금은 5년마다 국민연금 재정수지를 계산하고, 국민연금 재정이 장기적으로 균형을 유지할 수 있도록 급여수준과 연금 보험료를 조정하도록 하고 있다. 2018년 제4차 재정계산에 따르면 연금 적립금이 2041년까지 증가하고, 2042년부터 수지 적자가 발생해 2057년에 소진될 것으로 예상된다. 2년 뒤인 2020년 7월 국회 예산정책처가 「4대 공적연금 장기 재정전망 보고서」를 발표했는데, 현재의 연금 제도를 유지하면 국민연금은 2039년부터 거둬들이는 납입 액보다 연금으로 지급하는 금액이 커져서 재정수지가 적자로 전환 된다고 전망했다. 적자 발생 연도가 3년 앞당겨진 셈이다. 이때부 터 감소하기 시작한 적립금은 2055년이면 완전히 소진된다고 한다. 2060년에는 한 해 60조 7000억 원을 거둬들이지만 206조 2000억 원 을 연금으로 지급해야 하므로 145조 5000억 원 적자가 난다고 보았 다. 이후 연간 국민연금 적자는 2080년 192조 4000억 원까지 커진다. 국회 예산처는 2060년부터 최소 30년간은 매년 국민연금 적자를 메 우는 데에만 GDP의 4% 이상을 써야 한다고 경고했다.

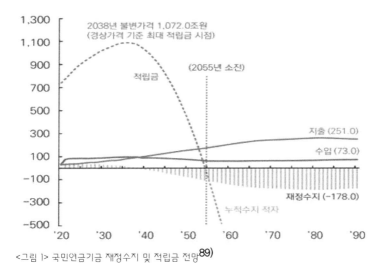

<그림 1> 국민연금기금 재정수지 및 적립금 전망[89]

따라서 국민연금에 대해 지속적으로 제도개선 노력을 하지 않으면 국민연금의 지속가능성이 담보되지 않고 미래세대의 부담은 가속적으로 증가할 것이다. 고령화와 저출산, 경제성장의 하락 때문이다.

그런데도 문 정권은 국민연금기금에 스튜어트십 코드를 도입했다. 스튜어트십 코드는 국민연금이 투자한 기업의 경영에 관여할 수 있게 한 제도다. 국민연금공단은 2020년 2월 7일자 공시를 통해 삼성전자, SK하이닉스, 현대차 등 56개 상장기업 대한 주식 보유 목적을 '단순 투자 목적'에서 '일반 투자 목적'으로 변경했다. '일반 투자 목적'이란 투자자가 기업에 대한 배당 요구, 정관 변경 요구, 위법 행위를 한 임원의 해임 청구 같은 행위를 할 수 있게 한 것이다. 즉 경영에 참여할 수 있게 해서 정부가 민간 기업에 간섭하는 제도적 틀을 만든 것이다. 이렇게 국가 권력이 국민연금 등을 통해 기업들을 장악한 후 국영기업처럼 좌지우지하는 것이 연금 사회주의다. 국민이 낸 연금을 이렇게 이용해서는 안 된다.

해외 주요 국가의 연·기금은 철저하게 안정적인 재무적 투자를 택하고 있다. 일본의 후생연금펀드는 개별기업 발행주식의 5% 초과 보유가 금지된다. 노르웨이 정부연금펀드는 정부가 기업별 주식 보유한도를 5% 이내로 제한하고 있다.[90] 국민연금의 기금 운용을 정치적으로 해서는 안 된다.

국민연금법과 헌법재판소 판례는 모두 국민연금 기금 운용은 안정성과 수익성을 최우선 목표라고 보고 있다. 그런데 기금 운용과 의결권 행사의 주체에 대해 공익성을 강조하다 보니 투자에 관한 전문성이 떨어진다는 비판이 많았다. 그러므로 국민연금 기금을 정치적으로 운용할 것이 아니라 보다 시장 친화적으로 운용하는 방향으로 바꾸어야 한다. 글로벌 시장으로 투자처를 전환하는 방안도 적극적으로 모색해야 한다. 국내 주식에 투자할 경우에는 경영 참여를 지양하고 재무적 투자로 한정해야 한다. 또한 지금은 전체 기금을 하나의 단위로 운영하고 있는데 이것을 여러 개의 개별펀드로 나누어 투자하는 방안도 있다. 호주가 그렇게 하고 있다. 여러 개의 개별펀드로 나누어 투자를 하는 것이다. 2019년 기준 725조 원에 달하는 국민연금 기금을 여러 개로 나누어 운영하고 서로 경쟁하도록 하여 경쟁력을 높이는 것이다. 그래서 투자의 전문성을 높이도록 해야 한다.

국민연금 기금은 국민의 노후를 보장하기 위한 중요한 복지 제도다. 그러므로 어떤 정권이든 국민연금 기금을 정치적으로 활용해서는 안 된다. 오로지 안정성과 수익성을 높이는데만 집중해야 한다. 현재의 국민연금은 그런 기대에 못 미치는 것이 현실이다. 정권에 휘둘리고 정치화되지 않도록 단호히 대처하고 시장 친화적으로 운영되도록 해야 한다.

디지털 의료 복지

4차 산업혁명과 코로나19 사태는 의료와 보건에 대한 낡은 패러다임을 바꿀 수 있는 절호의 기회다. 특히 여러 디지털 기술로 이제는 의료 서비스를 편리하게 이용할 수 있다. 화상 서비스를 이용하고, 웨어러블 디바이스를 사용하며, 클라우드의 의료 정보를 통해 개인의 건강을 보다 적극적으로 관리할 수 있게 되었다.

2020년 코로나19 사태가 확산되자 그동안 금지됐던 비내면 진료가 한시적으로 허용되었다. 재방문의 경우 전화로 처방받을 수 있었고, 생활치료센터에 있는 경증 코로나19 환자들은 병원에서 원격으로 비대면 진료를 받았다. 비대면 진료에 대한 환자들의 만족도는 높았다. 이것은 비대면 의료의 필요성을 더욱 증가시켰다. 한국은 비대면 진료를 도입할 기술을 이미 충분히 갖추고 있다. 오래전부터 비대면 의료를 도입해야 한다는 제안이 많았으나, "의사는 대면해서 진료해야 한다"는 의료법의 규정으로 비대면 의료를 할 수 없었다. 의료계에서 비대면 의료에 대한 반대가 커서 비대면 의료 자체를 금지하는 강력한 규제를 시행해온 탓이다.

대한의사협회는 안정성에 문제를 제기하고 있다. 의료사고 발생 시 책임소재 구분이 명확하지 않다는 이유를 든다. 개인정보의 유출, 네트워크 장애, 운영 인력, 건강보험료 책정 및 의료 사고 등의 문제점이 있고, 대형병원으로 환자 쏠림 현상이 커질 수 있다고 한다.[91]

그러나 이것은 사실과 다르다. 온라인 교육에 대해서도 똑같은 반대 의견이 있었다. 온라인 교육도 교육자와 피교육자의 소통이 어렵고 개인 정보 유출이나 네트워크 문제 등이 있다는 이유로 부정적인 의견이 많았고 교육 현장에서 활성화되지 못했었다. 그러나 코로나19 사태로 비대면 교육을 경험하면서 이제 이런 말은 쏙 들어갔다.

마찬가지다. 이미 국민들은 비대면 진료를 원한다. 2018년 한국소비자원의 조사에서도 82.6%의 응답자가 원격진료 이용 의향이 있다고 밝힐 정도로 국민적 관심이 높다. 더욱이 코로나19 상황에서의 경험으로, 비대면 진료가 도입되면 1차 병원이 피해를 볼 것이라는 우려도 기우임이 밝혀졌다. 2020년 2월 24일부터 전체 7만여 의료기관 중 약 4%인 3072 기관이 비대면 진료에 참여해 4월까지 10만 건의 원격의료가 이뤄졌지만 오진 사례는 보고되지 않았고, 환자의 반응에서도 만족도가 상당히 높은 것으로 나타났다. 의료계에서 우려했던 대형 의료기관으로의 쏠림 현상도 발생하지 않았다.[92]

따라서 이제는 비대면 의료를 수용할 수 있는 여건이 됐다고 볼 수 있다. 먼저 만성질환자를 중심으로 시작하여 점차 범위를 넓혀가면 될 것이다. 만성질환자는 장기간 지속적으로 의료 서비스를 받기 때문에 비대면으로 하는 것이 효율적이다. 고혈압 환자가 6개월마다 병원에 가서 의사와 1분 이야기하고 똑같은 약을 처방받아오는 경우 힘들게 병원에 왔다 갔다 할 것이 아니라 비대면으로 상담하고 처방받는 것이 환자에게 훨씬 좋은 서비스다.

더 나아가 코로나19라는 특별한 상황에만 국한할 것이 아니라 이제는 의료 시스템에 디지털 기술과 방식을 적극 활용해야 한다. 비대면 의료 정도가 아니라 의료 자체의 패러다임을 디지털로 바꾸는 디지털 의료(Digital Medicine)로 진화해야 하는 것이다. 전통적 의료는 의사와 간호사 등 의료인을 중심으로 의료기관을 통해 진단·예 방·회복과 치료 서비스를 직접 제공했다. 그러나 디지털 의료는 완 전히 다르다. 좁은 의미에서는 온라인 플랫폼과 이를 기반으로 하 는 건강관리의 전반적 활동을 말하며, 넓은 의미로는 디지털 건강 관리 데이터를 활용한 모든 보건의료 분야 활동을 말한다.[93]

디지털 의료의 핵심은 의료 데이터를 더 잘 활용하는데 있다. 이 런 면에서도 병원에 직접 가는 것보다 디지털 의료가 훨씬 유리하 다. 기존의 의료 데이터는 병원에 잠깐 가서 혈액 검사나 각종 검사 를 받아 생성하는 것이다. 그러나 우리는 병원 밖에서 대부분의 시 간을 보낸다. 이는 병원 밖에서 만들어지는 데이터가 제대로 이용 되지 못했음을 의미한다. 그러니 평소에는 알지 못하다가 갑자기 질병이 발생했을 때 소위 '골든타임'을 강조하는 것도 그 때문이다. 평소에 개인의 의료 데이터들을 파악하고 대처한다면 갑작스런 질 병의 징후를 미리 알 수 있고, 골든타임에 연연할 필요가 없을 것이 다. 디지털 의료는 바로 이것을 하는 것이다. 개인의 건강에 대한 데이터를 스마트폰, 웨어러블 디바이스, 사물 인터넷 센서, 클라우 드 컴퓨팅 등의 디지털 기술을 통해 자동으로 저장하고, 인공지능 을 통해서 측정하는 것이다. 이렇게 하면 의료 데이터도 훨씬 장기 적으로 추적하고 검토할 수 있어서 질병의 예방과 치료를 획기적으 로 개선할 수 있다.

이 경우 개인 의료 데이터에 대한 안전 문제도 디지털 기술로 확 보하면 된다. 기술적으로도 탈중앙화 기술인 블록체인 기술을 기반으로 하면 얼마든지 이러한 문제를 해소할 수 있다. 블록체인 환경에서 원격의료 시스템이 안전하게 동작될 수 있도록 사용자 인증 및 상호 인증을 통해 블록을 생성하고 분산관리 함으로 투명성과 안전성을 제공할 수 있는 것이다. 또한 데이터 3법의 실행에 따른 마이데이터나 의료데이터의 빅데이터 활용 등이 가능해지면서 민감한 정보처리에 대한 문제를 해결할 수 있다.

디지털 의료는 단지 의료 문제가 아니다. 그것은 복지다. 우리 복지를 한 단계 높이는데 필수적이다.

07 디지털 경제 혁신

　인공지능이 핵심인 4차 산업혁명 시대의 디지털 기술이 촉발하는 경제는 새로운 경제 현상들을 창출하고 있다. 플랫폼경제(Platform Economy), 공유경제(Sharing Economy), 주목경제(Attention Economy), 구독경제(Subscription Economy), 데이터경제(Data Economy), 토큰경제(Token Economy) 등 다양한 이름을 가진 경제 현상들이 등장하고 있는 것이다.

　디지털 경제는 인터넷 같은 디지털 네트워크를 기반으로 상품과 서비스의 공급자와 수요자가 거래하는 경제 활동으로 플랫폼 기업과 같은 새로운 유형의 기업을 만들어낸다. 애플에서 보듯이 휴대폰 기기 매출보다 플랫폼에 기반을 둔 앱 매출이 결정적인 역할을 하는 것이다. 그리고는 실제 소유한 집 한 채 없으면서도 세계 1위의 숙박업체가 된 에어비앤비나, 소유한 차 한 대 없이 세계적인 운송업체가 된 우버와 같은 전혀 새로운 기업들을 창출한다. 이용자들이 생성하는 데이터를 분석해서 맞춤형 정보와 서비스를 제공한다. 이제 데이터는 21세기 원유로까지 간주되고 있다. 이렇게 모인 네트워크 내에서 채굴되고 유통되는 독자적인 암호화폐가 등장하고 독립적인 경제 생태계가 구축된다. 암호화폐는 디지털 화폐의 새로운 장을 열고 기존 금융을 흔들어놓고 있다.

이러한 새로운 경제는 모두 4~5G, 데이터, 클라우드, 인공지능, 컴퓨팅 파워 등의 디지털 기술에 의해 촉발되어 등장한 경제이며 서로 밀접하게 연결되어 있다. 원래 디지털 경제로의 전환은 천천히 진행될 것으로 예상되었다. 기존의 경제와 충돌하는 경우가 많아서 규제와 관행 등을 바꾸는데는 시간이 많이 걸리기 때문이다. 공유 자동차의 경우 한국은 기존 택시 산업과의 이해 충돌로 아직까지도 도입되지 못했다. 온라인 교육도 이미 10년 전부터 교육을 혁신할 가능성을 보여주었지만 교육 현장에서는 미미하게 수용되었을 뿐이다.

그런데 코로나19 사태가 이러한 디지털 경제를 앞당기는 계기가 되었다. 학교, 직장을 닫고 여행이 금지 되자 재택수업, 재택근무가 이어지고 비대면 경제가 생활의 필수가 되면서다. 이제 비대면 경제는 '뉴노멀'로 자리 잡았다. 딜로이트 글로벌(Deloitte Global)은 "기술이 코로나19와 전쟁을 벌이면서 5년 걸릴 변화를 5개월로 단축했다"고 평가했다. 맥킨지앤컴퍼니(McKensey & Company)도 "코로나19가 촉발한 비대면 이코노미로 데이터가 폭증하면서 AI 활용과 디지털화가 유례없는 속도로 확산하고 있다"고 보았다. [94]

온라인 쇼핑, 콘텐츠, 업무지원 등의 분야 플랫폼 기업은 커다란 기회를 맞았고, 계속 성장할 전망이다. 해외에서는 아마존, 국내에서는 쿠팡 등을 비롯한 온라인 쇼핑 이용이 크게 늘었다. 온라인 스트리밍 미디어 기업인 넷플릭스는 2020년 이용자 2억 명을 넘어서며 콘텐츠 유통의 패러다임을 바꾸었다. 클라우드 산업은 빅데이터 시대로 접어들면서 이미 중요해진 분야지만, 엄청나게 늘어난 온라인 트래픽을 감당하느라 더욱 성장했다. 온라인 화상회의시스템의 반전은 놀랍다. 온라인 화상회의 분야는 그동안 시스템을 설치하고도 사람들이 면대면으로 만나 회의하고, 강의하기를 원하는 바람에 고전했었다. 기술은 나왔지만 대면문화에 익숙했던 사회가 수용하지 못했었다. 그런데 코로나19가 상황을 순식간에 바꿔버렸다. 줌(zoom), 행아웃(hangouts), 팀즈(teams) 등의 화상회의 서비스 이용과 매출이 크게 늘었다. 뿐만 아니라 온라인 쇼핑의 증가와 함께 유통, 물류 산업도 크게 성장했다. 이제 디지털 경제가 전체 경제 구조를 개혁하는 상황에 맞닥뜨리게 되었다.

4차 산업혁명의 디지털 경제를 낳는 핵심 기술은 인공지능(AI)이다. AI가 사물인터넷(IoT), 빅데이터와 융합돼 우리가 인식하지 못하는 가운데 모든 생활, 생산과 소비의 경제, 더 나아가 문화, 사회에까지 확산되고 있다. 2020년 1월 세계 최대 정보기술(IT)·가전 박람회인 'CES 2020'의 화두는 'AI 기술이 생활에 주는 변화'였다. 바로 AI 기술이 생활에 어떤 변화를 일으키고, 어떻게 발전하는지가 주제였다.

얼마 전까지만 해도 우리가 인터넷에 이어 모바일 시대로 이행하는 시기에 살고 있었는데, 이제는 모바일에서 데이터의 시대로 넘어가는 분기점에 와 있다. 데이터 시대는 다양한 방식으로 축적된 빅데이터를 분석하고 활용하는 AI 응용시대로 연결된다. 지금 그러한 예들이 다양하게 등장하고 있다.

인공지능 비서인 구글 어시스턴트(Google Assistant)는 AI 신경망을 도입해 메일 읽기, 문자 보내기 등의 이용자 요구들을 실시간으로 처리한다. AI가 식당 예약을 하고 인기 메뉴도 추천한다. 챗봇(Chatbot)은 24시간 예약 및 상담 업무를 맡고 있다. AI 동시통역 앱은 언어 장벽도 없앴다. AI 음성인식과 얼굴 인식 기술은 세상을 변화시키고 있다. AI 안면인식을 통해 일하는 사람을 감성적인 측면에서 지원하는 AI 트랜스 테크(Trans-Tech)도 나타나고 있다. 교육 현장에서 AI 안면인식을 통해 학생이 집중하고 있는지 아닌지 까지 파악할 수 있다. AI는 질병 예방과 치료에 필수적이다. 독감 예측, 치매 예방, 심장 질환 치료 등으로 폭넓게 활용되고 있다. 스마트폰으로 신생아의 눈을 촬영하면 안구 질환과 유전병 진단을 할 수 있다. 각 기업이나 공공조직에서 AI 면접을 활용한 지도 벌써 몇 년이 흘렀다. AI 간호 로봇과 레크리에이션 로봇이 등장해서 환자의 재활에 도움을 준다. AI 바리스타와 셰프 로봇도 등장했다. AI 의사, AI 판사, AI 작곡가, AI 아나운서가 등장했고 앞으로 모든 분야에 AI가 도입된다. 미래 직업 중 60%는 지금은 존재하지 않는 새로운 직종이 될 것으로 전망된다. 단순한 반복 업무는 AI 로봇으로 대체되고 인간은 창의적·감성적인 일자리를 차지할 것이다.[95]

AI 기술이 집결된 자율주행 자동차는 현재 운전자의 개입 없이 일정한 거리를 주행할 수 있다. 세계경제포럼(World Economic Forum)은 2025년에는 어떤 환경에서도 완전 자율주행이 가능하다고 전망했다. 2020년에 4단계의 자율주행 자동차를 넘어섰다. 세계경제포럼은 4차 산업혁명을 가능하게 하는 기술로 4개 영역, 12개 기술을 들고 있다.[96] 그것은 첫째, 디지털기술을 확장하는(Extending Digital Technologies) 영역이다. 여기에는 뉴컴퓨팅(예, 중앙집중식 클라우드, 양자 컴퓨팅, 광학 컴퓨팅, 신경망 처리), 블록체인, 사물인터넷(IoT) 등이 해당된다. 둘째, 현실세계를 재구성하는(Reforming the Physical World) 영역이다. AI와 로봇, 나노기술(NT), 3D프린팅 등이다. 셋째, 인간변형(Altering the Human Being) 영역으로, 바이오기술(BT), 뇌/신경기술, 가상현실/증강현실(VR/AR) 등을 들 수 있다. 넷째, 환경통합(Integrating the Environment) 영역으로 에너지 포집/저장/전송 기술, 지구공학(Geo-engineering), 우주기술 등이 여기에 해당된다.

그런데 4차 산업혁명을 대표하는 이러한 기술들은 서로 밀접하게 연결되어 있다. 그 중에서도 모든 분야에 영향을 미칠 핵심 기술은 인공지능과 블록체인과 같은 정보통신기술(ICT)이다. 이들은 클라우드를 기반으로 빅데이터를 통해 이루어진다. 그리고 이와 결합한 유전자 편집기술과 같은 생명 공학(BT)이 4차 산업혁명을 본격화할 핵심 기술이자 서비스다.

이제 한국의 경제 패러다임을 인공지능 시대의 디지털 경제로 혁신해야 한다. 이를 위해서는 기존의 경제 시스템, 관행, 규제 등을 대폭 바꾸지 않으면 안 된다. 디지털 경제에 맞는 새로운 판을 짜야 하는 것이다.

자유로운 AI 경제

AI 경제의 패러다임이 기존 경제의 패러다임과 다른 것은 당연하다. 1980년대 인터넷이 민간 경제 영역으로 이전되면서 새로운 경제가 등장하고 경제 패러다임을 바꾼 것처럼, 4차 산업혁명의 인공지능 시대에 걸맞은 경제 패러다임으로 개혁해야 한다. 더욱이 세계 각 분야의 전문가들은 코로나19 사태가 디지털 경제를 앞당길 것이라는데 널리 공감하고 있다. 우리는 코로나 이전에도 물론 디지털 경제 활동을 해왔지만, 코로나19 사태로 재택 시간이 늘고 이동이 줄어들면서 디지털 경제에 더욱 빠르게 다가설 수 있게 되었다. 시장이 투명해지고 정보 흐름이 늘어나고 신뢰가 높아진 것은 예상치 못한 결과였다. 그러면서 제4차 산업혁명의 특징인 온라인 오프라인 통합을 앞당기게 되었다. 새로운 분야도 많이 생겼다.

헬스장에서 받던 개인 트레이닝을 앱을 통해 가정에서 이용할 수 있도록 지원하는 각종 코칭 서비스가 늘었다. 전문가를 직접 만나는 대면 상담은 프리미엄 서비스이지만 온라인을 통한 비대면 상담은 저가 서비스라고 여기던 사회적 통념도 새롭게 바뀌었다.

디지털 경제 시대가 이렇게 갑자기 닥칠 줄은 몰랐지만 세계는 지난 20여 년간 서서히 디지털 경제로 이전하고 있었다. 디지털 경제가 소비자 후생을 높이는 것은 어제 오늘의 일은 아니다. 우리는 다양한 저가 혹은 무료 서비스를 글로벌 차원에서 널리 활용하고 있다. 정보를 검색하고, 교육을 받고, 여가를 즐기며, 쇼핑을 하는 등 거의 모든 삶을 디지털 공간에서 향유한다. 예전에는 시간과 공간의 제약을 극복할 수 없어서 주변의 오프라인에서 이루어졌던 활동들도 실시간으로 글로벌 차원에서 이루어지게 되었다. 부정확한 정보로 인한 손해도 줄일 수 있으며, 지식과 아이디어를 생산하고 공유하고 확산하는데 기여한다. 디지털 기술의 발전과 시장에서 발생하는 변화는 우리의 삶과 산업 전 분야에 영향을 주고 있는 것이다. 자동차, 반도체, 쇼핑, 엔터테인먼트, 금융, 헬스케어, 농업 등 1차 산업부터 3차 산업까지 전 분야에 이른다.

반면 디지털 경제는 빅데이터/인공지능을 기초로 이루어지기 때문에 소수의 강자를 중심으로 통합이 가속화되고 있다. 그것은 디지털 기업이 플랫폼을 지향하기 때문이다. 플랫폼은 네트워크 기반으로 자산과 사람들을 끌어 모은 다음, 다른 산업이나 서비스 분야로 확장하면서 그 영역을 넓힌다. 세계적으로는 구글, 아마존, 페이스북 등과 한국의 네이버, 카카오 등을 보면 쉽게 알 수 있다. 아마존은 온라인 서점에서 출발하여, 전자상거래, 영상, 음악, 오프라인 슈퍼마켓 등으로 전방위적으로 확장하고 있다. 카카오는 SNS에서 시작하여 카카오 내비 등 모빌리티(이동 분야), 금융 등으로 확대하고 있다. 이렇게 디지털 플랫폼 기업들은 이용자들의 상호작용, 데이터 활용 등으로 빅데이터와 인공지능을 결합하여 전례 없는 규모로 집중화하고 있다. 여기에 네트워크 효과, 규모의 경제와 범위의 경제 등 시장 집중을 초래하는 요인들이 결합되어 디지털 시장을 지배하는 방향성을 갖는다.

이런 배경에서 기존의 경제 패러다임과 다른 AI 경제 패러다임은 세 가지의 원칙에 기초해서 살펴볼 수 있다. 첫 번째 원칙은 민간

주도여야 한다. 디지털 분야는 중후장대한 자원의 투입이나 인프라가 아니라 창의성이 원동력인 분야다. 민간, 즉 기업이 디지털 경제의 주체이며, 자유로운 경제가 작동해야 한다. 그래서 민간 중심의 생태계를 만들어야 한다. 그 생태계는 시장에서 자유롭게 만들어지는 것이지 인위적으로 만들어지는 것이 아니다.

둘째, 정부의 역할은 민간이 생존이든, 새로운 도약을 위해서든 스스로 혁신하고 새로운 사업을 벌이는 것을 막는 장애물을 없애는데 초점을 맞추어야 한다. 특히 디지털 경제의 작동 원리와 환경은 기존 경제와 충돌하게 된다. 그러한 충돌이 디지털 경제를 지연시키지 않도록 수없이 많은 기존의 불필요한 규제를 없애고 새로운 경제 참여자가 창의성을 발현하도록 하는 환경을 만들어야 한다. 그런데 코로나19 사태가 이런 방향과 역행하게 만들었다. 정부가 방역을 넘어서 사회, 경제 전 분야에 개입하는 폭이 넓어졌다. 한국의 디지털 뉴딜 같은 정책이 제대로 된 검토도 하지 않고 쏟아져 나온 것이다. 이렇게 정부가 경제 활동에 직접 나서서는 안 된다. 디지털 경제의 성장과 일자리를 정부가 맡아서 할 수 없으며 해서도 안 된다.

셋째, 디지털 기술은 아직 미완성이며 계속 진화하고 있다. 따라서 디지털 기술이 인류에게 유익한 방향으로 활용될 수 있는 윤리와 거버넌스를 항상 함께 고려해야 한다. 인공지능, 블록체인, 유전자 기술 등 모두에 대해 윤리적인 문제를 처음부터 설계하면서 활용해야 한다. 롱테일(Long Tail)을 말하고 시장의 다양화를 전망했던 바로 그 기술이 오히려 다양성을 침해하고 인류에게 해를 끼칠 수 있다. 세계 경제 전반에 걸쳐 유례없는 기회를 창출했던 디지털 기술이 오히려 기술의 불평등을 가져오고, 경제와 소득 불평등으로 이어지며 심지어 사회적 불안을 초래할 수 있는 가능성도 있는 것이다.

그렇다고 문제가 된 콘텐츠를 방지한다는 명목으로 디지털 기술을 통제하거나 검열할 경우 표현의 자유를 침해하고 민주주의에 위협이 될 수 있다. 데이터의 관리와 통제 문제는 점점 더 심각해진다. 이는 더 나아가 국가의 안보 문제까지 확대되며, 기술 패권 문제까지 이어진다. 미국의 중국 화웨이 제재는 디지털 지정학 경쟁의 대표적인 사례다.

이렇게 디지털 경제는 시장 지배력과 경쟁 문제뿐만 아니라 프라이버시, 민주주의, 국가안보에 이르기까지 모든 영역에 걸쳐 서로 영향을 주고받는 매우 중요한 분야다.

그렇다고 처음부터 부정적인 패러다임에 위축될 필요는 없다. 우리는 인공지능이 인간을 대체하는 것처럼 생각하는 경향이 있다. 그래서 인공지능이 일자리를 빼앗을 것이라든지 인공지능이 인류를 파괴할 것이라는 신화가 확산되고 있다. 이것은 인공지능이 범용인공지능이 되어 인간의 지적 수준을 뛰어넘는 기계가 될 것이라는 전망에 기인한다. 그러나 인공지능이 그런 정도에 이르기까지는 넘어야 할 산이 너무도 많다. 아직도 시간이 더 필요할 것이다.

인공지능이 사회, 경제 모든 분야에 걸쳐 패러다임의 변화를 가져오는 핵심적인 디지털 인프라가 된 것은 분명하다. 지난 60여 년 동안 부침을 거듭했던 인공지능 개발은 빅데이터와 컴퓨팅 파워의 성장, 네트워크 발전, 스마트폰 보급 등을 기반으로 딥러닝의 등장과 함께 돌파구가 열리고 발전이 가속화되었다.

이제는 인공지능이 모든 경제에 적용되어 경제와 산업을 혁신하고 있다. 일자리를 변화시키고, 혁신 서비스를 가능하게 하여 소비, 문화 등에 영향을 미치고 있는 것이다. 더 나아가 사회의 변화를 추동하는 원동력으로 작용한다.

이에 따라 세계 주요국가마다 인공지능을 국가전략으로 채택하여 인공지능 주도권을 확보하기 위한 경쟁이 치열하다. 미국의 AI 이니셔티브(2019. 2), 독일의 AI전략(2018. 11), 일본 AI전략 2019(2019. 3), 중국 AI 비전(2017. 10), 한국 AI 국가전략(2019. 12) 등이 동시다발적으로 등장한 것은 우연이 아니다. 그런데 세계 각국의 인공지능 국가 전략은 크게 민간 주도와 정부 주도로 구분된다. 미국, 독일, 일본 등은 민간 영역이 AI 분야를 주도하도록 하고 있다. 반면에 중국과 한국은 정부 주도로 이루어지고 있다. 그런데 점점 정부 주도의 접근은 위험성을 드러내고 있다. 중국의 경우가 대표적이다.

중국의 인공지능 발전 전략은 인공지능이 국가에 얼마나 큰 가치를 가지는지 숨기지 않는다. 중국의 계획은 경제 분야뿐만 아니라 유도미사일에서부터 정책결과의 예측까지, 거의 모든 분야에 인공지능을 활용하는데 있다. 또한 인공지능은 중국이 국민을 통제하기 위하여 다뤄야만 하는 막대한 양의 데이터에서 패턴을 찾아내는 데 아주 적합하다. 그리고 중국 기업들은 인공지능이 정부의 이익을 위해 사용되는 걸 막을 만한 위치에 있지 않다. 예컨대 바이두는 국가가 주도하는 딥러닝 연구소에서 선도적 역할을 담당하고 있다. 결국 중국 인공지능은 국가의 관심사를 반영할 수밖에 없는 것이다.

영국의 경제지 「이코노미스트」는 중국 인공지능이 인간 통제를 목적으로 개발되고 있다는 점에 대해 꾸준히 우려를 표명해 왔다. 중국이 인공지능 연구에 상당한 이점을 가지고 통제 인공지능을 구현하고자 한다는 것이다. 때문에 중국의 인공지능 개발 계획은 우려되는 부분이 많다. 중국은 인공지능 혁신에 따른 이득을 데이터 보호주의를 이유로 방화벽을 치고 국가가 통제하고 있다. 2017년 6월부터 시행되고 있는 사이버 보안법은 외국 기업들이 중국 소비자에게서 수집한 데이터를 중국 국경 안에 보관해야 한다는 규제를 담았다. 인터넷 만리장성(Great Firewall of China)처럼 인공지능도 중국 정부가 통제한다는 것이다.[97]

이와 달리 미국의 인공지능 혁신은 개방형 생태계를 지향하고 있다. 민간 영역이 주도하면서 자연스럽게 생태계를 만들고 있다. 이러한 개방형 생태계는 기술의 활용을 자유롭게 하여 창업을 활성화하고, 일자리를 늘리며, 서비스를 늘려서 산업의 파이를 키우는 것이다. 자유로운 경쟁이 기술과 서비스의 발전을 가져오는 선순환의 기초가 된다. 누구든 이 생태계에 참여하여 딥러닝에 대한 깊은 이해가 없어도 딥러닝을 활용하여 혁신의 결과를 낼 수 있는 것이다. 그것은 마치 유튜브 플랫폼을 누구에게나 자유롭게 제공하여 동영상의 혁신을 만들고 엄청난 창업과 이용자를 만드는 것과 마찬가지이다.

그러면서도 생태계 참여자들이 윤리와 보안 등에 대한 약속을 하고 자율적으로 지키는 노력을 한다. 미국의 기술 기업들은 인공지능 개발의 안전을 담보하기 위해 협력하기로 약속하였다. 이에 따라 인공지능을 격리하여 외부환경에 재앙을 초래하지 못하게 막는 박싱(Boxing) 같은 기법도 논의하였다.

또한 인공지능 개발의 선도적 연구자들이 2015년에는 인공지능을 이용한 자율살상 무기의 개발을 금지해야 한다는 공개서한에 서명하였다. 이렇게 인공지능에 대해 윤리 문제와 거버넌스를 자율적으로 논의하며 만들어 가고 있다.

우리가 이런 서로 다른 전략으로부터 어느 방향을 취해야 할 것인가? 정부는 2019년에 '인공지능 국가전략'을 발표했다. AI 국가전략은 정부의 주도로 법제도를 정비하고, AI 스타트업을 육성하는 혁신 생태계를 조성하겠다고 밝혔다. AI 투자 펀드 조성에 세금을 지원하거나 AI 융합 프로젝트를 추진하겠다는 것이다.[98]

초기에는 이런 지원이 필요할 수 있다. 그러나 더욱 중요한 것은 자유로운 인공지능 생태계를 만드는 것이다. 그런데 한국의 접근 방식에서는 그런 방향이 보이지 않는다. 기업을 비롯한 민간 부문의 역량이 훨씬 앞서 있음에도 불구하고 민간이 주도하는 환경을 만들어내지 못한다. 예를 들어 인공지능의 발전에는 데이터 확보가 필수적이다. 그러나 과도한 개인정보 보호에 의해 빅데이터 활용이 어렵다. 2020년 1월 '개인정보 보호법', '정보통신망 이용촉진 및 정보보호 등에 관한 법률', '신용정보의 이용 및 보호에 관한 법률' 등

데이터 3법이 개정되었지만, 비식별 데이터를 자유롭게 활용할 수 있는데까지 미치지 못했다. 데이터 3법 개정에도 무려 2년이 넘는 시간이 소요되었다. 그러나 이 법도 네거티브식 규제가 아니라 포지티브 규제의 틀을 그대로 답습함으로써 진정한 해결책이 되지 못했다.

인공지능은 인간의 능력을 확장하도록 돕는다. 인간의 인지능력과 창의력을 높이고, 단순 업무에서 인간을 해방시키며, 인간의 신체적 능력을 향상시킨다. 인간이 기계와 협업하여 동료나 소비자들과의 상호작용 역량을 높일 수 있다. 우리는 인공지능의 가치를 최대한 활용하는데 노력을 기울여야 한다. 이런 과정에서 기업 활동이나 조직 운영 방식을 재설계해야 하는 많은 일들이 제기될 것이며, 새로운 일의 방식, 일자리 등이 등장할 것이다. 이러한 방향에 대해 자유로운 선택이 이루어지도록 해야 한다. 정부의 주도가 아니라 개방적이고 자유로운 인공지능 생태계를 만드는데 우선순위가 있다.

신뢰의 블록체인

모든 상업, 금융 거래가 이루어지는 바탕에는 거래하는 당사자들 간에 신뢰가 있어야 한다. 인류 사회는 거래 당사자들을 믿지 못하기 때문에 중간에 은행이라는 중개 기관을 통해 금융 거래를 해왔고, 도매상이라는 중개 기관을 통해 상품 거래를 해왔다. 그런데 인터넷의 발전으로 중개 기관이 없이도 거래의 범위가 크게 증가해서 이제는 전 세계가 실시간으로 연결되는 거래가 가능하게 되었다. 그러나 인터넷의 보안이 아직 완벽하지 않아서 신뢰 문제를 해결하지 못했었다. 바로 이러한 때 신뢰를 담보할 수 있는 기술이 등장했다. 블록체인이다. 블록체인은 '누구나 열람할 수 있는 디지털 장부에 거래 내역을 투명하게 기록하고, 여러 대의 컴퓨터에 이를 복제해 저장하는 분산형 데이터 저장기술'이다. 즉 블록체인은 데이터를 분산 처리하는 '탈중앙화'를 핵심으로 한 기술로 위조나 변조가 어려운 보안성을 가진 기술인 것이다. 따라서 블록체인은 서로 신뢰가 형성되지 않은 사람들이 모여 중개자 없이 거래할 수 있게 했다. 데이터를 삭제하거나 변형할 수 없는 방식으로 정보를 저장할 수 있고, 중앙 통제 없이 신뢰를 확보할 수 있는 시스템이 가능해진 것이다.

블록체인이 비트코인 암호화폐로 시작된 것은 자연스러웠다. 그리고 곧 금융을 비롯해 보험, 교통, 헬스케어, 에너지, 물류와 배송, 음악, 제조, 소셜 미디어 그리고 공공분야 등 거의 모든 분야에 적용될 수 있게 되었다. 비트코인은 블록체인의 응용사례의 하나일 뿐이다. 은행 없이도 신뢰할 수 있는 금융 거래를 할 수 있고, 제조품의 원산지와 생산 및 유통과정에 대한 정보를 정확히 식별할 수 있으며, 음원이나 웹툰, 도서 유통 사이트 없이도 제작사와 소비자 간에 직접 거래할 수 있는 것이다. 따라서 대용량 데이터의 수집과 운용이 중요해지는 4차 산업혁명 시대에 블록체인은 데이터 보안은 물론 개별 데이터에 대한 개인의 통제권을 강화시키고, 투명하고 신뢰성 높은 정보를 제공하는 장점을 갖고 있다.

이렇게 블록체인은 암호화폐를 넘어서 범용기술(General Purpose Technology)로서의 가치를 보여주었다. 범용기술은 전기, 정보통신, 교통, 수송, 에너지, 반도체 등과 같이 사회 경제 인프라를 지원하는 기술로서, 생산 방식, 산업 구조 등에 혁신을 가져오는 기술을 말한다. 범용기술은 세 가지의 특징을 갖는다. 첫째, 확산성(Pervasiveness)으로, 오랜 기간 동안 다양한 영역으로 확장할 수 있어야 한다. 둘째, 향상성(Improvement)으로, 시간이 지날수록 향상되고 비용을 낮출 수 있어야 한다. 셋째, 혁신 촉진성(Innovation Spawning)으로, 새로운 상품이나 서비스 개발의 촉진제로 작용한다. 이러한 기준에서도 블록체인은 범용기술의 특징을 갖는다고 할 수 있다.

그런데 한국은 아직 블록체인에 대한 명확한 방안을 마련하지 못했다. 그동안 정부는 암호화폐를 막는데만 급급했지, 암호화폐를 넘어서 블록체인을 활용하는 부문에 대한 대책이 미흡했다. 블록체인을 공공 부문에 활용하는 것도 늦었다.

블록체인의 계약 생태계가 탈중앙화된 자율조직(Decentralized Autunomous Organization, DAO)을 가능하게 하는 것은 공공 부문의 많은 활동들을 혁신할 수 있는 잠재력이 있음을 보여준다. 기존에 우리는 투표를 통해 선출된 정부에 신뢰를 부여하고 정부의 강제력 행사를 따랐지만, 정부가 항상 옳은 것은 아니다. 특히 최근과 같이 포퓰리즘 정부가 들어서서 정부에 대한 신뢰가 무너질 경우 이에 대한 대안이 필요하다. 블록체인이 신뢰할 수 있는 공적인 기록을 축적하여 예전에는 전통적으로 정부만이 할 수 있었던 일을 블록체인을 이용해 실행하는 것이 그것이다. 이것은 정부를 효율적으로 운영할 수 있게 하고, 투명한 행정으로 부정부패의 여지를 줄이며 그 혜택이 시민들에게 돌아갈 수 있게 한다. 뇌물, 과도한 수수료, 정치화, 강제 등의 문제를 해결할 수 있는 것이다. 플랫폼 정부를 구현하기 위해서도 블록체인과 같은 신뢰기술이 필수적이다.

더욱이 인공지능 시대에 데이터의 신뢰와 보안에 블록체인이 중요하게 활용될 수 있다. 전자공학자 김정호 교수는 인공지능이 확산될수록 블록체인이 필수적이라고 주장한다. 인공지능 기계학습(Machine Learning)에서는 데이터를 통해서 학습을 수행한다. 따라서 학습에 사용되는 데이터가 편향되면 인공지능도 편향성을 가질 수 있다. 인공지능이 국적, 인종, 성별, 출신, 학교, 지역에 따라 편견과 차별의식을 가질 수도 있는 것이다. 데이터가 어떠냐에 따라 인공지능의 이념과 역사의식도 달라진다. 따라서 편향되지 않은 데이터의 확보와 저장된 데이터의 변조 방지가 절대적으로 중요해진다. 이때 블록체인이 필요한 것이다. 뿐만 아니라 메모리 반도체, 프로세서, 컴퓨터, 네트워크 어디서나 블록체인으로 데이터의 신뢰성을 확보할 수 있다.[99]

따라서 인공지능 시대에 블록체인은 보완 기술로서 다양하게 활용될 수 있다. 한국이 블록체인의 신뢰기술 개발과 응용을 선도한다면 4차 산업혁명을 주도하는 국가의 하나로서 큰 역할을 할 수 있을 것이다.

모빌리티

인간과 사물의 이동을 담당해온 자동차, 철도, 항공기 등의 '교통'이 이제 '모빌리티(Mobility)'라는 새로운 개념으로 재정의되고 있다. 이런 변화는 모빌리티가 교통뿐만 아니라 스마트 시티 등 도시 생활과 삶의 새로운 진화를 아우르기 때문이다. 그래서 이러한 새로운 시대를 MECA(Mobility, Electrification, Connectivity, Autonomous) 시대라고 부른다. 이것은 모빌리티가 전기, 연결, 자율주행과 함께 새로운 삶의 방식으로 발전하는 것을 의미한다.

모빌리티의 대표인 자동차 산업은 이제 빅데이터와 인공지능이 결합한 새로운 산업으로 변모하고 있다. 자동차는 이제 내연기관차, 전기차, 수소차, 하이브리드차 등과 같이 동력으로만 규정되지 않는다. 자동차의 혁신과 경쟁력은 인공지능 알고리즘, 소프트웨어, 데이터 저장 용량 그리고 반도체 기술력에서 나온다. 자연스럽게 자동차의 흐름은 자율주행 자동차로 이어진다.

인공지능이 주도하는 자율주행 자동차는 인간 운전자보다 더 운전을 잘하기 때문에 인간의 시간 이용, 직장, 차량 소유 등에 커다란 변화가 생긴다. 또한 차량을 넘어서 비행기, 배, 드론 등 모든 이동 수단을 변화시킬 수 있다. 인공지능이 이동을 새롭게 정의하는 것이다.

자율주행 자동차는 지난 100여 년 동안의 시행착오를 뒤로 하고 대중화 단계에 들어섰다. 자율주행 자동차는 운전자나 운전 조작 없이 자율주행 시스템을 통해 자동차가 스스로 도로나 주행 환경을 인식해 운행한다. 미국 도로교통안전국(NHTSA, National Highway Traffic Safety Administration)은 자율주행 자동차의 발달 수준을, 자율주행 기능이 없는 일반 자동차인 레벨 0부터, 그야말로 완전한 자율주행 단계로서, 운전자 없이 움직이는 무인 주행차 단계인 레벨 5까지 여섯 단계로 분류한다. 지금 레벨 3~4 단계에 와 있으며 레벨 5도 얼마 남지 않았다.[100]

인공지능이 적용된 자율주행 기술은 자동차를 넘어 교통과 이동 전반에 커다란 변화를 가져온다. 자율주행 자동차가 널리 대중화되면 이동하는 동안 사람들이 일하거나 엔터테인먼트를 즐길 수 있게 된다. 따라서 이동 중 일과 여가에 관한 새로운 현상이 나타날 수 있다. 또한 자연스럽게 자동차를 주차시킬 공간을 줄일 수 있다. 이것은 도시 계획과 공공 공간 배치를 변화시킬 것이다. 교통 인프라도 스마트하게 개편될 것이다. 세계적으로 도로 환경은 계속 향상되어 왔다. 요즘 교통 인프라는 미디어 카메라, 각종 센서, 레이더, GPS 등으로 무장하고 있다. 여기에 인공지능이 개인 데이터와 연결해 교통 환경을 최적화하는 데 활용된다. 구글맵이나 한국의 T맵, 카카오 맵 등은 실시간으로 차량 이동량 등을 파악해 교통 흐름을 예측하는 서비스로 발전하고 있다.

자율주행 자동차는 결국 자동차 소유의 필요성을 감소시키게 된다. 우버, 리프트, 디디추싱 같은 공유 자동차 서비스가 더욱 활성화될 것이다. 공유 자동차뿐 아니라 개인 간 자동차 이용이 교통 범주를 세분화할 것이다. 이들 주문형 교통(on-demand transportation)은 대중교통 자체를 변화시킨다.

또한 자율주행 기술이 비행기, 드론, 선박 등 다양한 이동체로 확산되는 것은 자연스런 흐름이다. 무인 비행기와 드론은 이미 다양한 용도로 사용되고 있다. 하늘을 날아 대도시와 대도시를 짧은 시간에 주파할 수 있는 '비행 택시'도 등장할 예정이다. 2020년 CES에서 현대자동차는 '하늘을 나는 자동차' 전략을 제시했다.

현대차의 미래 모빌리티 비전은 UAM(Urban Air Mobility, 도심 항공 모빌리티)과 PBV(Purpose Built Vehicle : 목적 기반 모빌리티), 그리고 Hub(허브: 모빌리티 환승 거점) 등 세 가지 구성 요소의 연결을 핵심으로 하고 있다. UAM은 하늘을 새로운 이동의 통로로 활용하여 도로 혼잡을 줄이고 이용자에게 시간을 보다 가치 있게 보낼 수 있는 환경을 제공하는 것이며, PBV는 한계 없는 개인화 설계 기반의 친환경 이동수단으로, 이동에 소요되는 시간 동안 탑승객이 자신에게 필요한 맞춤형 서비스를 누릴 수 있도록 하는 것이다. 그리고 이 두 종류의 스마트 모빌리티를 편리하게 이용할 수 있도록 미래도시 전역에 Hub를 배치함으로써, 서로 다른 형태의 스마트 모빌리티 서비스들이 하나의 모빌리티 생태계를 구성한다는 것이다.[101]

또 다른 형태의 이동 수단인 드론은 물류 혁신을 예고하고 있다. 물류는 하루가 다르게 늘고 있는데 교통 환경에 크게 제약받고 있다. 드론은 물류의 금전적, 시간적 비용을 획기적으로 절감할 수 있는 대안이다. 뿐만 아니라 재해를 입은 지역에 구조물자를 지원하는 등의 구조, 구난 물류에도 다양하게 활용될 수 있다. 놀랍게도 이미 전쟁에서도 드론 전쟁이 등장했다. 2020년 아제르바이잔 아르메니아 전쟁은 드론이 핵심 무기로 등장한 전쟁이었다. 드론의 활용 범위는 무궁무진하다.

바다는 지구 표면의 71%를 차지한다. 인류 발전에 바다가 차지하는 비중은 더욱 높아지고, 해양 자원의 이용, 해양 기술의 활용이 더욱 중요해진다. 바다 역시 자율주행 선박으로 또 하나의 모빌리티 혁신을 보여줄 것이다. 미국 해군은 자율 주행 선박을 건조했는데, 마치 드론 선박(drone ship) 같은 이 자율주행 선박은 '바다의 사냥꾼(Sea Hunter)'이라는 별칭으로 불린다.

자율 교통기관의 다양한 등장은 이미 시간문제로 다가왔다. 물론 전망에 대해서는 의견이 다양하다. 여러 가지 대중적 교통수단의 대표가 될지, 일부 분야에서만 이용되는 틈새 교통수단으로 남을지 등 엇갈리기는 하지만, 자율 교통기관의 발전은 자연스러운 과정이기도 하다.

자율 교통기관의 발전은 모빌리티 서비스(MaaS, Mobility as a Service)로 확장되고 있다. MaaS는 차량뿐만 아니라 철도, 자전거, 오토바이 등 여러 교통수단, 주차장, 숙박에 이르기까지 인간의 이동에 관한 총체적인 스마트 서비스를 제공하는 것이다. 이 역시 빅데이터와 인공지능을 활용하는 것이 필수적이다. 모빌리티 서비스의 확장 가능성은 매우 크다. 특히 스마트 시티와 연결된다. 따라서 모빌리티는 운송 수단을 넘어서 스마트 시티와 스마트 라이프의 관점까지 결합한 거대한 분야로 확대되는 디지털 경제의 핵심이다.

스마트팩토리

한국 경제를 성장하게 한 일등 공신은 제조업이다. 물론 이것은 한국이 자유민주주의 국가들과의 국제 분업으로 글로벌 공급망을 맡아서 키운 것을 성공적으로 해낸 결과다. 반도체, TV 수상기를 비롯한 전자 제품, 선박, 자동차, 철강, 석유화학 등의 제조업 분야에서 한국 기업들이 세계를 선도하는 활약을 하고 있다. 한국은 GDP 대비 제조업 비중이 세계에서 가장 높으며, 제조업 전체 부가가치로 보아도 세계 5위의 제조업 국가다. 제조업을 중심으로 경제계획을 추진한지 불과 60년 만에 올린 성과다. 4차 산업혁명이 진행되면서도 제조업은 경제의 중추 분야다. 최근 우리 주변에서 서비스업을 강조하고 제조업을 경시하는 풍조가 늘고 있는데, 이것은 한국의 경쟁력을 약화시키는 것이다. 한국은 제조업을 더욱 고도화시켜 세계의 제조업 강국으로 커다란 역할을 할 수 있다.

그런 면에서 제조업을 '디지털 전환(Digital Transformation)'하여 고도화하는 스마트 팩토리는 한국의 4차 산업혁명의 핵심으로 발전시켜야 할 분야다. 제조 생산 공장에 컴퓨터, 로봇, 사물인터넷, 인공지능 등 디지털 기술을 접목해 더 나은 작업 환경을 만들고 부가가치를 창출하는 것이다. 코로나19 사태는 스마트 팩토리의 중요성을 더욱 부각시켰다. 코로나19의 확산으로 전 세계 생산 공정이 멈추면서 비대면 상황에서도 생산을 지속할 수 있는 디지털 전환이 더욱 절실하게 된 것이다.

한국의 기업들은 제조업에서의 디지털 전환의 중요성을 인식하고 스마트 팩토리 구축으로 빠르게 전환하고 있다. 2019년 세계경제포럼(WEF)은 포스코를 세계의 '등대 공장(Lighthouse factory)'으로 선정했다. 등대 공장이란 어두운 밤하늘에 '등대'가 불을 비춰 길을 안내하듯, 사물인터넷, 인공지능, 빅데이터 등 4차 산업혁명의 핵심 기술을 적극 도입해 세계 제조업의 미래를 혁신적으로 이끌고 있는 공장을 말한다. 포스코는 철강 산업에서 생산성과 품질 향상을 위해 인공지능 기술을 적용하고 인공지능 용광로라는 혁신을 개발했다.[102]

한화에어로스페이스는 무인운반로봇, 자동조립로봇, 연마로봇, 용접로봇, 물류이송로봇 등으로 공정이 이루어지고 모든 현장의 데이터를 수집해 각 공정 상태와 제품 위치 등을 3D 시스템으로 실시간 모니터링 하는 디지털 트윈(Digital Twin)을 갖추었다.[103]

스마트 팩토리는 단순 자동화를 넘어서 정보통신기술(ICT)로 모든 설비나 장치를 무선통신으로 연결하고, 공정 데이터를 자유롭게 연결하여 통합적인 최적의 생산 환경을 구축한다. 생산 라인을 유연하게 하여 개인 맞춤형 상품을 즉각적으로 생산할 수 있게 함으로써, 기존의 중앙집권형 생산체제를 바꾸고 제조업을 생산의 자율화와 맞춤화를 가능하게 하는 것이다.

스마트 팩토리로 산업 재해를 줄일 수 있다. 그런 점에서 문 정권이 추진한 중대재해기업처벌법은 유보할 필요가 있다. 이 법은 산업 재해가 발생한 기업과 경영자에게 무거운 처벌을 하는 법이다. 이 법의 적용 대상은 우발적 재해라는 비고의적 과실인데, 이것을 경영자와 기업의 책임으로 귀속시키고 처벌하는 것은 기업 경영을 매우 어렵게 하는 것이다. 물론 산업재해를 줄여야 하지만, 이 법의 문제는 예방에 관한 조항보다는 처벌조항에 초점이 맞추어져 있다는 것이다. 이미 기존의 산업안전보건법에 기업과 경영자가 지켜야 하는 의무 조항이 1200개가 넘는다. 스마트 팩토리로 공장의 안전을 향상시키는 것이 중대재해기업처벌법보다 훨씬 나은 방안인 것은 말할 나위 없을 것이다.

스마트 팩토리를 추진하기 위해서는 기업의 투자가 필요하다. 그런데 문 정권은 기업에게 이익공유제를 압박하고 있다. 이익공유제는 기업이 경영해서 얻은 이익을 정부가 만드는 기금에 전해서 코로나로 타격을 받은 기업을 도와준다는 명분으로 제안되었다. 코로나 피해 기업 지원은 무차별로 돈을 뿌릴게 아니라 어려운 기업을 선별해서 정부가 지원할 일이다. 이런 강제적인 이익 공유제 역시 반 시장적인 사회주의적 방안이다.

스마트 팩토리는 4차 산업혁명 시대 제조업의 미래를 결정짓는 분야로서 한국이 세계를 선도할 수 있는 좋은 기회를 맞고 있다. 이를 위해서라도 반 기업적인 규제를 풀고, 반 시장적인 제도를 없애서, 기업들이 시장경제에서 자유롭게 경영할 수 있도록 해야 한다.

바이오 헬스/의료

1995년 개봉한 일본 애니메이션 영화 〈공각기동대〉에는 2029년 지구에 인간의 몸과 기계가 어우러진 존재가 사는 모습이 그려진다. 인간의 뇌와 컴퓨터가 직접 연결되어 인간의 뇌에 있는 정보가 컴퓨터로 백업될 수 있고, 컴퓨터에 있는 정보가 인간의 뇌에 직접 입력될 수 있다. 주인공 쿠사나기는, 뇌의 일부와 척수는 인간의 것이지만 나머지는 기계인 사이보그다.

인류는 의학 발전을 통해 수명을 늘리고 다른 동물에 비해 취약한 점을 극복해 왔다. 사실 인간의 이런 취약성을 극복하기 위한 노력이 과학의 발전에 내재해 있다. 바이오테크놀로지의 발전은 새로운 인간들을 세상에 탄생시킬 것이다. 유전자는 편집될 수도 있고 두뇌 칩이나 입는 로봇 같은 보조 장치를 사용할 수 있다.

유전자 편집은 지금 3세대 유전자 가위(CRISPR)로 발전하여 유전자 맞춤형 편집이 가능하다. 난치병을 치료하거나 생명을 연장하는 데 활용될 수 있어서 그 잠재력이 크다. 벌써부터 중국에서는 유전자 편집 아이가 탄생되어 생명 생태계 파괴와 인류 윤리 문제에 대한 경각심을 불러일으키고 있다. 이런 문제에 대해서는 세계의 윤리적인 거버넌스를 확립하는데 참여하면서도 바이오헬스 산업을 더욱 고도화하려는 노력을 해야 한다.

한국의 바이오산업은 충분한 국제 경쟁력을 갖추고 있는 분야들을 갖고 있다. 바이오시밀러 분야와 생산 역량은 세계적인 경쟁력을 가지고 있다. 바이오 의약품 생산 역량은 규모면에서 세계 2위를 기록하고 있다. 진단기기 분야를 포함한 의료기기 산업의 경쟁력도 크다. 의료서비스산업 역시 규모 면에서나 국민 건강 면에서 비중이 크다. 2018년 한국 의료서비스산업 규모는 153조 원으로 GDP의 8.1%를 차지하고 있다. 한국의 GDP 대비 의료비 비중은 2010년 이후 2018년까지 연평균 3.4% 성장하고 있는데, 이는 고령화 등의 영향에 따른 것이다.

여기에 코로나19 사태는 전염병을 넘어서 바이오 헬스 분야에 대한 관심을 높이고, 이에 대한 새로운 접근법이 필요하다는 것을 알려주었다. 그 결과 인공지능의 적용을 더욱 확산할 필요가 있고, 비대면 의료서비스를 정착시킬 필요가 있다는 것을 알게 되었다.

무엇보다 인공지능은 다른 어떠한 분야보다 의료와 건강을 위해 다양하게 적용될 수 있다. 바이오산업 전체의 변화를 가져올 잠재력을 가지고 있다. 방대한 의료 기록과 진단 기록을 보고 진단을 내리거나 처방할 때 인공지능의 시각 인식과 딥러닝이 인간보다 더 정확히 수행한다. 인공지능은 진료 데이터, 논문 같은 방대한 진료 지식, 웨어러블 기기, 사물인터넷 기기로 얻은 데이터를 통합해 질병 가능성과 치료 정보를 정확하게 제공할 수 있다. 머신 러닝을 갖춘 컴퓨터는 인간보다 정확하게 패턴을 인식한다. X-레이 판독은 더 말할 나위 없다. 영상의학, 피부의학, 병리학 등은 바로 인공지능에 영향 받을 수 있는 분야들이다.

2015년 네덜란드에서는 인공지능 컴퓨터가 MRI를 이용해 전립선암을 진단하는 것이, 방사선 전문의가 진단하는 것보다 우수했다는 연구 결과가 발표되었다.[104] 인공지능을 CT, MRI 등의 영상 자료를 판독하는 데 이용하면 질환을 조기 진단하거나 정확하게 진단할 수 있는 것이다.

인공지능 개발자들은 인공지능 시스템을 인류의 건강 증진을 위해 활용할 수 있도록 노력하고 있다. 바둑 프로그램에서 이미 인간 챔피언을 이긴 구글의 딥마인드(DeepMind)는 알파고(Alphago)를 알파제로(Alphazero), 뮤제로(Muzero) 등으로 계속 업그레이드하면서 헬스 케어를 위해 활용 범위를 넓히고 있다.

코로나19 사태 이후 비대면 의료 서비스의 혁신을 늦출 수 없다는 공감대가 형성되었다. 코로나19에 대응하기 위해 정부가 2020년 2월부터 한시적으로 허용한 비대면 진료는 스마트 헬스 케어의 첫걸음이라고 할 수 있다. 우리가 아프면 병원에 가거나 약을 복용하는 것이 관행이다. 그런데 이제는 헬스 케어 스마트폰 애플리케이션을 실행해 아픈 증상이나 다친 부위 영상을 전송하는 것으로 진단을 시작할 것이다. 그러면 컴퓨터가 영상을 읽고 다음 절차를 진행한다. 의사나 간호사는 미리 클라우드에 저장된 개인 헬스 정보와 새로운 정보를 통합해 환자와 대화하며 치료 방향을 결정한다.

병원에 갈 때마다 의사와 새롭게 상담할 필요가 없고, 잘못된 기억만으로 오진하는 위험을 줄일 수 있다. 빈번한 의료 사고는 인간 의사나 간호사의 사소한 실수로 비롯되는 경우가 많다. 2017년 이

화여자대학교병원에서 일어난 신생아 네 명의 사망 사고는 어이없게도 인간 의료진의 주사제 실수로 일어난 것이었다. 우리에게 다가온 기회를 놓치고 다시 예전으로 돌아가서는 안 된다.

인류는 그 어느 때보다 오래 살게 됐다. 1100년대에 인간의 기대수명은 19살이었고, 1800년대에는 37살이었다. 이제는 100세 시대라는 말이 눈앞에 와 있다. 인류는 2009년에 유엔(UN)이 발표한 「세계 인구 고령화 보고서」*World Population Aging Report*에 등장한 '호모헌드레드(Homo Hundred)' 종이 되고 있다.

오래 살기 위해서는 개인화된 맞춤형 건강 관찰이 필수다. 그런데 이제 이것이 가능해졌다. 스마트 헬스 케어를 확산할 수 있는 도구들이 늘어난 것이다. 유전자 분석 비용과 인체를 제어하는 수많은 생물학 요소를 측정하는 비용이 크게 낮아진 것이다. 이런 모든 정보를 한데 모으는 것은 큰 의미가 있다. 따라서 개인이 일상생활에서 본인의 건강정보를 주도적으로 수집, 활용하여 할 수 있는 시스템을 만들어서 디지털 헬스 / 의료를 정착시켜야 한다.

인공지능은 의료 품질을 향상시키고, 사고를 줄이며, 의료진이 더 정확히 진단할 수 있게 돕는 도구로서 의미가 크다. 의료진의 일자리가 감소할 것이라는 우려에 지레 뒷걸음질 칠 이유가 없다. 데이터를 정확하게 분석하고 진단 정보를 제공해 인간 의료진이 더 나은 최종 진단을 내릴 수 있도록 하는 것이다. 이는 의료진과 환자의 관계를 생각하면 분명해진다. 환자와 공감하고, 정보를 다루며, 주어진 상황에 재빨리 대응하고, 응급치료를 하는 것만 생각해도 이것들이 인공지능만의 역할이 아니라는 것은 분명하다. 오히려 의료진은 데이터를 입력하고, 판독하고, 기초 정보를 파악하는 일에서 해방되어 더 나은 진단 및 결정에 집중할 수 있게 된다. 인공지능 기능과 인간의 전문성이 결합할 때 의료 서비스의 증강(augmentation) 모델을 발전시킬 수 있다.

바이오 헬스와 의료는 한국이 반도체에 이은 두 번째 대표 브랜드에 만들기에 가깝게 와 있다. 의료 분야의 인적, 기술적 역량, 디지털 인프라, 건강에 대한 높은 관심 등은 좋은 환경을 만들고 있다. 코로나19 대응에서 볼 수 있었던 방역, 백신에 대한 정권/정치 주도의 접근이 아니라 과학과 자유경제의 접근이 뒷받침되면 그 길을 앞당길 수 있다.

08 정치 현대화

　어느 사회, 국가에서나 정치가 중요한 역할을 하지만, 한국에서는 그 정도가 심해서 사회주의 국가에서나 볼 수 있을 정도로 정치가 모든 면에서 지배적인 위상을 차지하고 있다. 경제, 문화는 말할 것도 없고, 심지어 과학의 영역에서도 정치가 지배하고 있다. 코로나19에 대한 대처, 원자력 월성1호기 폐쇄, 김해 신공항 백지화 등에 대해 정치가 과학적인 조사와 검증을 뒤엎는 사례들이 빈발했다. 오죽했으면 2020년 11월, 과학자 단체인 '바른 과학기술 실현을 위한 국민연합(과실연)'이 '정치가 과학을 뒤덮는 사회는 미래가 없다'는 제목의 성명을 내고 "지금의 현실은 정책 결정의 정당화를 위해 과학기술 결과가 조작되고 정치적 이해관계를 위해 과학기술 전문가 소리는 묻히고 매도되고 있다"고 주장하기까지 했을까. 과실연은 정부가 월성 1호기 조기 폐쇄를 결정한데 대해 "믿기 어려운 비과학적 왜곡을 발견했다"고 밝혔다. 과실연은 "예상 수익과 비용의 추정이 사회과학과 공학기술의 상식적 범위를 벗어날 수 있다는 감사원 발표는 명백한 중대 과실"이라며 "정치적 지시에 굴복한 공무원들의 조직적 조작의 증거 발표에 우리는 우려를 금하지 않을 수 없다"고 비판했다. 김해 신공항 건설 백지화와 관련해서도 "비이성적, 후진적 선동에 여야 없이 정치인들의 책임이 과중함을 엄중하게 지적하지 않을 수 없다"고 강조했다. 그리고 "대형 국책사업에서 정치가 과학을 뒤덮는 작금의 현실은 국가적 재앙을 예고할 뿐만 아니라 미래 세대에게 돌이킬 수 없는 짐을 떠안기는 무책임한 일임을 엄중히 경고한다"고 밝혔다.[105]

이런 일들은 정치, 정부 권력이 모두 자유민주주의와 거리가 먼 독점 체제로 운영되기 때문이다. 대통령제 하에서 대통령을 배출한 집권 세력은 정치권력과 정부의 운영을 독점한다. 권력 자체가 정치적 독점이다. 그렇기 때문에 선진국일수록 견제와 균형의 장치들로 독점을 방지하려고 한다. 독점한 권력은 부패할 가능성이 크고, 국민들에게 영향을 줄 때 그 피해가 엄청나기 때문이다. 따라서 정치권력을 독점하지 않도록 하는 정치 개혁이 필요하다. 개혁의 방향은 독점을 방지하고 자유민주주의가 상식적, 정상적으로 자리 잡을 수 있도록 하는 것이어야 한다. 여기에 인공지능 시대에 걸맞은 디지털 기술의 도움을 받을 수 있다. 정치의 디지털 전환을 정교하게 마련해서 투명성과 공정성을 높이는 개혁이 필요하다. 획기적인 정치 개혁이 없으면 인공지능 시대의 자유민주주의 국가 발전은 더디고, 요원하기까지 할 수 있다.

견제와 균형

　정치와 행정, 입법, 사법의 영역에서 견제와 균형의 원리는 매우 중요하다. 그것은 인간의 본성에 대한 절제이자 사회에 대한 절제의 시스템이다. 입법부의 포퓰리즘과 행정부의 관료주의, 사법부의 편향주의 등을 막을 수 있도록 견제하는 장치가 있어야 한다. 그래서 자유민주주의를 추구하는 국가들은 모두 오랜 역사를 거치면서 이러한 경제와 균형의 장치를 마련해 왔다. 물론 그 과정이 절대로 쉬웠던 것은 아니다. 사실 아직도 인류는 그러한 과정을 겪고 있는 중이다.

　그렇지 않아도 우리는 민주주의가 민주적으로 선출된 지도자들에 의해서도 무너지는 역설을 목도하고 있다. 레비츠키(Levitsky)와 지브래트(Ziblatt)는 『어떻게 민주주의는 무너지는가?』*How Democracies Die?* 저서에서 그것을 명확하게 지적하고 있다. 이들은 "선출된 독재자들은 민주주의의 허울을 유지하면서 그것의 실질은 도려내 버린다. 이들이 민주주의의 전복을 위해서 사용하는 수단들은 하나같이 합법을 가장한다. 의회가 승인하고 사법부가 수용하였다는 의미에서 말이다. 심지어 민주주의를 더 낫게 만들기 위한 노력인 양 비추어지기도 한다. 흔히 사법부를 더 효율적으로 만든다거나 부정부패를 없앤다거나 등의 명분이 동원된다"고 지적했다.[106]

　한국도 입법부와 행정부, 사법부가 분리되어 있어서 형식적으로는 독립적인 것처럼 보인다. 그러나 한국의 3권 분립은 오랜 과정을 통해 성숙한 것이 아니라 해외 선진국가로부터 제도를 먼저 도입한

후 적용해 왔다. 그런 만큼 독립성이 제대로 정착되지 않고 어떤 때에는 독립적인 것 같다가 또 어떤 때에는 그렇지 않은 우왕좌왕하는 모습을 보여준다. 특히 정치가 국가의 모든 영역을 지배하는 상황에서는 그런 독립성이 취약성을 드러낸다.

문 정권은 대통령실(청와대)이 컨트롤 타워가 되어 행정부, 입법부, 사법부까지 통제함으로써 견제와 균형이 무너지는 시스템으로 변해버렸다. 무엇보다도 사법부가 정권에 종속된 것이 결정적이었다. 문 정권은 대법원과 헌법재판소 등의 사법부와 검찰을 장악하여 견제 받지도, 통제 받지도 않는 권력을 행사했다. 대법원 구성원 14명 중 11명을 문 대통령이 임명하게 되면서 대법원이 좌파 성향으로 쏠렸다. 우리법연구회, 국제인권법연구회, 민주사회를 위한 변호사 모임(민변) 등 좌파 성향 단체 출신이 대법원장을 포함 6명에 달하는 구조가 됐다. 헌법재판소는 9명의 헌법재판관 가운데 우리법연구회, 민변 출신이 5명이나 포함됐다.

대통령제에서는 대법원이 법치의 최후 보루 역할을 해야 한다. 아무리 정권이 대법관을 임명한다고 해도 진영논리를 벗어나야 하고 '법의 통치(법치주의)'가 굳건하게 작동되어야 한다. 그러나 문 정권에서 대법원은 법치의 최후 보루로서의 기능을 상실했다. 2020년 9월 대법원은 전교조 법외노조 취소 판결을 내렸는데, 취소 판결의 논리가 헌법과 법률이 허용한 범위를 넘어섰다. 그것은 노조에 기댄 정권의 입장이 헌법보다 상위에 있었음을 보여준 것이었다.

2021년 2월에는 사법부 독립을 지켜야 할 대법원장이 정치적 상황에 영향을 받아 헌법적 책무를 저버리는 결정을 하고, 관련 의혹이 일자 전면 부인하는 거짓말을 한 것이 공개되어 한국 사회에 큰 충격을 주었다. 민주주의의 근간인 삼권분립과 사법부 독립을 대법원장이 나서서 침해한 엄청난 사건이 밝혀진 것이다.

그런 가운데 고위공직자범죄수사처(공수처)까지 등장했다. 2020년 12월 국회는 집권당의 단독 처리로 공수처법을 통과시켰다. 공수처는 헌법에 근거도 없다. 입법·사법·행정부 어디에도 속하지 않고, 3급 이상 공직자에 대한 수사권과 일부 기소권까지 행사하는 무소불위 권력기관이다. 공수처법은 공수처가 공직자 부패 사건을 모든 수사기관에서 자동으로 가져오는 것이 핵심이다. 공수처는 정권에 따라 공직자 부패를 드러낼 수도 있고, 권력형 비리를 감출 수도 있다. 검찰 개혁이라는 명분 아래 옥상옥의 특별 기관을 만들어서 좌우하겠다는 것이다. 한국의 공수처는 공산권 국가를 빼고는 유례를 찾기 힘든 수사·기소기관으로 등장했다. 이것은 2중 3중으로 국가를 통제하겠다는 것이다. 그래서 공수처를 파시즘의 대표격인 독일 나치에서 무법의 권력을 행사한 게슈타포(비밀친위경찰)와 유사하다고 하는 지적들이 많았다.[107]

이렇게 사법부의 독립성과 공정성이 크게 훼손된 것은 한국의 현대사에서 처음있는 일로서 그만큼 민주주의가 후퇴하는 징표가 되었다.

이런 환경에서도 2020년 말 윤석열 검찰총장의 직무배제·정직 중지 가처분 신청을 행정법원이 잇따라 인용하여 사법부의 독립성이 중요하다는 것을 확인시켜주기도 했다. 행정법원은 국가의 행정권 남용을 견제하기 위해 설치된 것인데, 바로 그 목적에 부합하는 가치를 보여준 것이다. 사법부가 견제와 균형의 역할을 하는 것이 얼마나 중요한지 보여주는 경우였다.

여기에 문 정권은 2020년 4·15 총선에서 과반수를 넘는 의석을 획득해서 입법부까지 장악했다. 집권당은 18개 국회 상임위원회 위원장을 모두 독식하고, 국회 과반수가 넘는 의석으로 국가 권력을 독점하고 개인의 자유를 침해하고 기업 활동의 자유를 제약하는 법률들을 개악했다. 입법부를 장악한 집권당은 2020년 12월에 각종 법을 무더기로 통과시키며 과잉 입법을 남발했다. 공수처법에 이어 국가정보원의 대공수사권을 경찰로 이관하는 국가정보원법 개정, 자치경찰제를 도입하고 국가수사본부를 신설하는 경찰법을 개정했다. '5·18 역사왜곡처벌법'은 5·18에 대한 허위사실을 유포하면 처벌한다는 법이다. 역사적 사실을 법으로 제한함으로써, 표현의 자유를 침해하는 것이다. 또한 '사회적 참사 진실규명법'은 세월호 특별조사위 활동 기간을 늘리는 것이다. 2014년 4월 16일 일어난 세월호 참사는 이미 국회·감사원·검찰·해양안전심판원·세월호특조위·사회적참사특조위 등 7개 국가 기관의 8차례에 걸친 조사·감사·수사로 사고 원인과 책임 소재 등이 밝혀진 사안이다. 게다가 2019년 11월 검찰이 또 다시 특별수사단을 출범시켜 다시 수사하기도 했다. 그런데 2021년 1월 특별수사단은 재수사 결과 세월호 사건 대부분 의혹에 무혐의 처분을 내리며 사건을 종결했던 것이다. '대북전단살포금지법'은 군사분계선 일대에서 대북전단 살포 행위 등을 하면 처벌한다는 법이다. 국가인권위원회가 대북 전단 활동이 '표현의 자유'에 해당한다고 판단한 것을 뒤집고 법적 제한을 하겠다는 것이다. 특히 이 법에 대해서는 국제사회에서도 한국의 인권과 자유가 침해당하는 것을 우려할 정도였다. 기업을 규제하는데 초점을 맞춘 경제 3법(상법·공정거래법·금융그룹감독법)은 경제 활동의 자유를 크게 제한한 것이었다. 더욱이 여당은 단독으로 국회 환경노동위원회에서 경제 3법을 심사하면서 민노총의 요구를 반영하여, 애초의 정부(안)을 수정하기까지 했다.

문 정권은 행정부는 말할 것도 없고, 사법부, 입법부까지 장악하여 견제와 균형의 원칙이 사라지고 말았다. 여기에 견제 역할을 해야 할 시민사회와 언론까지 다양한 방식으로 장악하면서 정권을 견제할 힘이 크게 약해졌다. 이제 남은 것은 시민 개인뿐이다.

미국에서는 포퓰리즘이 등장했지만 견제와 균형 시스템이 건재해 버틸 수 있었고 복원의 길로 접어들었다. 대표적인 자유민주주의의 국가로서의 역량, 시민정신과 문화가 뒷받침된 결과다. 결국 시민들이 견제와 균형의 원리를 인식하고 권력이 어느 한편에 기울어지지 않도록 하는 역량을 갖추는 것이 중요한 것이다. 그리고 그런 역량을 정치 과정에서 형성해야 한다.

정당 현대화

견제와 균형의 원리를 확립하기 위한 정치 과정을 만들기 위해서는 정당의 역할을 완전히 혁신해야 한다. 시간이 갈수록 우파와 좌파를 막론하고 기존 정당에 실망하는 국민이 늘어나고 있다. 특히 한국의 정당은 가치와 정책에 기반을 두어서 만들어진, 당원이나 국민을 위한 정당이 아니라, 지도자의 개인적 능력을 중심으로 만들어졌다. 그래서 정당의 기반이 매우 취약하다. 그러다 보니 소수의 정치적 보스와 국회의원을 위한 선거운동용 정당에 불과하다는 비판을 받는다. 정당이 공천 장사를 하고 권력 야합을 위해 수시로 이합 집산하는 천민 집단의 성격이 강하다. 정당이 툭하면 해체하거나 이름을 바꾸는 것은 그만큼 기반과 뿌리가 약하다는 것을 보여준다. 국가의 전략과 정당의 이념과 가치를 위해 차세대 인물을 키우고, 교육하고, 국민들과 공유하는 프로그램은 없고 오로지 지역구도에만 의존하는 행태를 보인다.

특히 소선거구제는 새로운 정당의 출현을 막고 양당제를 강화하여 '기득권 양당제'가 고착되어 있다. 선거법은 아예 기득권 정당에게만 유리하게 되어 있다. 기성 정당에 관계하지 않은 전문가나 신인들이 정치 분야에 들어오고자 하거나 새로운 정당을 설립하려고 해도 정당법과 선거법에 의해 수많은 장애물들이 가로막고 있다. 기존 정당에 대해서는 지나치게 우대하면서 새로운 진입을 제한하고 있다. 정치적 시장이 자유롭지 않으며 경쟁을 제한하는 요인들이 너무 많다.

이런 기존 정당에 실망한 국민들이 2012년 미래와 정치개혁을 내걸고 정계에 입문한 안철수 전 의원을 보며 '안철수 현상'이란 신드롬을 만들어냈다. 이는 국민들이 기존의 정치에 얼마나 실망하고 있는지를 잘 보여주었고, 따라서 한국의 정치를 혁신시킬 절호의 기회였다. 그러나 두 차례 대선 도전과 정당 창당, 합당, 퇴진 등의 행보로 그 기대에 부응하지 못했고 기회를 놓치고 말았다. 기존의 정치적 경로를 답습하고 정당 혁신에 대한 인식이 없었기 때문이다.

자유민주주의를 지키기 위해서는 정당의 역할이 중요하다. 독재 정부를 막기 위해 복수의 다양한 정당이 필수적이다. 그리고 기득권 정치인을 위한 정당이 아니라 새로운 가치, 새로운 인물이 참여하도록 현대화해야 한다. 특히 디지털 기술을 활용해서 시민들이 자유롭게 참여하고 협력하는 새로운 장을 만들어야 한다. 요즘 청년들은 디지털 기기에 익숙하다. 청년, 시민들이 참여할 수 있는 프로그램을 개발하여 시민들에게 정치 과정에 참여할 수 있도록 하고, 정당에게는 시민들의 집단 지성과 아이디어를 제공하는 디지털 시스템이 필요하다. 지금도 정당마다 앱과 웹사이트를 개설하고 있지만, 운영은 완전히 일방적이다. 정보나 자료를 올려놓는데 그친다. 그러다 보니 청년과 시민들이 참여하기가 어렵다. 모바일, 온라인 정당을 만든다고 하면서도 정당의 형식과 내용은 아날로그 식이며 단지 도구만 모바일로만 바꾸고는 그만이다. 온라인 정당은 온라인에 특화된 정당인만큼 온라인 정치 과정의 혁신을 반영해야 한다. 온라인 쇼핑이 단지 오프라인 쇼핑을 온라인으로 바꾸는 것이 아니라 완전히 다른 방식의 쇼핑을 개발하는 것과 마찬가지다. 또한 시민들이나 정치 지망생들이 양당제에 만족하지 못할 때에는 새로운 정당을 만들 수 있도록 지원해야 한다. 경제 분야에 스타트업을 지원하는 프로그램이 엄청나게 많은데 왜 정치 스타트업은 안되는가?

215

정당은 선거에서 승리함으로써 존재감을 드러낸다. 그러나 그렇게 하기 위해서는 선거 때 반짝 '영입'이라는 이름으로 후보자를 내는 데에만 매달려서는 안 된다. 그보다는 평상시에 여론을 형성하고, 정책과 이슈를 개발하고 국민들에게 알리고 교육하는 정치 과정을 축적하는 일이 더 중요하다. 이런 과징들이 쌓여서 정치인을 양성하여 선거에 후보자를 내는 것이다. 정당의 운영을 상시적인 정치 훈련, 인재 개발의 장으로 바꾸어야 한다. 그래서 정치 후보자들이 차근차근 경력을 쌓아 지방자치단체, 국가의 주요 정치에서 역할을 해야 한다. 영국의 대처 총리는 보수당의 청년 프로그램(Young Conservatives)을 통해 대학 때부터 정치를 배우고 커다란 정치인으로 성장하였다. 지금처럼 법조인, 기업가, 교수가 하루아침에 정치인이 되는 방식으로는 정치를 현대화할 수 없다.

따라서 기존의 정당 운영 방식을 해체하고 '창조적 파괴'를 해야 한다. 정당의 핵심 요소인 비전과 가치를 공유하는 가치 정당, 이념 정당으로 탈바꿈해야 한다. 한국의 우파 정당은 근본적인 개혁은 전혀 없이 한나라당, 새누리당, 자유한국당, 국민통합당, 국민의힘 등으로 그때그때 당명만 바꾸는 땜질만 해왔다. 마치 누더기처럼 되어 버렸다. 여전히 개인과 계파 이익에 좌우되고, 국회의원이 중심이 되는 '그들만의 리그'에서 벗어나지 못했다. 이 문제의 근본 원인은 정당이 가치집단이 아닌 이익집단으로 변질됐기 때문이다. 이념과 가치보다 사익을, 국가와 정당보다 계파를 중시하는 지금의 정당으로는 국민들의 호응을 받을 수 없다.

특히 정보처리 기술의 발달과 소셜 미디어가 여론 형성에 영향을 주고 정치와 선거에 영향을 주면서 직접 민주주의적 양상도 강화되고 있다. 누구나 자신의 의견을 표명하고, 그러한 데이터가 모여 인공지능이 개인의 정치적 성향을 파악할 수 있는 단계까지 왔다. 따라서 정당은 이러한 새로운 민주주의적 요소를 수용하여 시민의 자유 의식을 높이는 다양한 활동을 펴나가야 한다.

자유민주주의 네트워크

한국 사회에는 자유민주주의를 지지하는 사람들이 모이고 논의하는 네트워크가 취약하다. 우리 국민들은 자유를 당연한 것처럼 여기며 스스로 자유롭다고 생각한다. 그러나 실제로는 자유가 훼손당해도 모르며 자유를 증진시키기 위한 활동을 알지 못한다. 예컨대 자기 집을 사고 파는 것을 제한하는 부동산 대책이 실행되어 재산권의 자유가 침해당해도, 집값이 오르면 좋은 일이라고 받아들인다. 5·18특별법은 표현의 자유를 심각하게 훼손한 법인데도 크게 나와 상관없는 일이라고 생각하며 받아들인다. 자유주의의 전통이 약한 나라에서 자유의 가치를 몸으로 체득하지 못한 탓이다. 따라서 시민들이 자유민주주의를 제대로 알고 논의하는 다양한 네트워크를 만들어야 한다. 좌파는 민주노총, 전교조, 참여연대와 같은 네트워크들이 작동하는데 우파는 그런 네트워크가 약하다.

먼저 자유민주주의 싱크탱크가 필요하다. 일부 전문가들이 어려운 여건 속에서도 연구소나 포럼의 활동을 해왔지만, 우파 정권이 집권할 때에는 외부 지원을 받아 활동하다가도 정권이 바뀌면 지원이 끊기면서 없어지거나 위축되어 왔다. 지속가능한 자유민주주의 싱크탱크를 만들어야 한다. 개인들의 자발적 회비로 운영되며, 자발적으로 참여하는 싱크탱크가 아젠다를 생성하고 논의를 이끌어내는 역할을 해야 한다.

미국의 헤리티지 재단(Heritage Foundation)이 좋은 사례다. 1973년 쿠어스 맥주 창업자인 조셉 쿠어스(Joseph Coors)가 25만 달러를 기증해 설립된 이 재단은 지금 유료 회원 50만을 가진 커다란 싱크탱크로 성장했다. 헤리티지 재단이 하는 일은 정책 연구 활동과 시민 교육 두 가지다. 헤리티지 재단은 1980년 레이건이 대통령에 당선되자 3,000여 건에 달하는 개혁안이 담긴 '리더십을 위한 위임령'을 제안하였다. 이 가운데 60%가 정부 정책으로 채택되었다. 원칙에서 벗어날 때에는 자신이 지지하는 정부를 비판하기도 한다. 또한 사회 각계각층을 대상으로 자유주의의 가치와 철학, 정책을 교육하는 데 애쓰고 있다. 헤리티지 재단은 이러한 가치를 이해하기 쉽게 정리해 전 국민을 상대로 전파하고 계몽한다.

또한 자유민주주의를 널리 알리기 위한 커뮤니케이션과 이벤트들이 다양하게 전개되어야 한다. 그것도 디지털 세대, 밀레니얼 세대에 맞는 방식의 커뮤니케이션과 이벤트가 되어야 한다.

전체주의 체제나 정치 집단은 선전과 선동을 핵심적 활동으로 놓고 다양한 이벤트를 벌인다. 선전 선동을 극대화시키기 위해 심지어 한밤중에 이벤트를 열기도 한다. 북한이 2020년 조선노동당 창립 75주년을 맞아 벌인 대규모 군사퍼레이드는 밤 12시에 진행되었다. 이는 히틀러 나치 정권의 유명한 '뉘른베르크 집회'를 연상케 했다. 문 정권도 한밤중에 각종 이벤트를 벌였다. 문 정권은 이벤트 정권이라 불렸다. 비핵화 문제도 실질적 비핵화 협상보다는 화려한 무대장치 속에 각종 깜짝 이벤트들이 등장하는 남북 이벤트에만 신경을 썼다는 비판을 받았다.

이렇게까지 하지는 않더라도 자유민주주의 행사를 현대화할 필요는 분명히 있다. 우파 집회나 행사는 낡고, 지루하거나, 응집력이 떨어진다는 말을 많이 듣는다. 이런 타성을 벗어내야 한다.

또한 자유민주주의 네트워크의 폭과 범위를 넓혀야 한다. 정치인만의 네트워크가 아니라 문화 예술 등 각 분야의 사람들과 함께 하는 네트워크가 필요하다. 특히 대중문화인들이 함께 할 수 있는 장을 만들어서 시민들이 친근하게 공유할 수 있도록 혁신해야 한다.

이런 가운데 최근 유튜브가 공론장으로 널리 활용되고 있다. 유튜브에는 스펙트럼과 다루는 주제들이 다양한 활동가들이 활동하고 있다. 정치·경제·외교 등의 분야에서 자유민주주의를 알리고 교육하는 유튜브가 많아졌다. 동영상 시대를 맞아 유튜브를 활용한 것은 시의적절한 선택이다.

자유민주주의 시민사회가 다양해져야 한다. 문화, 예술뿐만 아니라, 스포츠, 환경, 노동 등에 이르기까지 다양한 자유민주주의 시민사회를 만들어야 한다. 무엇보다도 재정, 운영에서의 독립성을 확보하고 지속가능한 모델로 움직이는 네트워크를 만들어야 한다.

정부의 디지털 전환

인터넷과 모바일로 대표되는 디지털 기술은 민주주의 정치를 더 발전시킬 것처럼 여겨지기도 했다. 누구나 직접 공론장에 참여할 수 있고, 정보를 얻을 수 있으며, 의견을 낼 수 있는, 그래서 대리인을 선출해서 맡기는 대의 민주주의의 한계를 극복할 수 있는 좋은 도구로 간주되었다. 그러나 시간이 지나면서 점점 반대 현상이 나타났다. 사람들은 온라인에서 보고 싶은 것만 보고 듣는다. 오히려 확증편향에 일조하는 것이 밝혀졌다. 그러면서 사실과 진실보다는 충동과 자극이 더 큰 힘을 발휘하는 상황이 되었다. 디지털 도구가 오히려 우중 정치의 도구가 된 것이다. 2010년대 중반 이후 등장한 민주주의의 위기에는 특히 소셜 미디어가 커다란 영향을 미쳤다. 디지털 기술과 포퓰리즘을 결합함으로써 권위주의적 정부 체제의 양상을 강화한 것이다.

정부의 변화를 논의할 때에는 대통령제냐 의원내각제냐를 중심으로 많이 논의하지만, 이제는 그런 프레임에서 벗어날 필요가 있다. 기존의 제도는 모두 아날로그 시대에 등장하여 정착된 것이다. 관점을 완전히 달리해서 생각할 필요가 있다. 그것은 정부의 디지털 전환이다. 블록체인과 인공지능을 결합하여 디지털 전환을 보다 광범위하고 깊이 있게 진행할 수 있다. 무엇보다도 블록체인은 선거, 공공 서비스, 자산 관리, 공공기록물 관리, 정책 결정 등의 정부와 공공 부문 운영에 적용하기에 적합한 기술이다. 블록체인의 진정한 가능성과 잠재력은 여기에 있다

정부도 디지털 시대를 맞아 전자정부로 바꾼다고 여러 프로그램을 진행해 왔다. 그러나 기존의 전자정부는 정부 조직과 관행은 그대로 두고 종이문서를 전자문서로 바꾸는데 그쳤었다. 그 정도로는 정부의 디지털 전환이라고 볼 수 없다. 정부의 조직과 관행, 형태 모든 것의 근본적인 변화를 가져올 수 있어야 진정한 디지털 전환이라고 말할 수 있다. 여기에 블록체인을 적용하면 중간매개자 없는, 탈중앙화된, 분산형 조직으로의 정부를 구현할 수 있다. 그리고 블록체인은 신뢰를 기반으로 사회 구조를 재정의한다. 이것은 국가와 시민과의 관계 역시 재정의하게 된다.

　현대 사회로 올수록 정부는 비대해졌다. 정부의 역할은 국가 내에서 벌어지는 다양한 경제, 사회, 문화, 정치적인 활동, 자원 배분, 의사 결정, 이해관계를 조정하는데 있다. 이를 위해 모든 이해관계자들로부터 정보를 수집하고 조합하여 의사결정을 한 후 집행한다. 따라서 정부는 국가 내에서 일어나고 있는 정보 유통과 정보 처리 조직인 셈이다. 정부는 정보를 유통하고 처리하는 권한을 자의적으로 사용할 가능성이 있다. 인류는 누가 그러한 정부를 구성하느냐에 따라 다양한 제도를 실험해 왔다. 왕권제도, 봉건제도, 사회주의, 독재 전체주의 등을 거쳐 이제는 자유민주주의 제도가 최선이라는 현재에 도달했다.

　그런데 민주주의도 위협을 받고 있다. 포퓰리즘의 등장으로 정부를 신뢰할 수 없는 지경까지 왔다. 바로 이러한 때에 신뢰를 보장하는 기술로서 블록체인이 새로운 역할을 할 수 있다. 디지털 시대에 블록체인 정부가 작지만 필요한 정부 기능을 수행하고, 더 나아가 자유민주주의를 혁신할 수 있는 것이다.

　물론 블록체인을 활용한 정부를 만드는데 대한 저항은 클 것이다. 기존 정부에 이미 오랫동안 관료제와 중앙집권적인 운영, 그리고 이러한 방식으로 굳어진 인력들이 자리 잡고 있기 때문이다. 기존 세력들의 저항과 지연 등이 만만치 않을 것이다. 이것을 넘어서야 한다. 디지털 전환을 통해 정부의 신뢰 수준을 높이고 정부, 기업, 시민들이 투명하고 개방된 협치를 할 수 있도록 해야 한다.

선거 개혁

　선거제도는 대의민주주의 제도를 운영하는 시금석이어서 가장 공정하게 진행되어야 한다. 그런데 아이러니하게도 선거의 투·개표에 디지털 기술이 도입되면서 선거제도에 대한 불신이 증가하고 있다. 한국에서는 2020년 4·15 총선에 대해 부정선거 논란이 제기되었다. 미국에서도 2020년 11월 대통령 선거에서 선거가 끝난 지 2달이 지나서야 대통령 당선인이 확정될 정도로 불신을 받았다. 이 문제는 한국이나 미국이나 '당일투표 당일개표'라는 투·개표의 현장성의 원칙이 무너지면서 나타난 현상이다. 투표와 개표 사이에 시간과 공간의 차이가 생겨나고, 이것이 통제와 검증이 어려운 상태라는 점에서 사전투표의 신뢰가 상실되었던 것이다. 게다가 디지털 기술을 적용한 것이 문제를 더욱 키웠다. 디지털 기술은 해킹의 위험에 노출되어 있다. 특히 선거제도로 권력을 결정하는 상황이라면 해킹 세력이 어떻게든 관여하려고 할 것이라는 것을 충분히 예견할 수 있다.

2009년 3월 독일 연방헌법재판소는 전자투표기기 사용이 헌법에 위반된다고 판시하였다. 유권자들의 표가 투명하고, 쉽게 검증이 되어야 하는데 전자투표기기의 사용과 투·개표에 이르는 전산처리 과정 등에 대해 신뢰성을 충분히 확인할 수 있어야 하기 때문이다.

따라서 아직은 선거 제도에 사전투표 제도나 전자투표기기의 사용은 필수적인 상황이 아니면 최소화해야 한다. 사전투표를 과거의 부재자 투표 형태로 최소화하고, 통합선거인 명부 등을 공개하는 등으로 사후에 투명한 검증 절차를 할 수 있도록 해야 한다.

더 나아가 선거 제도 자체도 불투명하거나 현대에 맞지 않는 것을 개혁할 필요가 있다. 문 정권이 2020년 4월 총선에 도입한 연동형 비례대표제 선거제도가 대표적이다. 연동형 비례대표제도는 정당득표율을 지역구 국회의원 당선자수에 연동시키는 방식으로 해서 군소정당과의 연정을 통해 장기집권을 유리하게 하기 위해 만든 것이다. 그러나 실제로는 각 정당이 '위성정당'을 급조하는 어처구니없는 결과로 이어졌다. 무엇보다도 이 제도는 투표한 유권자가 자기의 표가 어떻게 계산이 되어 어떤 정당이 유리하게 되는지조차 알 수 없게 만든 선거제도여서, 헌법상의 직접선거 원칙을 위반한 위헌 성격마저 있다는 비판을 받았다.

또한 지역구 선거 제도에 대해서도 과감한 혁신이 필요하다. 기존에 전국을 몇 개의 지역으로 나누고, 그 지역을 대표할 사람들을 뽑는 관행은 아날로그 시대, 근대의 시기에 채택한 방식이다. 지역

223

의 특성이 다르고 교통과 통신이 발달하지 못한 시절의 산물인 것이다. 그러므로 디지털 네트워크가 전국, 세계를 실시간으로 연결하는 지금의 상황에서도 타당한 것은 아니다. 지역구 국회의원의 일이 자기 지역의 이익을 챙기는데만 앞장서는 것은 구태의연한데도, 지역구를 둔 국회의원들이 예산 심의를 하면서 자기 지역구에 예산을 마구 늘리는 일이 비일비재하다. 2021년 예산이 국회를 통과하면서 예산 규모가 2조 2,000억 원 늘어나는 바람에 정부가 3조 원 이상의 국채를 추가로 발행해야 하는 일이 일어났다. 정부가 요청한 예산을 깎기는커녕 국회가 더 늘린 건 11년 만에 처음이었다. 이에 대해 나랏돈을 끌어다 지역구 예산 잔치를 벌이고 있으니 몰염치가 도를 넘었다는 비판이 제기됐다.[108]

세금을 낭비하는 지방 공항 건설이 반복되고 있는데에는 가장 큰 이유가 공항 건설부터 운영까지 모든 예산을 국가가 제공하기 때문이다. 지역은 공항 유치로 당장은 건설 경기가 좋아지는 등 이득을 보지만, 적자가 나도 정부 빚만 늘어날 뿐 지방정부는 아무런 책임을 지지 않는다. 그런 적자 공항이 지역마다 애물단지로 남아 있다. 지방정부는 경제적 자립도가 있어야 한다. 지방세 등의 수익으로 그 지역의 사업을 운영할 수 있어야 한다. 지방의 SOC사업에는 지방정부가 반드시 함께 건설 예산을 부담하고 운영을 맡도록 하는 책임성을 부여해야 한다.

2020년대에는 소셜 미디어 등을 통해 직접민주제의 특색이 강화되고 있다. 얼마든지 지역의 이슈도 전국적으로 다루어진다. 국회는 전국적인 사안을 중심으로 다루기 때문에 굳이 지역구에서 선거로 선출하지 않아도 된다. 지역의 문제로 제기되는 것도 전국적인 이슈가 된다. 예컨대 가덕도 신공항 문제는 부산, 경남 지역만의 지역 문제가 아니다. 전국의 교통, 공항 상황, 비행편 등을 고려해야 하는 국가 전체의 문제다. 이것을 지역에게만 맡겨놓을 수 없는 것이다. 지역의 이기주의와 도덕적 해이를 해소해야 할 때다.

지역구를 개편하는 것이 그 하나의 방안이다. 한국의 국회 의석 수는 300석이고, 이 중 지역구는 253석인데, 한 지역구당 유권자 수가 15만 명에서 25만 명으로 편차가 크다. 인구가 줄어드는 지역구도 상당하다. 그러므로 지역구를 광역화하면 지역구를 줄일 수 있다. 그러면서 정당 비례 대표권을 늘려서 유권자들이 정당의 정책을 놓고 선거하도록, 정당의 정책 능력을 평가하도록 해야 한다.

지방자치 의회도 개편할 필요가 있다. 지방자치의회 의원의 전문성 부족과 도덕적 해이, 예산 낭비는 어제 오늘의 문제가 아니다. 특히 기초 자치단체 의회는 기초 자치단체 지역의 이권과 결탁하여 지방자치 본래의 역할을 못한다는 비판이 이미 오래전부터 제기되어 왔다. 더욱이 기초 단자치체 의회는 유권자들이 후보자를 알지도 못한 채 투표한다는 비판을 받아 왔다. 1995년에 지방자치제도가 도입된 후 25년이 된만큼 개선이 필요할 때가 되었다. 도와 광역시 등 광역자치단체 지역에는 지방자치단체 의회를 두되, 그 이하의 지역 단위 의회는 개편하는 것이다.

인공지능 시대를 맞아 선거 제도의 개혁을 통해 과거의 관행으로부터 벗어나 새로운 정치 개혁을 모색할 때가 되었다.

09 공공 부문 혁신

　민간 부문과 시장을 통제해 온 한국 정부의 속성상 공공 부문은 계속 늘어왔다. 공공 부문은 스스로 확장하는 성향을 갖고 있다. 특히 행정부의 규모가 커져 왔다. 행정부의 확대는 한국만 그런 것이 아니라 거의 모든 민주주의 국가에서 볼 수 있다. 기존에는 외교와 국방과 같은 정부의 고유 영역 중심으로 정부의 기능이 한정되었지만, 산업이 발전하고 국민 생활이 복잡해지면서 정부의 기능과 역할이 크게 늘어난 탓이다. 부동산 문제, 복지 문제, 교통 문제, 위생 문제, 교육 문제 등 다양한 문제들이 계속 발생하고 있다. 게다가 코로나19 사태에서처럼 방역 문제까지 등장하면 정부의 역할을 늘려야 한다는 주장이 터져 나오고, 자연스럽게 받아들이게 된다. 관료들은 이 기회를 놓치지 않고 조직을 늘리고 인원을 늘린다. 그리고 한번 늘린 조직과 인원은 줄이기 어렵다.

　문제는 공공 부문의 역할을 늘리기만 하면 누구도 책임을 지지 않고 국민의 세금으로 운영되어 국가에 부담이 된다는 것이다. 구조조정을 하지 않으면 정부는 비효율적인 조직이 된다. 게다가 권력이 있는 곳에 부패가 싹트기 마련이다. 공공 부문이 커지면 부패가 늘어나고, 도덕 수준이 낮아진다. 우리는 베네수엘라 같은 국가에서 그 결과를 생생하게 보고 있다. 우리 역사에서도 조선 시대 후기에 양반 관료가 점점 비대해져서 부패가 만연하여 민생이 피폐해지고 민란이 끊이지 않고 결국 외세에 무너진 경험을 갖고 있다. 이런 길을 가지 않으려면 공공 부문의 몸집을 줄여야 한다. 세금과 규제를 줄여서 공공 부문의 몸집과 권한을 줄이고 부정의 소지가 없도록 해야 한다.

그런데 문 정권 들어서는 공공 부문이 더욱 커졌다. 사회주의 정권의 속성상 공공 부문을 우선하기 때문이다. 전에는 공공과 민간의 역할 설정에 대한 고민도 하고, 민간 영역에 가급적 공공 부문이 관여하지 않도록 하는 공감대가 있었으나, 문 정권은 아예 민간 부문을 제쳐두고 공공 부문을 확장했다. 문 대통령 자신이 "시장은 실패할 수밖에 없다"는 확신을 가지고 있으니 정부가 커진 것은 말할 나위 없다.

게다가 정부가 민간 부문과 시장에까지 적극적으로 뛰어들기까지 했다. 그 결과 행정조직은 비대해지고 공무원의 수도 크게 늘었다. 공무원 1명이 증가하면 민간 기업의 고용이 그 이상으로 줄어든다. 공무원에게 들어가는 비용, 즉 국민 세금을 민간에 투자하면 2~3배 이상의 고용을 창출할 수 있다. 민간 부문과 공공 부문의 현격한 생산성 차이 때문이다. 민간 부문보다 생산성이 낮은 공공 부문의 무분별한 확장은 국가에 커다란 부담이다. 국가의 생산 총량을 감소시키며 방만하게 운영되어 비효율적인 부문이 되고 만다.

더욱이 공공 부문이 커지고 관료의 권한이 느는 과정에서 국민 개인의 자유와 권리가 침해된다. 정부가 경제에 직접 관여하게 되면 개인의 자유를 제한하고 개인의 재산권에 피해를 준다. 권력을 실제로 행사하는 정부와 대등한 관계가 형성되기 어렵기 때문이다. 그 결과는 민간 부문의 약화, 경제의 후퇴로 이어진다. 공공 부문의 비대화를 막고, 효율화하기 위한 방안들이 실행되어야 하는 이유가 바로 이 점이다.

정부 정예화

한국은 식민통치와 분단 및 전쟁을 겪으면서 지속가능한 발전을 할 수 있는 준비가 되어 있지 않았다. 따라서 국가가 주도적으로 나서 발전을 주도한 것은 불가피한 면이 있었다. 민간 부문이 취약했고, 인력과 자원이 충분하지 않았기 때문에 관료 주도의 발전 방안을 추진했었다. 이승만, 박정희 대통령은 공무원 조직을 통해 국가를 재건하고 경제를 일으키면서 공무원 조직을 키우고 힘을 실어주었다. 공무원들을 국민의 세금으로 국가가 교육시키고 훈련시키면서 인재를 양성하여 국가 건설에 나서도록 했다. 국가의 엘리트들이 대거 공무원이 되어 국가를 발전시키겠다는 사명감으로 일한 시절이 있었다.

그러나 60여 년이 흐르면서 공무원 조직은 과도하게 비대해지고 이제는 더 이상 국가 발전의 주도세력의 동력을 잃었다. 오히려 국민 위에, 민간 부문 위에 '군림'하는 '특권집단'이 되었고, 국가 경영에 부담이 되는 집단으로 전락했다. 왜 그런가?

공무원 집단이 관료 이기주의에 매몰된 이익 집단으로 변한 것이다. 지금 공무원들은 국가를 위해서가 아니라 자신과 공무원 집단의 이익을 위해 일하는 경우가 대부분이다. 자신의 이익을 위해 각종 혜택을 늘린 것이 축적되어 어느새 세계에서 가장 강한 '철밥통'이라는 소리마저 듣게 되었다. 해고될 염려가 없고 정년이 보장되니 열심히 일하지 않아도 문제없다. 이것이 문제인 것은 책임감 있게 일을 하는 것이 아니라 책임을 회피하거나 실수하지 않으려고만 한다는 것이다. 공산권 사회주의 국가가 무너진 데에 이런 책임감이 결여된 관료주의가 일조를 했다는 것은 잘 알려져 있다. 그런데도 청년들이 너도나도 공무원이 되려고 하는 문화가 생겨났다. 9급 공무원 시험 경쟁률이 100대 1에 달하며 '공시족(공무원 시험을 준비하는 사람)'이라는 말이 생겨날 정도가 되었다. 한국의 대학생들의 꿈이 "9급 공무원 시험에 합격해 정년까지 편안하게 사는 것"이 되었다. 그 이유라는게 해고될 염려가 없고, 위아래 눈치 보지 않고 휴직 등을 쓸 수 있어서라고 한다.[109] '공시족'은 국가를 퇴락시키는 유령이 되었다.

게다가 공무원 조직은 정책이나 명분으로 자리를 늘려왔다. 특히 정부 부처가 국가적 재난 상황에 편승해 슬그머니 조직과 자리를 늘려온 행태는 어제 오늘의 일이 아니다. 비효율, 옥상옥, 자리 늘리기 등 평상시에는 당연히 나올 지적도 위기 상황에서는 쉽게 하기 어려운 점을 이용하는 것이다. 2020년 코로나19 사태가 나자 보건복지부는 2차관을 신설했다. 이것은 2015년 메르스 때도 추진했다가 메르스가 종식되자 수그러들었던 것이다. 그러다 코로나19 사태가 나자 정부조직법을 개정하면서 슬그머니 다시 들어갔다. 게다가 질병관리본부를 질병관리청으로 승격했다. 2014년 세월호 사건때에도 안전행정부의 안전, 재난 기능을 분리해 국가안전처를 신설했었다. 공무원 집단은 이렇게 부처를 만들거나 줄줄이 자리를 늘린다.

또한 공무원 집단은 조직 주변에 위성 생태계를 만든다. 정부 부처가 관장하는 산하기관이나 유관협회는 공무원들이 가는 자리를 위한 조직이다. 정부 부처는 이런 기관들을 만들어 퇴직하거나 자리에서 밀려나는 공무원들이 몇 년은 더 근무할 수 있게 한다. 이런 자리들이 중앙정부와 지방정부 주변에 널려 있다.

이제 공무원 조직을 줄여야 한다. 그리고 소수정예화해야 한다. 그래서 공무원들이 국민 위에 '군림'하지 않고 국가와 공익, 국민을 우선으로 진정한 '봉사'를 하는 중심이 되어야 한다. 또한 지금과 같은 공무원 임용제는 개선되어야 한다. 이미 2016년 4월 인사혁신처가 「인사비전 2045 보고서」에서 궁극적으로 고시제를 폐지하고 정규직과 임기직·시간제로 공무원의 신분을 자유롭게 유지할 수 있는 자유공무원제를 도입해야 한다고 주장했었다. 그러나 이 제안은 유야무야되었다.

이렇게 된 데에는 공무원의 뿌리 깊은 조직 이기주의가 자리하고 있다. 부처의 권한과 조직을 늘리거나 공무원과 주변 기관과의 관계가 공고히 되는 것은 공무원이 한 부처에 소속되면 평생 그 부처에서 벗어나지 않는 부처 이기주의의 벽 때문이다. 부처 이기주의에 매몰되어 있는 공무원 인사 제도도 개혁해야 한다.

공무원을 줄이는 진정한 목표는 단순히 그 숫자를 줄이는데만 있지 않다. 정부 부처 조직을 줄여야 규제가 줄고 민간에 활력을 불어넣을 수 있기 때문이다. 공무원이 하는 일은 규제를 만드는 일이 대부분이다. 혹은 진흥이라는 명목으로 세금을 쓰는 일이다. 생산하고 창조하는 일과는 거리가 멀다. 공무원이 있고 예산이 있는 한 규제가 없어지지 않는다.

더욱이 공직사회는 점점 비효율적이 되어 간다. "밤이 되면 PC 전원이 자동으로 꺼져 야근을 하려면 담당 국장에게 야근 허락을 구하는 공문을 따로 만들어 결재를 받아야 한다"는 정도다.[110) 공직사회의 비효율은 민원 처리나 규제 해결이 지연되는 형태로 그대로 국민에게 돌아간다. 공무원의 비효율성이 사회 전체로 확산되는 것이 더 큰 문제다.

정부 조직 축소, 지방자치단체 조직 축소, 공무원 개혁이야말로 시급한 일이다. 영국의 대처 총리는 정부 간섭이 적을수록 좋다는 비전을 실행에 옮겨서 성공했다. 집권한 1979년에 73만 5천 명이던 공무원 수는 1990년 물러날 때 56만 7천 명으로 줄였다. 10년 사이에 17만 명을 줄인 것이다. 데이빗 캐머런 총리도 19만 명을 줄였다. 그렇다고 국가가 멈추지 않았다. 오히려 정부 조직을 정예화하고 유연하게 운영할 수 있게 되었다. 국가를 위해 반드시 거쳐야 할 관문이다.

준정부기관 개혁

한국에는 공식적인 정부 기구가 아니면서 정부의 산하 기관이나 관련 기관으로 공공 정책을 집행하는 준정부기관이 아주 많다. 정부 이외에도 공기업, 연맹, 위원회, 연구소 등의 공공 조직들이 정부의 하청을 받아 정책을 집행한다. 이런 조직들은 책임지지 않고, 조직과 업무에서 외부의 감시도 느슨하다. 국가의 모든 영역이 가히 정부 부처를 정점으로 준정부기관에 포획되어 있다. 한국의 공무원 수는 100만 명이 넘는다. 그러나 공무원 신분이 아니면서도 예산이나 인건비를 세금으로 부담하는 인력은 두 배 수준으로 많다. 뿐만 아니라 산업별 협회와 이익단체는 겉으로는 민간 부문이지만 중심인력은 공무원이나 그에 준하는 인력 출신들이 자리하고 있다.

2020년 중앙정부가 관리하는 공공기관은 340개, 지방정부가 관리하는 지방공기업은 405개, 지방정부의 출자출연기관은 742개이다. 이것만 해도 1,500개에 달한다. 중앙정부가 관리하는 공공기관은 법적으로 '공공기관운영에관한 법률'에 따라 운영되며, 공기업 36개, 준정부기관 95개, 기타공공기관 209개가 해당된다. 이 중 총 수입액이 1조 원 이상, 직원 정원이 500명 이상인 대규모 기관은 74개나 된다. 정부가 출연한 국책연구기관은 23개가 있다.

문제는 이런 큰 규모의 공공기관 경영이 방만하기 이를데 없다는 데 있다. 정치에 종속되고 휘둘려 항상 불안정하다. 특히 문 정권이 원전 비율을 줄이고 재생에너지 비중을 늘리는 '탈원전'과 공공 일자리 확충 등 반시장적이고 포퓰리즘이 강한 정책들을 밀어붙이다 보니 공공기관들의 적자가 크게 늘었다.

2020년에 발표된 '2019년 공공기관 경영정보 공시'에 따르면 340개 공공기관 당기순이익은 6,000억 원으로 2016년(15조 4,000억 원)에 비해 무려 25배나 감소했다. 해마다 수조 원 흑자를 낸 한국전력은 탈원전 정책으로 수익성이 크게 악화됐다. 2015년에 13조 4,164억 원의 순이익을 기록했던 기업이 불과 4년만인 2019년에 2조 2,636억 원의 순손실을 보는 일이 벌어졌다. 2018년에도 1조 1,745억 원 순손실을 기록해서 점점 수익성이 떨어지고 있다.[111]

민간 기업이라면 경영 악화 때 인력 감축 등 구조조정에 나서 비용을 줄이기 마련이다. 그러나 정부는 공공기관에 신입 직원 채용과 비정규직의 정규직화 등을 압박해 오히려 인원이 크게 늘었다. 공공기관 직원 수는 2019년 41만 1,000명으로, 2013년의 27만 2,000명에 비해 6년 사이에 14만 명이나 늘었다. 수익과 효율은 뒷전이고 몸집만 늘리며 무분별하게 채용을 늘린 탓이다.

전 정부에서 추진했던 성과연봉제와 임금피크제와 같은 구조 개혁도 모두 폐기됐다. 특히 임금피크제는 기성세대의 양보를 통한 신규 일자리 확보가 가능하다는 점에서 청년층의 지지를 받았던 조치였었다. 코레일 노조가 성과연봉제 도입에 반대하며 최장기 파업(74일)을 벌이는 등 공공기관 노조의 거센 저항에 부딪혔지만 추진됐었다. 그러나 문 정권은 출범하자마자 성과연봉제를 폐기하고 모든 공공기관이 호봉제로 회귀했다. 2019년 공공기관 정규직 평균 연봉은 6,779만 원으로 직장인 평균의 2배에 육박한다. 실직 걱정도 없는 '철밥통'이다. 공공기관의 부실화는 공공요금 인상, 세금 보전 등으로 국민이 부담하는 것이다.

더욱이 2020년 11월, 대통령 직속 사회적 대화 기구인 경제사회노동위원회는 노동이사제 도입을 공식화했다. 대부분의 공공기관은 강성 노조가 장악하고 있다. 이런 현실에서 노동이사는 공공의 이익보다 노조의 이익을 대변할 수밖에 없다. 노조의 이익이 공공의 이익과 같을 수는 없다. 기존 노조에 노동이사제가 도입되면 비효율과 방만한 경영은 더욱 심화될 것이다.

이런 준정부기관은 방만한 조직 생태계를 구성할 뿐만 아니라 정권의 '낙하산' 인사의 대상이 된다. 주요 공직과 공공기관은 물론이고 손해보험협회, 은행연합회, 통신협회, 건설협회 등 각종 산업별 협회가 그렇다. 산업별 협회는 엄밀히 말하면 민간 조직이어야 한다. 그런데 이들 협회의 경우도 회장은 민간 인사가 맡지만, 상근부

회장, 이사 등 실질적으로 운영을 책임지는 직책은 공무원 출신들이 차지하고 있다. 정부 부처와의 원활한 소통이라는 명목 하에 정부 부처의 공무원들의 2차, 3차 직장으로 만드는 것이다. 민간의 이익을 대변해야 할 자리까지로 '관피아(관료+마피아)'와 '정피아(정치인+마피아)'의 자리와 나눠먹기가 되어 이들의 노후 보장의 역할 노릇을 한다.

　공기업의 재조정도 시급한 과제다. 민간 기업이 할 수 있는 일을 국가가 세금으로 하는 것은 장점이 하나도 없다. 세금으로 하는 사업은 창의와 도전이라는 기업가 정신을 저해한다. 당연히 공기업은 효율적이지 못하다. 이제는 이런 기업들을 민간 부문에게 돌려주는 것이 시대적 요청이다. 물론 이 일은 쉽지 않다. 공기업을 만들었던 처음의 요인들이 남아서 변화를 거부하기 때문이다. 종사자들도 변화를 두려워한다. 더욱이 한국에서는 공기업이 종사자를 해고하지 못하는 철밥통이 되어 문제를 더욱 어렵게 만든다.

　공기업 개혁에 반대하는 쪽에서는 민영화를 하면 요금이 올라가는 등 국민 부담이 늘어난다고 겁을 주곤 한다. 그러나 이것은 사실이 아니다. 공기업이 특정 분야를 독점하고 있을 경우 그 독점 상태를 놔두고 민영화만 하면 가격이 오르고 품질은 낮아지는 등 독점의 폐해가 나타날 수 있다. 민영화를 하려면 진입도 자유화해서 자유경쟁 체제가 되어야 한다. 자유경쟁이 되어야 가격이 낮아지고 품질이 좋아질 수 있다. 모양만 민영화하여 독점을 유지하면 공기업과 다를 바 없다. 민영화는 경쟁을 활성화하기 위한 것이므로 자유경쟁 체제와 함께 운영해야 산업 활성화가 이루어지고 그 편익이 국민에게 돌아간다.

한국은 이미 몇 차례 민영화를 잘 해 온 경험을 갖고 있다. 1960년대 대한항공, 대한통운, 인천제철 등을 매각하여 민영화 이전에는 적자였지만 민영화 이후 흑자로 전환해 성공한 민영화로 평가받는 사례들이 다수 있다. 그래서 이후에도 포스코, 한국전력, KT, KT&G 등을 민영화하였고, 그 평가는 긍정적이다. 담배인삼공사는 민영화 이후 KT&G로 바꾸고 적극적인 수출 전략을 펼쳐 수출 기업으로 성공적으로 바뀌었다.

그러나 아직도 민간에게 넘길 수 있는 분야가 많이 있다. 또한 이미 민간에게 이전하였지만 실질적으로는 정부가 통제하는 '무늬만 민간' 분야도 적지 않다. 한국항공우주산업(KAI)은 외환위기 직후인 1999년에 정부가 주도하여 삼성항공과 대우중공업, 현대우주항공을 통합해 만든 민간 회사다. 문제는 KAI가 공기업이 아니지만, 한국수출입은행, 국민연금이 최대 주주로서 실질적으로 정부가 좌우하는 유사 공기업이 되면서 정치 기업화했다는 점이다. 정부가 사장을 임명하는데 대통령 선거 캠프에서 활약한 인사가 사장으로 발탁된다.

문 정권의 첫 KAI 사장은 청와대 민정수석을 지낸 인사였고, 다음 사장은 문 정부 초대 일자리수석에 내정됐다가 검증 문제로 낙

마했던 전력이 있는 인사였다. 이런 구조로 인한 폐해는 너무 크다. 항공과 전혀 무관하거나 전문 경영인이 아닌 정치적인 인사가 와서 이 중요한 분야의 기업의 경쟁력을 높이지 못하고, 정부와 국민의 세금에 의존하여 연명하는 것이다.

이밖에 철도, 가스, 전기, 광물 등의 산업 발전을 위해 민간 부문이 담당해야 할 분야가 많이 있다. 이미 철도는 해외에서도 민영화의 성공 사례들이 많다. 일본과 독일, 영국 등에서 진행한 철도 민영화는 효율성을 개선해 경영 흑자와 운행사고 감소라는 목표를 동시에 성공시켰고 다른 국가들로 확산되었다. 요즘 유럽의 많은 나라에는 기존의 독점 철도 회사 대신 새로운 이름의 철도 회사들을 많이 볼 수 있다. 영국은 1994년까지 독점 회사였던 영국 철도(British Rail)가 사라지고, 대신 28개의 민간 철도 회사들이 전국을 커버하고 있다. 그 결과 요금과 서비스 경쟁으로 소비자들은 전에 볼 수 없는 혜택을 보고 있다. 자유시장 경제의 장점을 살릴 수 있는 것이다.

정부와 준정부기관을 중심으로 이루어진 거대한 한국의 공공 부문 생태계는 날로 커져서 이제는 거대한 '그들만의 리그'가 되었고, 민간 부문 위에서 한국 사회를 지배하고 있다. 거의 사회주의 국가의 구조나 다름없다. 이런 시스템을 방치하면 사회의 활력이 떨어지고 4차 산업혁명 시대에 대처하기 어렵다. 비대한 정부 조직을 구조조정하고 정예화시켜 유연하고 가벼운 조직으로 바꾸어야 한다. 또한 준정부기관의 직무 중 대부분은 민간 부문이 해야 할 직무들이다. 이런 직무들을 민간 조직으로 이양하여 준정부기관을 줄이면서 자유화하는 개혁이 시급히 필요하다.

AI 기반 국방

한국에서 군대는 모든 남성들에게 국방의 의무를 지우는 징병제로 운영되고 있다. 징병제도는 국가가 보통 전쟁 중에 병사들을 모집하기 위해 일시적으로 택하는 제도다. 제1차 세계대전과 제2차 세계대전의 커다란 전쟁을 겪은 유럽, 미국 등의 국가에서는 전쟁 기간 중에 징병제를 유지했고, 전쟁이 끝나자 폐지하였다.

한국은 6·25전쟁이 끝난지 70여 년이 지났지만, 전쟁이 완전히 끝나지 않고 휴전 상태라는 이유로 징병제를 유지하고 있다. 그런데 사실상 전쟁 중이 아닌 평시에도 무조건 징병제를 고수하는 것은 자유로운 사회 운영 원리에 맞지 않는다. 직업 선택의 자유를 빼앗고, 자신의 자유 의지에 관계없이 군역에 종사하도록 하기 때문이다. 일부 청년들은 자신들의 의지와는 관계없이 군역에 종사해야 하니 가능한 수단 방법을 써서 빠지려고 하거나, 입대하더라도 편한 자리를 받으려는 유혹에 넘어간다. 그러니 정부 고위공직자들이 입대한 자신의 자녀를 편한 자리로 옮겨달라는 청탁을 한 사례들이 끊이질 않는다.

게다가 징병제는 병사들에게 제대로 보상해 주지 않고 국가의 소모품처럼 쓰는 병폐를 낳았다. 또한 병사 개개인에 대한 기회비용이 증가하여 사회 전체적으로 비용이 크게 늘게 된다.

　현대의 전쟁은 디지털 기술과 기계로 움직인다. 1차 세계대전부터 6·25전쟁까지는 참호전에서 수많은 병력이 돌격하고 고지를 뺏고 빼앗는 전쟁이었다. 그러한 육탄 작전의 전쟁은 이제 끝났다. 현대의 전쟁은 첨단 무기를 사용하여 정밀 타격하고 사이버 세계에서 벌어진다. 현대전은 우주와 사이버 전쟁으로 이루어지며, 전투 수단과 무기 체계는 무인 자율화된다. 지휘 통제 체계는 지능형 실시간 체계로 바뀐다. 특히 사이버전은 필수다. 영국은 2020년 12월 국립사이버부대(National Cyber Force)를 공개했는데 마치 미국의 애플 본사와 비슷한 건물에서 최첨단 ICT 기기를 다루고 있다. 이런 사이버 부대의 운영은 고도의 전문성이 요구된다. 뿐만 아니라 이제는 드론(drone)이 전투에서 결정적인 역할을 한다. 2020년 10월 아제르바이잔 아르메니아 전쟁은 드론 전쟁으로 불릴 만큼 드론이 결정적인 역할을 하고 있음을 세계에 알렸다.

　군대는 이제 이런 첨단 기술로 무장하는 전문 조직이다. 따라서 군대를 병력 중심 체계에서 인공지능 기반 로봇, 드론 체계로 전환해야 한다. 이제는 항공기 분야에도 인간이 조종하는 전투기보다 무인 드론이 훨씬 효율적이다. 인명 피해도 적다. 자연히 무인 무기는 전투기에서 전차, 함정 등으로 확대된다. 폭발물 탐지, 지뢰 제거, 심해 수중 탐지 등 수많은 분야에도 로봇이 대신 투입되고 있다. 2021년 4월 인도네시아에서 발생한 잠수함 사고를 수색한 것도 무인 로봇이었다. 더욱이 한국은 인구 감소로 병력 자원이 줄고 있다. 그래서 여성 징병제 이야기까지 나오지만 이런 논의는 아날로그 시대의 사고 방식이다. 병력 수를 늘리는데 급급할 것이 아니라 군대를 인공지능 시대에 맞게 로봇, 드론 중심으로 바꾸고 정예화, 전문직업화해야 한다.

징병제를 포기하고 지원병제로 바꾸면 군 지원 인력이 줄어들 것이라고 우려하는데 이것은 사실이 아니다. 경찰을 생각해보자. 경찰은 순경부터 전문직업인으로 모집하여 운영하고 있다. 마찬가지로 군도 병사부터 전문직업인으로 하여 모집하고, 경찰과 같거나 높은 봉급만 주어도 군을 지원하는 사람이 많아질 것이다. 해외에서는 군대를 전문 직업군으로 운영하면서 군인에 대한 대우를 좋게 하여 많은 지원자가 몰린다. 미국에서는 군 지원자에게 높은 봉급은 물론, 대학이나 대학원 진학을 지원하기도 하면서 군대가 가고 싶은 직업군으로 자리 잡았다. 그리고 군인은 전체 사회의 존경을 받는 직업이다.

이것이 군대를 자유주의의 원리에 의해 운영하는 것이다. 개인의 자유 선택으로 구성된 군대와 강제로 구성된 군대의 전력의 차이, 효율성, 비용은 비교할 수 없을 정도로 분명하다. 또한 인공지능 시대에 전쟁의 양상이 바뀌는 환경에서 군의 전문성을 높이기 위해서 더욱 필요한 일이기도 하다.

군대의 핵심적인 업무는 국가의 안보를 지키는 매우 중요한 것이므로 안보와 전투에 전념하도록 재조직해야 한다. 그리고 충분히 보상하는 전문직으로 향상시켜야 한다. 더 나아가 군대 조직을 전투부대의 유지와 그 부대를 직접 지원하는 기능에 한정하고, 비핵심적인 분야인 군수, 의료, 회계, 수송, 정비 등은 민간에게 넘기는 등의 재조직을 추진할 필요가 있다. 미국과 영국 등의 국가에서는 아예 민간 군사 기업(PMC, Private Military Company)을 이용해서 군의 작전 일부를 민간 부문에 넘기고 있다. 예를 들어서 이라크와 같은 분쟁지역에서 경호라든가, 시설 경비 같은 부문을 군이 맡기보다 외부 민간 전문가에게 위탁하여 훨씬 효율적으로 운영하고 좋은 성과를 보여준다.

마침 안보를 더욱 튼튼히 하면서도 국방을 현대화시킬 절호의 기회를 맞았다. 공공부문의 대표라고 일컫는 군대조차 자유주의 원리에 입각해서 디지털 전환으로 운영하는 것이 훨씬 고도화할 수 있음을 증명할 것이다. 이 기회를 놓쳐서는 안된다.

10 교육의 자유와 선택의 확대

　교육은 한 국가의 인재를 키우는 일로 너무나 중요하다. 특히 한국과 같이 자원이 부족한 국가가 성장하는데 있어서 인적 자원이 가장 중요한 역할을 해왔다는 것을 부인할 사람은 없을 것이다. 세계의 주요 국가 지도자들이 한국의 발전과 성장의 주요 요인으로 교육을 높이 평가해 온 것은 널리 알려져 있다.

　그러나 사실 그때마다 우리는 오히려 수많은 교육의 문제점들을 떠올리며 고개를 갸우뚱하게 된다. 공교육의 붕괴, 그에 따른 사교육의 비대화, 자율적이지 못한 교육기관, 대학입시 중심의 교육 과정, 초등학교부터 대학교까지 일일이 국가의 통제를 받는 현실은 모두를 답답하게 한다. 여기에 전교조 중심의 이념교육, 왜곡된 역사 교육까지 중첩되어 한국의 교육은 휘청거리고 있다. 특히 대학입시 문제는 온 국민의 관심사가 되었는데, 1945년 해방 이후 지난 70년 동안 모두 16차례 변화를 겪었음에도 불구하고 입시정책에 대한 불신은 말도 못할 지경에 이르고 있다. 교육은 국가의 백년대계의 하나로 정권이 어떤가에 관계없이 장기적이고 일관되며 예측 가능한 분야여야 하는데, 정권과 이념에 휘둘려 변화하다보니 불행하게도 누더기 같은 교육이 되어 버렸다.

교육을 보는 가장 기본적인 관점은 교육의 자율성을 어떻게 잘 구현하여 창의력 있는 인재를 양성하는가에 달려 있다. 그런데 한국의 교육은 전체 과정을 국가가 통제하여 자율성이 극히 제한된 제도로 굳어져 왔다. 교육기관은 평준화의 명분에 매몰되었고, 일률적인 교과과정으로 획일화되었다. 학교 모델도 다양하지 않고 일률적이다. 더욱이 문 정권 들어서 한국의 교육은 자유가 더욱 축소되었다. 평준화 제도를 더욱 강제함으로써 학생들의 학교, 교육 프로그램 자유선택권이 크게 축소되었다. 자율형사립고 등을 폐지함으로써 학생의 다양한 학교 선택의 자유를 빼앗았다.

게다가 대학 교육 분야는 저출산의 결과로 위기가 가시화하고 있다. 2000년까지도 75만 명이었던 한 해 고교 졸업생이 2023년에는 40만 명으로 감소한다. 교육부가 고교 졸업생, 재수생, 진학률 등으로 추산하는 입학 가능 자원도 2020년의 49만 7000명에서 2021년에는 42만 9000명, 2024년에는 37만 3000명으로 계속 줄어든다. 2000년 이후 불과 25년 만에 입학 자원이 절반으로 떨어지면서 문 닫는 대학이 속출할 것이라는 전망이 나온다.[112]

뿐만 아니라 제4차 산업혁명의 인공지능 시대를 맞고 있는데도 한국의 교육은 혁신의 발걸음을 떼지 못하고 있다. 여전히 암기식, 수능 시험 대비 교육이 주류가 되어 있고, 다양한 창의성 있는 교육을 추진하지 못하고 있다.

이런 교육의 상황은 추격형 성장의 한계에 부딪힌 한국 경제가 혁신주도형 성장모델로 전환하지 못하는 상황과 밀접히 연결돼 있다. 혁신주도형 성장모델에서는 교육시스템도 창의적 인재 양성에 맞게 변해야 한다. 사실 이러한 지적도 이미 오래전에 제시되어 온 것이다. 박세일 교수는 교육 문제를 비교육 분야, 특히 노동, 산업, 과학기술, 문화 등 국민경제 사회 전체의 발전과의 관계 속에서 보고, '민주사회와 경제성장을 위한 인적자원개발'의 관점에서 교육 문제를 종합적, 체계적으로 이해해야 한다고 주장했었다.[113]

교육에 대한 세부적인 문제들은 복잡하게 얽혀있지만, 그럴수록 문제의 핵심 중심으로 볼 필요가 있다. 그것은 교육의 기본으로 돌아가서 자유와 선택권을 확대하는 것이다. 한국의 교육에 대한 관점을 '통제'에서 '자유'로 바꾸는 것, 산업화 시대의 교육 모델을 '인공지능' 시대의 교육 모델로 바꾸는 것이 핵심이 되어야 한다.

교육의 자유 확대

교육철학자 존 듀이(John Dewey)는 교육이야말로 자유주의를 지키는 수호신이라고 강조했다. 시민적 자질과 대의민주주의 교육을 통해서만 진정한 자유주의를 실현할 수 있다고 보았다. "교육은 자유와 평화 등 자유주의적 질서를 유지하기 위한 시민적 자질 향상에 주력해야 한다. 진정한 자유주의자의 임무는 전통적 자유주의가 강조하는 인간의 개성과 자유로운 지력(知力)을 옹호하고, 그 가치

247

들이 변화하는 사회 상황에서 새롭게 발현되도록 돕는 것이다. 기존의 관습 제도 신념을 현실적 조건에 맞게 보완하는 일이다. 사회 모순에 적극적으로 대응하고 선제적으로 해결책을 찾아내는 게 자유주의를 지키는 지름길이다" 라고 말했다.[114]

인공지능 시대의 교육은 창의적이어야 하고, 기존 교육과 달라야 한다는 문제 제기는 오래전부터 있었다. 이것은 단지 인류가 인공지능 기술을 알아야 한다는 당위성 때문에 그런 것은 아니다. 인간의 인지와 사고방식이 바뀌고 있기 때문이다. 어린이들이 일찍부터 스마트폰에 능숙한 것은 누구에게 배워서가 아니다. 이들은 디지털 기기와 모바일, 인공지능 등의 디지털 문화를 그저 자연스럽게 받아들인다. 따라서 인공지능을 긍정적으로 활용할 수 있으려면 그것을 일찍부터 교육시켜야 한다. 인공지능을 교육에 접목하는 것은 바로 인공지능 자체에 대한 교육뿐 아니라 교육 방식을 완전히 다르게 혁신하는 것이 되어야 한다.

그런데 한국의 교육은 4차 산업혁명 시대에 적합하지 않다. 국가 교육의 기본인 공교육의 틀은 창의적 인재를 길러내기에 맞지 않다. 공교육의 빈자리에는 기형적으로 성장한 사교육이 자리 잡았다. 이 시스템은 워낙 공고히 자리 잡아서 아무도 바꾸지 못하고 있다. 새로운 정부가 들어설 때마다 말로만 교육 혁신을 외칠 뿐 손도 대지 못하는 상황이 수십 년 동안 반복되어 왔다. 오히려 사회의 자원 낭비와 양극화만 더욱 심화시키는 형국이다. 암기식 교육의 틀에서 벗어나지 못하고 있다는 반성에는 다들 공감해도, 정작 창의력을 키우는 교육과 거리가 먼 조치들만 양산되어 왔다. 교육 시스템 전반의 혁신이 필요한 것이다.

그런데 코로나19 사태로 비대면 온라인 교육이 갑자기 찾아왔다. 교수와 교사들이 거부감을 갖던 온라인 교육을 순식간에 받아들이게 했다. 마치 그동안 미루던 일을 단숨에 해결하는 것처럼 다가온 것이다. 온라인 교육은 소재지와 무관하다. 수도권 교육기관과 지방 교육기관의 구별을 무의미하게 만들 수 있다. 국경조차 넘어선다. 온라인 교육 시스템을 어떻게 정착시키느냐에 따라 교육의 판을 완전히 새롭게 바꿀 수 있다.

기존의 지식 축적과 암기형 교육은 온라인 이용을 통해 해소할 수 있다. 이제는 모든 인류의 지식이 인터넷에 저장되어 언제든지 필요할 때에 이용할 수 있다. 따라서 기존의 지식 암기 교육이 아니라 자유로운 환경에서 창의성을 기르는 교육, 감성 교육, 맞춤 교육과 같은 교육을 개혁하는데 이 기회를 활용해야 한다. 이를 위해서는 교육의 자율성이 기본이 되어야 하고 선택의 폭을 크게 확대해야 한다.

또한 세계는 평생교육 시대로 접어들고 있다. 대학 교육에 이어, 평생교육에서 인공지능을 활용한 모델을 만들어야 한다. 평생교육과 직무교육 등은 인공지능을 활용하기 좋은 분야다. 초등교육부터 중등, 대학 교육을 거쳐 평생교육에 이르는 교육 과정 전반에 걸쳐 인공지능을 활용해 교육 시스템 전반을 혁신하는 모델이 필요하다.

우리는 교육에서 모두 동등한 기회를 갖기 바란다. 그래서 헌법에서는 교육의 기회 균등을 보장하고 있다. 그러나 이것을 능력의 평등으로 오도해서는 안 된다. 능력은 개인마다 다르기 때문에 그것을 억지로 평등하게 하려는 것은 하향평준화를 낳는다. 어떤 학생은 어학보다는 스포츠에 능력이 더 있고, 또 다른 어떤 학생은 수학을 잘해서 그러한 능력을 발휘할 수 있는 학교를 선택할 수 있어야 한다. 그런데 이를 무시하고 평등 이념을 앞세워 학교를 똑같이 만드는 것처럼 어리석은 교육 정책은 없다.

그런데 문 정권은 이같이 선택의 다양성을 제공하는 자율형사립고, 외국어고, 국제고 등을 폐지하는 방침을 추진했다. 좌파 교육감을 중심으로 자율형사립고가 교육의 평준화 정책을 흔들고, 고교 서열화와 입학 경쟁을 부추겨 공교육에 걸림돌이 된다는 이유를 들어 폐지를 추진했다.

이 역시 교육의 자유를 빼앗는 것이다. 초등학교부터 중학교, 고등학교에 이르기까지 한국에서는 대부분 학생들의 선택권이 없다. 공교육이라는 이름으로 마치 쌀 나누어주듯이 똑같이 배급받아 교육하는 제도에 몰아놓고 마는 것이다. 다양한 취향과 적성, 능력을 가진 학생들을 그저 한 우리 속에 던져놓고 교육의 평등을 다했다고 손을 터는 것이다. 이것이 진정 교육의 평등인가. 이런 교육에서 자유롭고 창의적인 교육이 나올 수 있겠는가.

진정한 교육의 평등이란 교육의 기회를 평등하게 하여 각자의 적성과 역량에 따라 선택할 수 있는 기회를 열어주는 것이다. 골프를 더 훈련하고 싶은 학생에게는 골프 학교를, 과학을 더 파고들고 싶은 학생에게는 과학고를, 언어를 더 잘 하고 싶은 학생에게는 외고를, 홈스쿨링 같은 적은 규모의 교육을 받고 싶은 학생에게는 자율형 학교를 갈 수 있게 해주어야 하는 것이다. 자사고나 특목고는 학생들의 학교선택권을 높이고 교육의 경쟁력을 높이는 방안의 하나다. 이런 학교들을 폐지할 것이 아니라 오히려 늘려서 교육의 다양성을 제공해야 하는 것이다.

4차 산업혁명 시대에는 특히나 자율과 창의성이 교육의 핵심 가치가 된다. 창의적인 교육은 구호나 말로만 이루어지는 것이 아니다. 사회의 다양화에 부응한 능력과 적성에 맞는 맞춤형 교육을 제도화하는 방향에서 가능한 것이다. 교육의 자유와 책무성을 높이는 방향으로 바꾸어야 한다. 학생은 학교를 자유롭게 선택할 수 있는 권리를, 학교는 학생을 자유롭게 선택할 수 있는 권리를 갖도록 해야 하는 것이다.

그러기 위해서는 공교육을 자유화하여 정상화할 필요가 있다. 공교육을 정상화해야 한다는 주장은 이미 오래전부터 제기된 문제다. 그런데도 현실은 공교육 정상화의 길에서 점점 멀어지고 있다. 물론 가장 커다란 원인은 정부가 교육을 평등의 관점으로만 보는데 있다. 여기에 대입제도가 가로막고 있다. 급기야 정부는 2014년 8월에는 '공교육 정상화 촉진 및 선행교육 규제에 관한 특별법(공교육정상화법)'을 제정하기도 했다. 이 법은 선행교육을 규제하여 사교육비를 줄이고 공교육을 정상화하기 위한 목적으로 제정되고 시행되었다. 그러나 이러한 법도 공교육을 정상화하는데 역부족이었다. 그것은 공교육의 철학인 '평등'적 관점을 그대로 놔두고 이런 저런 방법만 찾으려했기 때문이다.

더욱이 문 정권은 좌파 교육감들과 손잡고 "경쟁을 줄이고 서열화를 없앤다"며 '덜 가르치는' 교육정책을 펼침으로써 공교육을 더욱 약화시켰다. '혁신교육'이라는 이름으로 시험, 숙제, 훈육이 없는 3무 학교로 만들었다. 2009년 전국 13곳이던 혁신학교는 10년 만인 2019년에는 1,714개로 크게 늘었다. 그런데 이러한 결과는 진정한 교육의 혁신이 아니었다. 자녀의 학력 수준이 궁금한 부모들이 사설 학력고사를 통해 자녀의 실력을 측정하고, 사교육으로 학력을 보충시켜야 하는 또 다른 문제만 만들었다. 공교육이 '교육'의 핵심을 포기하는 상황 때문에 사교육 시장이 더 커지는 아이러니가 되풀이된 것이다.

2020년 코로나19 사태는 공교육이 얼마나 부실한지를 만천하에 알리는 계기가 되었다. 온라인 수업 시간에 EBS 교육방송을 틀어주는 교사들의 실력이 드러나고 만 것이다. 공교육을 담당하고 있는 교사들 자신이 스스로 교육을 방기하고 있는 것이 알려졌다. 그러면서 "공부는 학교가 아니라 학원에서"가 상식으로 굳어졌다.

공교육 정상화의 본질은 교육을 평등의 문제로 접근하는데서 탈피하는데 있다. 공교육을 살린다고 평등만 강조해서는 안 된다. 정작 공교육은 황폐해지고 사교육을 성장시키는 이 역설에 눈을 감아서는 안 된다. 학생들이 공교육으로 충분히 실력을 갖출 수 있도록 방향 전환이 시급하다.

그것은 교육의 자유 원칙을 되살리는 것이다. 자유의 원칙을 통해 우리 교육의 획일성, 경직성을 탈피하는 접근 방식을 추진하는 것이다. 각 학교가 다양한 과목을 제공하고, 같은 과목에서도 수준이 다른 코스까지 제공하는 자유를 확대하는 것이다. 인공지능 시대에는 문과·이과 구별도 필요 없는데, 우리는 여전히 이 둘을 구별하고 교육 과정을 하향 평준화하는 이런 방향을 완전히 바꾸어야 한다.

또한 실력 있는 교사들을 육성하고 교육의 질을 높이도록 해야 한다. 이를 위해서는 공교육 시스템에 교사들 간에 경쟁을 도입해야 한다. 학교가 '잘 가르치는 경쟁'을 하게하고, 학부모와 학생의 선택을 받도록 하는 아주 기본적인 원칙을 다시 세워야 한다. 그래서 학교의 가장 기본적인 기능인 '학습하고 사람 만드는 역할'을 되찾아 주어야 한다.

이념교육 탈피와 역사교육 바로잡기

전국교직원노동조합(전교조)은 1988년 전국 교사 협의회로 출발하여 1989년에 교원 단체가 아닌 노동조합으로 변경했다. 전교조는 6만여 명의 회원을 거느린 가장 큰 교원 노조다. 초기에 전교조는 '참교육'의 기치를 내걸며 권위주의적 학교문화를 개선하는 역할을 했다. 촌지 받지 말기와 체벌하지 말기와 같은 주장은 널리 호응을 받았다. 그런데 출범 당시 전교조가 주장했던 이슈들이 교육 현장에서 어느 정도 해소되면서 점차 정치투쟁에 앞장선 강경 노조로 변질되었다. 이런 전교조가 문 정권 들어 17개 시·도 교육감 중 10명을 배출할 만큼 영향력이 커져 문 정부의 '실세 교육단체'가 되었다.

그런데 전교조는 정치 중립성을 지키지 않고 교육을 이념 갈등의 장으로 끌어들였다. '학교를 정치화'시키면서 한미 자유무역협정 (FTA), 광우병, 국가보안법 폐지, 세월호 사고 등 사회 이슈가 등장할 때마다 편향적인 교육을 해왔다. 한미 FTA는 잘못된 것이며, 미국산 소고기를 먹으면 광우병에 걸릴 것이라며 소고기 수입을 금지해야 한다는 등의 왜곡된 교육을 주도해왔다. 전교조 교사들이 미성숙한 학생들에게 반 대한민국 정서와 이념을 교육함으로써 학생들이 한국을 부정하고, '헬조선'을 받아들이게 되는 결과를 초래했다. '혁신학교'나 '계기수업'같은 장치가 이런 교육에 이용되었다. 본래 혁신학교란 교사에게 교육 과정의 자율권을 주고, 학생들에게 다양한 활동, 토론 중심 수업을 제공한다는 취지로 만들었는데, 이것이 전교조 교사의 정치 교육의 장으로 변질된 것이다. 그 정도가 심하자 학생들 스스로가 들고 일어나는 지경에 이르렀다. 2019년 10월 서울 인헌고 학생들은 "교사들에게 편향된 정치사상을 강요받았다"며 "우리를 정치적 노리개로 이용하지 마라"는 기자회견을 열었다.[115]

또한 학업성취도 평가에 대해 '일제고사'라 명명하며 전국적으로 시험 거부 운동에 들어간다든지, 교원평가에 반대하는 등 공교육이 황폐화된 데에도 전교조가 큰 책임을 지고 있다.

전교조의 모델은 일본의 일교조(일본교직원조합)로 알려져 있다. 일교조는 초기에는 이념 중심 활동에 주력했지만, 1995년 '탈이념' 노선으로 전환해 수업 개선, 교재 개발 등 교육 이슈에 집중하는 활동으로 변했다.

이제 전교조는 변해야 한다. 정치, 이념 단체가 아니라 교육 본래의 교원 단체로서의 역할에 충실해야 한다. 4차 산업혁명이 본격화되는 지금, 교육은 환골탈태의 혁신을 요청받고 있다. 디지털 기술과 소프트웨어 등의 기본기를 다지고 창의성을 키워야 하는 이때 낡은 이념 교육에 치중하는 것은 정말로 구시대적이다. 교사들도 이제는 이러한 상황을 어느 정도 인지하고 있다. "지금의 전교조가 내세우는 가치는 교육이나 교사의 이익과 직접 연관이 없어 공감이 안 된다"는 일부 교사들의 지적대로 전교조가 변해야 하며 이념 교육에서 벗어나야 한다.[116)

이념 교육뿐만 아니라 심각하게 왜곡되어 있는 역사 교육도 바로 잡아야 한다.

2020년 3월 새 학기부터 사용되는 고교 한국사 교과서(8종)는 북한이 일으킨 6·25전쟁에 책임 있는 김원봉을 소개하기 시작했다. 그리고는 친일 세력의 희생자로 묘사한 교과서도 등장했다.

게다가 전국 고교 1,893곳 가운데 1,310곳(69.2%)의 교과서가 천안함이 북한으로부터 폭침당한 사실을 기술하지 않았다. 북한의 천안함 폭침 관련 서술을 아예 누락하거나, 폭침 대신 '침몰'이나 '사건'으로 서술해 도발 주체를 북한으로 명시하지 않았다. 대한민국의 번영을 가져온 '자유민주주의'를 없애고 자유민주주의 대신 자유를 뺀 '민주주의'만을 명시하고, '대한민국이 한반도의 유일 합법 정부'란 표현도 삭제했다. 전국 고교의 86%(1,634곳)에서는 한국은 '정부 수립', 북한은 '조선민주주의인민공화국 수립'으로 쓴 교과서로 가르치고 있다는 것이다.[117] 이렇게 청소년들에게 대한민국 건국을 부정하는 역사 교육을 하고 있다. 이것은 헌법의 근거인 민족사적 정통성과 민주적 정당성을 포기한 것이고, 더 나아가 북한 정권에 반사이익을 주는 반국가적인 역사 왜곡 교육이다.

교과서뿐만이 아니다. 민족문제연구소가 제작한 동영상 〈백년전쟁〉은 역사 왜곡의 정점에 있다. '백년전쟁'은 한국 현대사 100년을 친일·협력 세력과 독립·저항 세력의 전쟁이라는 이분법으로 몰아간 동영상이다. 이승만 대통령을 '친일파'라든지 '민족반역자'로, 박정희 대통령을 '미국의 하수인'으로 조롱했다. 박정희의 수출 주도형 발전 전략은 미국 구상에 따라 꼭두각시처럼 움직인 것에 불과했다고 그렸다. 대한민국을 '친일 세력'이 세우고 만든 것으로 그리면서 정통성이 없다고 주장했다.

이렇게 교육 현장에서 한국의 역사는 심각하게 왜곡되고 있다. 학생들이 어려서부터 잘못된 역사 교육을 받게 됨으로써 자유민주주의를 부정하고, 한국의 성취를 부정하며, 사회주의를 옹호하는 잘못된 사회 인식이 확산되는 결과를 초래했다. 이런 역사 교육은 세계사적인 인식과도 맞지 않는 것이다. 따라서 세계사적으로 사라진 사회주의 이념에 뿌리를 둔 교육 내용을 자유민주주의 가치에 기반을 둔 교육 내용으로 바꾸어야 한다. 이것은 자유민주주의 통일에 대비해서도 필요한 작업이다. 지금까지 우파 정부는 이러한 노력을 하지 않음으로써 교육 왜곡이 계속 누적되어 왔다. 박근혜 정부에서 역사 왜곡을 바로 잡으려 했지만, 정부가 정하는 국정교과서 방식에 대해 사회적으로 논란이 컸고 결국 역사 왜곡을 바로 잡지 못했다. 국민들이 납득할 수 있는 방안의 역사바로잡기 교육을 새롭게 재구축해야 한다.

대학의 혁신 기관화

미래학자인 토머스 프레이(Thomas Frey)는 "2030년이 되면 대학의 절반이 사라질 것"이라고 예측했다. 디지털 기술과 인공지능이 대학 교육의 형식과 내용을 완전히 바꾸어 놓을 것이라는 전망이다. 이미 미국의 '미네르바 스쿨(Minerva School)'과 프랑스의 '에콜 42(Ecole 42)' 같은 새로운 형태의 대학이 등장하여 대학을 혁신하고 있다. 2014년 개교한 미네르바 스쿨은 캠퍼스도 없으며 모든 수업을 온라인으로 진행한다. 학생들은 매 학기 7개 국가의 기숙사를 옮겨가며 맞춤형 토론 수업을 진행한다. 이미 이 대학은 '하버드대보다 입학하기 어려운 대학교'로 알려지고 단기간에 세계적인 명성을 얻었다.

세계의 대학들은 지금 다양한 방식으로 혁신을 추진하고 있다. 그러나 한국의 대학들은 정체해 있다. 급격히 줄어드는 학생으로 어려워지는 대학 재정 여건에서, 교육부는 대학평가에 연계한 대학 재정지원을 통해 통제하고 있다. 대학평가에 정성적 항목을 추가하여 교육부가 대학의 재정지원을 좌지우지하고 있다. 국립대학뿐만 아니라 사립대학에까지 정부가 경상비를 지원함으로써 사립대학들조차 마치 사립 중·고등학교처럼 강력한 정부의 통제를 받고 있다.

이렇게 해서는 대학의 미래는 어둡다.

한국의 대학은 1996년 대학설립준칙제도에 의해 대학 진입 장벽이 낮아지면서 대학의 수가 크게 증가했다. 반면에 대학 입학 정원의 감소 등으로 부실 사립대학이 늘어나고 있는데 퇴출이 되지 않는 어정쩡한 상태로 방치되었다. 부실대학은 교육을 제대로 하지 못해 학생들에게 피해를 준다. 정부도 이런 내용을 알고 있지만 대학 부실에 대해 모든 대학이 일정 비율의 신입생을 줄이는 방식을 택함으로써 오히려 전체 대학에 부정적인 영향을 끼치고 있다. 더욱이 일부 사립대학은 교육부 고위직 출신 인사를 총장으로 임명하여 공직 네트워크를 이용해 재정지원 등을 받아 연명하는 부작용이 만연해 있다. 부실한 사립대학 문제는 해당 대학만의 문제가 아니다. 대학을 정체시키고 혁신의 길을 빼앗는다.

지금 미국, 영국을 비롯한 주요 선진국을 중심으로 대학을 혁신 생태계의 허브로 만들어가는 다양한 변화가 등장하고 있다. 실리콘 밸리는 스탠포드 대학이 교육과 연구의 허브 역할로 발전시킨 것이나 다름없다. 핀란드의 알토(Aalto) 대학은 2010년 기존에 있던 헬싱키공대, 헬싱키 예술디자인대, 헬싱키 경제대의 3개 대학이 통합하여 설립되었다. 창업과 비즈니스를 대학의 핵심으로 하여 필요한 기술, 디자인, 경영을 골라 통합한 것이다. 대학 캠퍼스를 마이크로소프트 등 IT회사와 스타트업 800여개가 모여 있는 '유럽의 실리콘밸리' 오타니에미(Otaniemi) 혁신단지에 마련했다. 학생도 입학 때부터 창업을 목표로 하며 교육과 지원을 받도록 했다. 핀란드가 창업 혁신 국가가 된 데에는 이런 대학의 변화가 있던 것이다. 이러한 발전은 대학이 자율성을 가지고 자신의 강점을 살리면서 혁신한 결과다. 따라서 대학이 스스로 자율성을 가지고 자유롭게 경쟁력을 가질 수 있도록 해야 한다.

교육전문가 이주호 교수는 대학의 혁신 차원에서 인공지능(AI) 개인교사 메가프로젝트 추진을 제안했다. 한국 대학은 학령인구의 감소로 입학 자원이 반 토막 나면서 대학의 절반이 문을 닫을지 모른다는 위기에 직면해 있는데, AI 개인교사가 해법을 제공할 수 있다는 것이다. 대학이 AI 개인교사를 활용해 교육하게 되면 학생 맞춤형의 개별화 교육을 통해 언제 어디서나 학습할 수 있는 온라인 교육의 장점을 극대화할 수 있고, 따라서 학령인구의 감소를 해외 유학생과 평생 학습자의 유치로 극복할 수 있다는 것이다. 더 나아가 대학에서 AI 개인교사를 도입하면 교수가 학생의 기초 학력을 책임져야 하는 부담이 줄기 때문에 학생의 창의성과 인성을 길러주고 AI 시대에 필요한 공학과 인문학 첨단 분야의 학습을 지도하는데 집중할 수 있다는 것이다.[118]

대학에서 학생을 가르치는 방식도 바뀌어야 한다. 무엇보다 교수가 일방적으로 내용을 전달하는 강의 중심보다는 학생에게 다양한 학습 경험을 디자인해 주는 방식으로 패러다임이 바뀌어야 한다. 또한 주요한 사회 문제와 미래 과제를 해결하는 데 있어 시대에 뒤처져 있다는 지적을 받는 기존의 학과·학문 구분을 넘어서 학과를 융합하는 방안을 새롭게 만들어 대학을 혁신기관으로 탈바꿈해야 한다.

AI 교육 혁신

4차 산업혁명 시대에는 인공지능에 의해 대체되지 않고 이를 증강해 활용할 수 있는 인재가 필요하다. 과거에는 모든 아이가 갖추어야 할 문해력(Literacy)으로 읽고, 쓰고, 계산하기를 꼽았다. 하지만 이제는 수많은 데이터를 읽고 분석하고 활용하는 역량(Data Literacy), 컴퓨터 사고력과 공학 원리에 관한 이해(Technological Literacy), 인문학적 이해와 디자인 역량(Human Literacy) 등이 요구된다. 여기에 창의력(Creativity), 비판적 사고력(Critical Thinking), 협력(Collaboration), 소통(Communication) 역량이 필요하다.

제4차 산업혁명 시대 교육의 주류는 ICT를 적극 활용하는 교육이다. 제4차 산업혁명 시대에는 과거와는 전혀 다른 교수학습 방식이 가능해진다. 지금까지의 교육은 대량생산 시대의 환경에 따라 대량 지식의 습득의 방향으로 이루어져 왔다. 그러나 인공지능 시대에는 교사가 한 명 한 명의 학생에게 모두 다른 최적의 학습 기회를 디자인해주는 '대량 맞춤학습'으로 바뀔 수 있다. 사실 한 명 한 명에게 맞춤형 학습의 기회를 제공하는 것이 최상의 교육으로 일찍이 제시되었지만, 소수 계층의 자녀에게나 가능하였다. 그러나 이제는 ICT와 교육의 융합과 다양한 교수학습 방식의 발전으로 모든 교실에서 대량으로 맞춤학습이 가능한 시대가 열리고 있다.

이미 무크(MOOC, Massive Open Online Course)를 비롯한 온라인 교육 사이트에서는 에세이 문제, 프로그래밍 숙제, 퀴즈 평가 등에 자연언어 처리, 기계 학습, 크라우드 소싱 등을 다양하게 적용하고 있다. 기술 교육이나 평생교육과 같이 면대면 상호작용이 덜 필요한 분야에서는 인공지능 기술이 훨씬 유용하다. 교육에서 인공지능의 활용은 정규 교육기관보다 이러한 분야에서 더 잘 활용될 수 있다.

기존 온라인 교육은 교육을 단지 강의실에서 온라인으로 옮겨 전달하는 데 그쳤지만, 이제는 온라인 교육이 빅데이터의 소스가 된다는 점에서 이전과 크게 달라지고 있다. 온라인 교육 데이터를 통해 피교육자의 참여도·행동·결과를 분석해 교육의 실패를 개선하고, 좀 더 맞춤형 교육 방법을 개발하는 자연스런 도구로 활용할 수 있는 것이다. 더 나아가 교육의 인지 과정을 이해함으로써 지식의 습득·전달·기억 등 과정을 이해하는 수준으로까지 발전시킬 수 있다.[119)

또한 인공지능과 함께 가상현실(Virtual Reality) 등을 활용하게 되면 교육을 생생하고 몰입감 높은 과정으로 혁신할 수 있다. 가상현실 기술 활용은 교육의 질을 완전히 바꾸어 놓는 잠재력을 갖고 있다. 기존 교육에서처럼 책과 칠판만 이용하는 책상머리 교육이 아니라 실제 모든 대상과 상호작용하는 실감형 교육은 교육의 질을 훨씬 높인다. 생물학·의학·천문학·물리학 등 자연과학은 특히 가상현실에서 좀 더 생생하게 교육할 수 있다. 예술과 인문학, 사회과학도 마찬가지다. 학교와 강의실이 필요 없다. 집, 도서관, 심지어 카페 등 어디든 강의실이 될 수 있다. 무엇보다 인공지능은 맞춤형·실감형 교육을 가능하게 한다. 교육의 대중화에 기여하면서도 동시에 학생 개개인의 필요와 스타일에도 인간 교사보다 정확하게 대응할 수 있는 장점을 갖는다. 인공지능은 공식 학교 교육과 자가 교육의 경계를 허물 수 있다.

이를 위해 어릴 때부터 데이터 역량과 컴퓨터 사고력, 여기에 인문학적 이해를 높이기 위해 코딩(coding) 교육을 추진해야 한다. 컴퓨터 언어는 마치 국어나 영어와 같은 것이다. 이미 영국은 2014년부터 이스라엘과 미국은 2015년부터 주당 1시간씩 컴퓨터 문해력을 높이는 코딩 교육을 실시하고 있다.

교실에서의 수업도 기존의 강의식 수업을 다양한 수업 방식으로 전환한다. 이미 플립 러닝(Flipped Learning), 프로젝트기반 학습(Project Based learning), 하브루타 학습(Havruta Learning) 등 창의력과 감성, 사회정서 능력을 함양하기 위한 교육 방법이 개발, 시도되고 있다. 이런 수업들의 성과는 검증되었으므로 학교 수업의 주류가 되도록 해야 한다. 이것이 오랫동안 고착되었던 암기식 교육에서 탈피하여 창의력 교육으로 전환할 수 있는 방법이다. 이를 위해서는 기존의 수학능력시험 역시 바꾸어야 한다. 이미 대학 입학 전형에서 수시입시 제도가 70% 이상을 차지하고 있지만, 공정성 문제가 많이 제기되어 있다. 아무런 평가 없이 서류만으로 대학에 들어갈 정도다. 따라서 예컨대 플립 러닝 등의 학습 방법과 수시입시를 연결하는 평가 방법을 개발한다면 교육의 질도 획기적으로 높이고 그 결과를 입시에 적용할 수 있어서 공정성의 시비도 줄어들면서 암기식 교육에서 탈피할 수 있을 것이다.

코로나19 사태는 각 교육기관이 자연스럽게 비대면 교육 시스템을 도입하는 계기가 되었다. 2020년 3월에 시작하는 신학기가 코로나19 사태로 늦추어졌고, 온라인 수업으로 개강하였다. 따라서 인공지능과 디지털 기술을 활용한 차세대 교육인 에듀테크(EduTech·교육기술)가 본격화되었다.

그동안 우리 교육계는 이러한 에듀테크를 적극적으로 수용하지 않고 있었다. 온라인 강좌만 하더라도 뒤늦게 2015년에 정부 주도로 국가평생교육진흥원에서 운영하는 한국형 온라인 공개강좌 K-MOOC가 출범했으나, 온라인 교육에 대한 부정적인 인상만 더했을 뿐이었다. 서비스를 시작한 2015년 10월부터 2019년 7월까지 K-MOOC 운영강좌 중 강의 신청자가 끝까지 이수한 강좌는 단 한 개도 없을 정도였다. 5년간 307억 원 이상이 투입되었지만, 해마다 저조한 이수율을 기록하며 존폐 논란의 대상이 되었다.

그런데 이제는 상황이 달라졌다. 비록 외부 환경에 의한 것이지만 온라인 교육은 이제 대세가 되고, 교육 혁신의 견인차가 될 수 있게 되었다. 코로나19 위기를 더 좋은 학습 방식을 제공하는 기회로 만들 수 있게 된 것이다. 코로나19 이후 다시 이전으로 회귀하여 '없던 일'이 될 수도 있지만, 이런 좋은 기회를 흘려보내서는 안 된다. 21세기 에듀테크를 받아들이는 좋은 기회로 만들어야 한다.

마침 교육제도도 큰 전환의 시기를 맞고 있다. 2022년에 국가 교육과정을 개편하고, 2025년에 새로운 교육과정과 고교학점제가 전면 도입될 예정이다. 현재 초등학생이 고교에 입학하는 2028학년도에는 대입제도가 개편될 예정이다. 인공지능을 활용한 미래 교육은 이 시간표에 맞게 교육과정, 교수–학습, 교육평가, 인프라에 이르기까지 새로운 시작으로 준비해야 한다.

이제는 사회에서나 직무 수행에서 모두 온라인 협동 작업이 필수적이기 때문에 온라인과 오프라인 교육의 협력을 하기에 적기다. 온라인 교육과 오프라인 교육을 다양하게 활용하여 교육의 질을 높이고 공교육의 정상화라는 교육계의 해묵은 과제를 해소할 수 있는 절호의 기회다. 교육의 혁신을 만들 수 있는 기회를 놓쳐서는 안 된다.

11 자유로운 언론

　한국의 언론은 양적, 질적으로 성장하고 한국의 근현대사에서 중요한 역할을 해왔다. 권위주의에 맞서서 언론의 자유를 위한 투쟁에 나서기도 하였고, 산업화와 민주화를 추진하는 과정에서 시민의 여론을 형성하고 시대정신을 담은 아젠다를 제시하였다. 어떤 사회나 국가에서도 언론이 이러한 역할을 하지만 한국의 언론은 정치과정에서 주요 행위자로 나서서 그 존재감이 더욱 두드러졌다.

　그런데 1987년 이후 한국이 민주화의 과정을 거치면서 언론은 정치적인 정체성이 강해졌다. 더욱이 언론노동조합이 결성되면서 정파성을 두드러지게 띠기 시작했다. 일반적인 노동조합이 노조원의 노동 조건이나 임금, 노동 복지 등에 초점을 맞춘데 비해 언론노동조합은 정치적인 조직으로 출발했다. 초기에 언론노동조합은 언론의 자유와 독립성의 확보를 주요한 목표로 삼았다. 여기에는 1980년대 이후 늘어난 학생운동 출신들이 언론과 시민사회에 진입했던 영향이 컸다. 학생운동 출신들이 언론과 교육, 정치, 노동조합, 시민사회 등에 대거 진출하며 영향력을 행사하기 시작한 것이다.

그 결과 한국의 언론 분야에서 언론노조의 영향력이 커졌다. 언론인 권순활 씨는 현재 한국의 언론계가 문화계와 함께 구성원의 이념적 분포에서 급진좌파나 중도좌파 성향이 우파 성향을 압도하는 분야 중 하나로 꼽힌다고 우려했다.[120]

언론이 이러한 이념적 진영으로 기울어지며, 언론 본연의 규범이나 언론이 지켜야 할 윤리 등을 소홀히 하는 문제를 낳았다. 그 결과 언론에 대한 신뢰도가 크게 떨어지기 시작했다. 영국 옥스퍼드 대학의 로이터(Reuter) 저널리즘연구소가 발표한 2020년 뉴스 신뢰도 조사에서 한국은 조사 대상 40개국 중 신뢰도가 꼴찌였다. 연구소의 「디지털 뉴스리포트 2020」에 따르면 한국의 언론 신뢰도는 21%로 공동 1위를 기록한 핀란드·포르투갈(56%)의 절반도 안 되는 비율로 꼴찌를 기록했다.[121] 놀랍게도 한국이 조사에 포함된 2016년 이후 매년 최하위였다. 글로벌 홍보 컨설팅 기업인 에델만(Edelman)이 발표하는 신뢰도(trust) 지수에서도 한국은 언론 불신 국가로 자리매김했다. 에델만이 발표한 한국인의 언론 신뢰도 역시 하위에 머물고 있다. 최근 10년간 한국인들은 언론을 믿는다는 사람보다 믿지 못하는 사람이 더 많았다.[122]

한국에 주재하는 외국 언론인 라파엘 라시드(Raphael Rashid)는 한국 언론의 문제로 팩트 체크의 누락, 사실의 과장, 표절, 사실을 가장한 추측성 기사, 언론 윤리의 부재 등의 다섯 가지를 들었다.[123] 많은 언론이 정권의 영향을 받고, 정권을 대변하는 역할에 기울어진 결과 언론의 윤리가 크게 무너진 탓이다. 게다가 많은 언론들이 정부의 재정 지원에 의존하면서 언론의 독립성이 크게 위축되었다. 정부가 직접 재원을 지원하기도 하고, 정부 광고 위탁으로도 언론에 간접적인 영향을 미치는 정도가 심각하다.

민주주의 후퇴와 언론

문 정권은 그 어떤 정권보다 언론을 통한 여론 지배를 중요시했다. 전 청와대 대변인이 "문 대통령은 홍보가 모든 것이라고 말한다. 가장 많이 들었던 얘기가 '홍보 많이 해라'였다. 홍보가 70%이고 정책은 30%라는 말을 할 정도로 홍보의 중요성을 많이 말했다"고 할 정도로 문 대통령 자신이 홍보를 중시한 탓이다.[124] 그래서 정권 출범하자마자 바로 언론을 통제하는데 나섰다.

민주주의 위기는 언론의 독립성과 자유를 제한하는 통제와 함께 온다. 민주주의 이론의 전문가들은 이것을 분명히 지적하고 있다.

레비츠키(Levitsky)와 지블렛(Ziblatt) 교수의 『어떻게 민주주의는 무너지는가』*How Democracies Die*에서도 전제주의 행동을 가리키는 네 가지 주요 신호로, 민주주의 규범에 대한 거부, 정치 경쟁자에 대한 부정, 폭력에 대한 조장이나 묵인, 그리고 언론 및 정치 경쟁자의 기본권을 억압하려는 성향을 들고 있다. 여기서 언론에 대한 억압의 형태는 두 가지로 나타난다고 보고 있다. 그것은 첫째, 명예훼손과 비방 및 집회를 금지하는 등 시민의 자유권을 억압하는 법률이나 정책을 지지한 것이 있는가, 둘째, 언론에 법적인 대응을 하겠다

고 협박한 적이 있는가다.[125)]

　래리 다이아몬드(Larry Diamond) 교수는 민주주의 체제에서 국민에 의해 선출된 지도자가 포퓰리즘을 통해 독재체제로 나아가는 유형을 분석해 '독재자의 12단계 프로그램(Autocrats' 12-step Program)'으로 정리했다.[126)]

1단계. 반대편을 불법적이고 비애국적인 악마로 만든다.

2단계. 사법부의 독립성을 훼손한다.

3단계. 언론의 독립성을 공격한다.

4단계. 공영방송이 있는 경우 통제권을 장악하고 정치화한다.

5단계. 인터넷의 통제를 강화한다.

6단계. 시민사회의 다른 요소들(시민단체, 대학, 특히 반부패 및 인권단체)
　를 제압한다.

7단계. 경제계를 겁주고 협박한다.

8단계. 정권세력에게 충성하는 새로운 계층의 정실자본가들을 키운다.

9단계. 공무원과 안보기관에 대한 정치적 통제력 확고히 한다.

10단계. 선거구를 유리하게 만들고 선거 룰을 조작한다.

11단계. 선거를 주관하는 기관에 대한 통제권을 확보한다.

12단계. 1~11단계를 반복한다.

　여기에서 언론과 직접적으로 관련되는 것은 3개의 부문이다. 4단계는 "공영방송이 있는 경우 통제권을 장악하고 정치화한다." 한국의 방송은 공영방송이 있는 정도가 아니라 공영방송이 중심인 구조다. 그래서 문재인 정부는 출범하자마자 바로 공영방송을 통제하는데 나섰다. 이것은 2017년 8월 집권, 더불어민주당의 방송 장악을 위한 문건이 언론에 공개됨으로써 알려졌다. 여기에는 당 적폐청산위원회 활동 최우선 과제 추진, 방송사 구성원 중심 사장 퇴진운동, 시민사회단체의 퇴진운동 전개, 야당 추천 이사 퇴출, 감사원 감사, 재허가를 통한 문책 등을 담고 있었고, 이런 일련의 계획들은 그대로 진행되었다. 2017년 9월 공영방송사의 이사 중 전 정부가 추천한 이사들에 대한 퇴진 압력이 진행됐는데, 이것은 그 자리에 문정권 추천 이사를 임명해 이사회를 지배하고, 사장을 교체하기 위한 것이었다. 그런데 이사들의 직장이나 가정까지 쫓아가는 등 비정상적인 방식들이 동원되었었다. 마지막까지 사퇴하지 않고 버틴 KBS 강규형 이사는 방송통신위원회가 KBS 이사 해임건의안을 의결하기 위한 청문회까지 연 끝에 해임되었다. 그리고는 공영방송사의 사장들이 바로 친정권 인사들로 교체되었다. 그러나 3년이 지난 후 2020년 6월 바로 그 당사자였던 강규형 전 KBS 이사는 해임 처분 취소 소송에서 승소했다. 사법부가 이러한 강제 해임을 위법하다고 판단한 것이다.

2018년에 들어서는 방송사 내부에 소위 적폐청산을 위한 조직들이 설치되었다. 방송 보도와 기자들을 대상으로 정부의 적폐청산 방침에 발맞추어 KBS '진실과미래위원회', MBC '정상화위원회', 연합뉴스 '혁신위원회' 등의 기구들이 만들어져 사내 동료들을 조사하고, 해고하고, 인사상 불이익을 주었다. 1980년 언론인 강제 해직과 언론통폐합과 같은 강압적인 통제가 38년 만에 다시 부활한 것이다. 이런 과정들을 거쳐 공영방송을 장악했다. 특히 KBS, MBC, YTN, tbs 등의 공영방송이 정권 홍보에 나선 것은 공영방송의 존재에 심각한 의문을 던지게 했다. 공영방송은 정치와 권력으로부터의 독립을 가장 중요한 원칙으로 간주하고 있는데, 그 원칙을 무너뜨린 것이다.

2020년 1월 16일 중앙선거관리위원회 산하 중앙선거여론조사심의위원회는 "KBS가 야권에 불리한 여론조사를 뉴스로 내보낸 것은 공직선거법 위반에 해당한다"고 밝혔다. KBS가 한국리서치에 의뢰한 여론조사 결과를 근거로 삼아 2019년 12월 27일 메인뉴스에서 "다가올 총선에서 정부 실정보다 보수 야당을 심판해야 한다는 의견이 우세하다"고 보도한 것이 위법이었던 것이다. 공영방송 KBS가 설문 조작으로 정권 편향적인 보도를 한 것이었다.

MBC도 문 정권의 나팔수라는 비판을 받았다. 2020년 3월 채널A 기자가 취재 윤리를 위반한 것을 취재하여 이를 검찰 언론 유착 사건으로 몰아 정권에 비판적인 검사장에게 인사상 불이익을 주었는데 이것이 함정 취재였던 것으로 알려졌다.

KBS도 여기에 가세하여 채널A 기자와 검사장의 녹취록을 '9시 뉴스'로 보도하면서 "(강요죄) 공모 정황이 확인됐다"고 했지만, 사실이 아니었던 것으로 밝혀져서, 하루 만에 오보를 시인하며 공개 사과까지 했다. KBS 공영노조는 '소설 썼나? 정권 나팔수였나?'라는 성명을 발표했고, 직원 게시판에도 '정권을 위해 물불 안 가리고 나대는 행위는 실로 충격적' 등의 비판이 나왔다. 이러한 행태들이 이어짐으로써 공영방송의 가치를 떨어뜨리는 결과를 초래했다. 이런 정권 편파적 방송 사례가 너무도 많았다.

　이뿐만이 아니다. 교통, 기상 전문채널인 교통방송 TBS는 정작 교통 방송이 아니라 정치 방송의 대표격으로 나섰다. TBS '김어준의 뉴스 공장'은 문 정권의 홍보 방송에 앞장섰다. '뉴스 공장'은 뉴스를 도용하여 자기 진영의 논리를 전파하는 프로그램이다. 그런 방송을 서울시는 '서울특별시 미디어재단 TBS'로 법인화하고 연간 375억 원의 시민 세금을 출연했다.

　3단계는 "언론의 독립성을 공격한다". 래리 다이아몬드 교수는 이를 좀 더 부연하여 설명했다. 그것은 독립적인 언론을 당파적이라고 비난하고, 비판적인 언론사에 대항해서 강력한 포퓰리즘 추종자들을 동원해 공분을 일으키도록 하며, 세금과 규제로 압박을 가하고, 광고를 주지 않고, 마지막으로는 독립적인 언론사의 경영이 심각하게 약화되면, 정치적으로 충성하는 사업가나 집권세력과 연계된 정치적 추종자가 언론사의 소유권을 넘겨받도록 한다는 것이다. 즉 독립적인 언론을 '가짜뉴스의 온상', '국민들의 적'이라며 비난하면서, 각종 규제로 압박을 가하고 약화시킨다는 것이다.

　문 정권은 유튜브를 비롯해 온라인에서의 대안 미디어를 가짜뉴스 프레임으로 공격하는데 나섰다. 2019년 8월 국무회의에서 문 대통령은 "근거 없는 가짜뉴스나 허위 정보, 그리고 과장된 전망으로 불안감을 키우는 것을 경계해야 한다"고 주장했다. 한국기자협회 창립 55주년 기념식 축사에서 문 대통령은 "가짜뉴스가 넘쳐나는 세상에서 진실은 더욱 중요해졌다"며 가짜뉴스를 거듭 문제 삼았다. 이에 대해 방송통신위원회 위원장은 "가짜뉴스는 표현의 자유 보호 범위 밖에 있다"고 호응했다.

유튜브는 2017년 8월 '노란 딱지' 제도라는 규제 방안을 도입했다. 유튜브가 달러화 무늬가 찍힌 노란색 바탕의 동그라미 모양을 화면에 표시하는 것으로, 유튜브의 가이드라인은 부적절한 언어나 폭력, 성인용 콘텐츠, 논란의 소지가 있는 문제 및 민감한 사건 등 11가지 사례를 제시했다. 그런데 여기에 대해서도 2019년 10월 국회 국정감사에서 노란 딱지가 우파 유튜버들에게 재갈을 물린다며 공정거래위원회 고발 등의 방침이 논의되었다.

정부도 여당의 방침에 맞추어 나섰다. 방송통신위원회는 허위 조작 정보(가짜뉴스) 근절을 위한 제도 개선 방안을 마련했다. 허위 조작 정보는 주로 정부 정책에 대한 악의적인 허위 정보를 말하는 것임을 강조했다. 이 방안에 따르면 정부는 특단의 강력한 범정부 종합대책 TF 수립을 강조하며, 허위 정보를 '정보통신망법'상 임시조치와 불법정보로 규정하며, 방송통신심의위원회를 통해 불법유해정보에 대한 통신 심의를 강화하도록 제시했다.

한편 종합편성 채널들에 대해서는 3~4년마다 실시되는 재승인 제도를 통해 압박했다. 특히 우파 채널들을 견제하기 위한 것이다.

5단계는 "인터넷의 통제를 강화한다"는 것이다. 도덕, 안보 등의 명분을 내세워 인터넷에 대한 정부의 통제를 강화하고, 그 결과 언론의 자유를 위축시키는 효과를 가져오게 한다는 것이다. 최근에는 '코로나19 팬데믹'의 명분이 추가되었다.

시민들은 전통적인 미디어를 떠나 인터넷 미디어로 눈을 돌렸다. 유튜브가 한국의 대안 미디어로 등장했고, 전, 현직 언론인들이 대거 유튜브를 통해 뉴스를 전달하고 의견을 표명했다. 유튜브의 동영상이 다른 나라에서는 대부분 연성 뉴스나 1인 미디어, 라이프스타일 등 위주인데 비해 한국에서 유튜브가 대안 미디어로 역할을 하는 특별한 것이어서 세계의 주목을 받았다. 그리고 이런 대안 미디어로서의 유튜브 채널은 시민들의 호응을 받았다.

그러자 2018년 10월에 민주당은 유튜브를 운영하는 구글코리아에게 104개 콘텐츠에 대해 삭제해 줄 것을 요구했다. 이에 대해 구글 측이 '위반 콘텐츠가 없음'이라고 결론을 내렸지만, 여당은 104개 콘텐츠가 어떤 내용인지는 밝히지도 않았다.

2019년 2월에는 방송통신위원회가 "해외에 서버를 둔 https 사이트 895개를 차단했다"고 밝혔다. 차단을 위한 SNI 방식은 사생활 침해 우려까지 낳았다. 기존에 HTTPS 프로토콜로 우회 접속이 가능하던 웹사이트가 차단되면서 과도한 규제라는 비판이 제기됐다. 인터넷 검열로 이어질 수 있다는 우려가 높아지면서 정책에 반대하는 국민 청원 참여자가 20만을 넘었다.

2020년 10월 집권당은 미디어언론상생 TF를 출범시켰고, 4개월이 지난 2021년 2월 '언론 개혁'추진을 발표했다.

집권당이 제기한 '언론 개혁'의 내용은 6가지였다. 첫째, 언론과 유튜브, SNS, 1인 미디어의 명예훼손 손해액의 3배까지 배상을 청구할 수 있게 하는 징벌적 손해배상 청구 도입, 둘째, 정정보도 분량을 기존 보도의 2분의 1 수준으로 의무화, 셋째, 명예훼손 온라인 기사에 대한 열람 차단 청구권 도입, 넷째, 출판물 등에 의한 명예훼손 처벌 대상에 방송 포함, 다섯째, 악성 댓글 피해자의 게시판 운영 중단 요청권 도입, 여섯째, 현행 90명인 언론중재위원의 대폭 증원 등이다.

이에 대해 기존 법체계에서도 피해구제 방안이 지나칠 정도로 많은데 중복, 과잉 규제라는 비판이 이어졌다. 명예훼손·모욕에 대한 형사처벌, 민사상 손해배상, 정보통신망법에 따른 가중처벌, 방송통신심의위원회의 불법정보 심의, 언론중재위원회를 통한 반론·정정·추후보도 청구 등 명예훼손 피해구제에 대한 이미 강력한 제도들을 운용하고 있는 것이다.

그래서 국회 과학기술정보방송통신위 수석전문위원의 검토 보고서도 "민법상 손해배상 제도나 형법상 형사처벌 제도와 중첩되어 헌법상 과잉 금지 원칙에 위반될 소지가 있고", 언론 보도에 대한 명예훼손죄 처벌 수준이 "이미 형법상 명예훼손죄에 비해 가중된 처벌을 부과하고 있다"고 지적할 정도였다.

인터넷 기사로 피해를 입은 경우 해당 기사의 열람 차단을 청구할 수 있게 하는 것이나, 온라인 커뮤니티 댓글 피해자가 요청할 경우 게시판의 운영 제한 근거를 마련하는 법 개정도 모두 남용과 악용의 소지가 많고 언론의 자유를 위축시킬 것들이었다. 한국에서는 고위공직자나 정치인 등이 자신을 향한 비판을 봉쇄하는 수단으로 명예훼손 제도를 악용해 왔다. 그러므로 여기에 더욱 추가적인 법제도를 도입한다면 정당한 비판을 전략적으로 봉쇄하기 위한 소송들이 남용되어 언론이 위축될 소지가 큰 것이다.

따라서 문 정권의 언론 개입은 언론의 자유를 현저하게 제한하고, 민주주의를 후퇴시키는 일환이었다. 언론 개혁으로 포장하였지만 실은 언론 장악이었던 것이다.

2019년 2월 미국 경제전문지 「포브스」는 〈한국은 디지털 독재 체제로 향하나?*Is South Korea Sliding Toward Digital Dictatorship?*〉라는 제목의 기사를 게재했다. 이 기사는 "한국 정부가 인터넷 차단으로 하려는 건 사람들이 무엇을 하려는지 살펴보려는 것"이라면서 "북한과의 관계에서 희망을 가지고 있는 정부가 북한 비판에 대한 국민의 자유를 침식하려는 '큰 그림'의 일부일지도 모른다"고 지적했다.[127]

1980년 '언론기본법'으로 언론의 자유를 제한하고 통제한 시기로 40년 만에 다시 돌아가는 일이 벌어졌다. 이것은 한국의 민주주의 위상이 실추되었음을 보여준 것이다.

자유언론 개혁

한국에는 많은 언론사가 운영되고 있다. 2020년 6월 현재 22,350개의 정기간행물이 등록되어 있다. 잡지 등의 정기간행물을 제외하고 신문만 13,000여 개가 운영되고 있다. 이 중 인터넷신문이 9,300여 개로 가장 높은 비중을 차지하고 있으며 매년 증가하고 있다. 언론인 스스로 "한국 언론의 비극이 여기 있는 것 같다. 기자는 엄청 많은데, 한 매체의 기자가 많은 게 아니라, 매체들이 많고, 각 매체의 기자는 적다"고 고백할 정도다.[128]

이런 환경에서 독립적이지 못하고 자생력을 갖지 못한 언론사들이 나타나게 된다. 각종 지원금, 협찬 등에 의해 연명하는 언론사가 많아 언론 환경을 악화시키고 있다. 국가에 재정 지원을 요구하는 언론도 늘고 있다. 이미 연합뉴스, YTN 등에 대한 정부 보조를 비롯하여, 지역신문발전기금, 지역방송발전기금 등을 통한 직접적인 재정 지원, 한국언론진흥재단을 통한 정부 광고 제공 등의 간접적인 재정 지원 방식 등이 광범위하게 제공되고 있다.

정부가 직접 언론을 지원하는 것은 여러 가지 문제를 불러일으킨다. 언론사에 대한 국가 재정 지원으로 언론이 독립성을 잃고 국가에 종속된 홍보 수단으로 전락할 수 있다. 언론이 아니라도 정부는 다양한 방식의 홍보 미디어나 수단을 운영하고 있다. 그런데 외부의 언론마저 독립적이지 못하다면 언론의 정체성을 흔들게 된다. 언론 생태계가 자생력을 갖고 독립적이고 자유로운 언론의 역할을 하는 것이 건강한 사회를 위한 조건이다. 이런 생태계를 만들기 위해 언론사에 대한 정부의 재정 지원을 점차 줄여야 한다. 언론사가 난립하지 않고 독립적인 위치에서 역할을 할 수 있는 환경을 만들어야 한다.

이제 공영방송은 개혁할 때가 되었다. 한국의 공영방송은 정권에 따라 좌우로 크게 요동치는 정권용 방송이 된지 오래다. 공공서비스를 위해 봉사하는 공영방송과는 거리가 멀다. 정치권력에 독립적이지 못하며, 시민의 자유를 증진하기 위한 정보 제공에 소홀히 하고 있다. 공영방송이 선거 등의 중요한 시기에 여당에 유리하고 야당에 불리한 보도를 하는 편파적인 방송을 하면서 공영방송을 내세울 수는 없다.

공영방송은 1927년 영국의 BBC가 처음으로 정초한 이래 세계의 많은 나라가 모델로 삼아 왔다. 사실 1922년 BBC는 애초에는 공영방송사가 아니라 영국방송회사로 출발했다. 1920년대는 세계사적으로 격동의 시대였다. 제1차 세계대전이 수천만 명의 사상자와 파괴를 남기고 끝났고, 베르사이유 조약은 독일을 비롯한 유럽을 정치적인 혼란으로 빠트렸다. 1917년 러시아에서는 공산주의 혁명이 일어나고, 여기에 1918년의 스페인 독감의 충격까지 겹쳤다. 러시아와 독일 등의 국가에서는 사회 혼란기에 이제 막 등장한 방송을 선전 매체로 활용하는 일이 빈번했다. 소련은 공산주의 국가가 되어 방송을 국가가 통제하고 국가의 이념을 선전하는 매체로 확정했다. 한편 대서양 건너편의 미국에서는 상업방송이 활발하게 자리 잡고 있었다.

이에 방송을 시작하는 초기에 존 리스(John Reith) BBC 초대 사장을 중심으로 사이크스 위원회와 크로포드 위원회 등을 통해 방송을 어떻게 자리 잡게 해야 하는가, 방송의 역할은 무엇인가와 같은 정체성을 논의했다. 그 결과 방송을 상업적인 영향을 받지 않고 정부의 직접적인 통제로부터 자유로운 방식을 선택했고, 그래서 공영방송이라는 모델을 채택하기에 이른 것이다. 존 리스는 공영방송의 핵심 이념으로 정부와 거리를 두는 불편부당성(impartiality)과 논쟁적인 쟁점에 대해 중립적인 태도를 유지하는 객관성(objectivity)을 제시했다. 이러한 정신은 전 세계의 공영방송에 영향을 미쳐, 공영방송은 상업적인 영향을 받지 않고, 정치적으로 독립된 방송의 정체성을 부여받았다. 그래서 공영방송에 대해서는 국민들이 수신료라는 준조세 성격의 부담금을 지불하는 체제를 확립하여 준 것이다. 그리고 국가의 전파 자원인 주파수를 이용하는 방송사를 최소한으로 하여 수신료를 받지 않더라도 공영방송의 책임을 부여하는 보완책도 마련했다. 그래서 영국에서는 BBC와 ITV가 방송의 중심으로 역할을 해 왔다.

이러한 제도의 한국판이 바로 KBS와 MBC다. 한국의 공영방송은 1973년에 국영방송이었던 KBS를 한국방송공사로 재편하면서 시작되었고, 1987년 MBC를 방송문화재단이라는 공공재단이 책임을 갖도록 하면서 제도화되었다. 이것은 주파수의 한계로 방송사가 아주 소수밖에 없던 시절에 생긴 시대적 산물이다. 방송 채널이 많지 않았기 때문에 방송사가 공공서비스를 제공해야 한다고 해서 만든 제도인 것이다. 그래서 이들 두 방송사는 거의 40년 동안 안락한 복점 체제 속에서 안주하며 운영되어왔다. 그런데 방송사의 지배구조가 정권에 의해 좌우되다 보니 두 공영방송사는 정치적인 편향성이 커졌다. 더 이상 정치적인 독립을 기대하기 어려워진 것이다. 특히 문 정권 이후에 그 정도가 가장 강하게 작동하였다.

언론시민단체인 미디어연대는 「2020총선 100일의 기록 보고서」에서 "공영미디어의 보도 행태를 보면 사실을 충실하게 전달하는 리포터 역할보다는 정파의 이익을 대변하는 브로커 역할을 하는 건 아닌지 의구심이 든다"고 지적할 정도였다. [129]

더욱이 이제 수많은 방송 채널이 등장하고 엄청난 수의 동영상이 지배적인 시대에 공영방송은 낡은 패러다임이 되고 있다. 무한대의 채널, 동영상이 교육, 정보, 다큐멘터리 등을 제공하는 공공서비스 역할을 더 잘 해내고 있다. 정작 공영방송사는 정권을 대변하는 역할을 충실히 하고 있으며, 그동안의 오랜 전통으로 시청자들이 관성적으로 예능이나 드라마 등의 콘텐츠를 이용하고 있을 뿐이다. 오히려 공영방송이 족쇄가 되어 방송인의 창의성을 막고 정치적인 조직으로 변질되는 악순환을 거듭해 왔다. 그 결과 경쟁력 저하로 광고 감소와 방만 경영 등으로 엄청난 적자가 누적되고 있다. KBS에 무보직이면서 억대 연봉 직원이 전체의 30%가 넘는 사실이 알려져 충격을 주었다. 그런데도 KBS는 이러한 방만 경영의 책임까지 수신료에 떠넘기려 했다.

KBS는 2020년 7월 '경영혁신안'을 발표하며 전체 수입에서 차지하는 수신료 비중을 현행 46%에서 70% 이상으로 늘리는 방안을 제시했다. 가구당 매월 2500원인 현재 수신료를 3500원 이상으로 올려, 매년 1조 200억 원을 더 걷겠다는 것이다. 정권이 세금 올리는 흐름에 올라타듯 준조세와 같은 수신료를 올리는 무책임한 방법에만 매달리고 있는 형국이다. 이것은 방송의 자원을 낭비하는 것이다. 방송사의 인력과 자원을 민간의 창의성을 발현시키는 활로로 해결하지 않고 국민들에게 돈을 더 내라고 손을 벌리고 있다. 이렇게 해서는 안 된다. 공영방송이라는 추상적인 뒷방에 안주하지 말고 앞으로 나와야 한다. KBS와 MBC를 자유화해야 한다. 자유로운 시장에 나와서 창의력을 발휘하고 방송사와 방송인이 경쟁력을 갖추고 콘텐츠 경쟁력을 가진 미디어 기업이 되도록 해야 한다.

정권 편파방송 비판을 받는 교통방송(TBS)도 마찬가지다. 2021년에 교통방송에 대한서울시 출연금이 375억 원으로, 전체 예산의 75% 정도 차지한다. 시민의 세금을 이런 방송에 써서는 안 된다. 공영방송 제도 전체를 개혁할 때다.

대안 미디어의 기회

유튜브는 세계적으로도 기존 미디어 생태계에 커다란 영향을 주고 있다. 한국에서도 유튜브는 가장 널리 이용되는 앱이자 동영상을 시청하고 공유하는 미디어다. 유튜브는 동영상 이용과 공유뿐만 아니라 검색엔진으로도 널리 이용되고 있다. 그런데 한국에서는 유튜브가 정치·사회 뉴스와 정보 등에서 기존 미디어, 언론을 대체하는 현상이 두드러지게 나타났다.

대통령이 탄핵되는 한국의 정치 지형, 세계 최고 수준의 모바일 환경 그리고 무엇보다 기존 언론에 대한 불신은 유튜브를 대안 미디어, 대안 언론으로 활용하게 만들었다. 정권이 바뀐 후 공영방송이나 보도 채널 등 주요 뉴스 제공자들이 정권의 압력과 영향 하에 놓이면서 언론에 대한 불신이 높아갔다. 따라서 기존 언론에 만족하지 못한 이용자들이 늘어나고, 이들에게 정보를 제공하는 주요 통로로 유튜브가 활용되면서 새로운 현상을 만든 것이다. 우파 언론인, 정치평론가들과 정치인들이 대거 유튜브로 몰려들었다.

2020년 「시사IN」의 언론 신뢰도 조사에서 가장 신뢰하는 언론 매체 1위에 유튜브가 올랐다. 포털 사이트 네이버도 기존 언론을 제치고 두 번째로 꼽혔다. 그리고 기존 언론들이 뒤를 이었다.[130] 이러한 현상은 다른 나라에서도 볼 수 있다. 영국의 방송통신규제기관인 오프콤(Ofcom)이 2020년 7월 발표한 '지난 1년간 사용한 미디어 서비스 중 가치 있는 서비스 3개' 조사에서 1위가 넷플릭스(44%)였고, 2위는 BBC(43%), 3위는 유튜브(33%)였다.[131] 유튜브가 세계적으로 대안 미디어로 자리 잡고 있는 것이다.

유튜브는 이 시대가 동영상 시대임을 확고히 했다. 동영상으로 검색하고, 동영상과 쇼핑을 결합하는 등 모든 서비스가 동영상 중심으로 변화했다. 콘텐츠가 동영상으로 유튜브에 집중되고 다양한 기능이 합쳐져 만능 플랫폼이 되었다. 또한 누구든지 유튜브에 동영상을 올리고 그것을 이용하게 되면서 이용자가 미디어 생산자가 되는 명실상부한 '1인 미디어' 시대를 열었다.

우리는 오래전부터 미디어가 중앙 집중적인 성격에서 벗어나 분산되고 자율적인 미디어로 진화하는 것을 꿈꾸어 왔다. 소수 전문인에 의한 정보 제공에 만족하지 않고 누구나가 정보를 생산하고 이용하는 것은 자유민주주의의 이상을 실현할 수 있는 미디어 세계와 부합하는 것이다. 그러나 기존의 미디어는 설비와 전문적인 훈련이 필요한 것으로 여겨졌고, 폐쇄적인 조직 시스템으로 운영되어 왔다. 그런데 이 판도라의 상자가 열린 것이다. 유튜브는 '크리에이터(creator)'라는 새로운 직업을 만들었다. 유튜브에서 동영상을 창의적으로 생산해 제공하는 사람이 유튜브 '크리에이터'다. 최근에는 '크리에이터'가 초등학생들이 가장 선호하는 유망 직업일 정도가 되었다.

이런 추세는 점점 가속화되고 있다. 이제는 전통 미디어도 유튜브를 경쟁자로 보지 않고 보완재로 적극 활용하는 전략을 택하고 있다. 이미 주요 신문사들은 논설위원을 비롯한 중견 언론인의 이름을 단 유튜브 사이트를 운영하는 것을 권장하고, 기존 언론인이면서 동시에 유튜브에 자신의 채널을 가지고 있는 사람이 점차 늘고 있다.

유튜브와 같은 소셜 미디어는 전통 미디어 이상으로 이용되고 사회적 영향력이 확대되었다. 그런데 한편으로는 소셜 미디어가 대안 미디어로서 민주주의의 확산에 기여하지만, 다른 한편으로 민주주의의 위기에도 기여하는 양면성을 보여준다. 소셜 미디어를 통해 표현의 자유를 누리고 소통의 편리성을 활용하는 한편, 이용자 자신도 모르게 이념과 가치, 취향의 필터에 의존하고 갇히게 된다. 정보제공자가 개인 맞춤형 정보를 제공해 필터링된 정보만 이용자에게 도달해 편향된 정보에 갇히게 되는 '필터 버블(Filter Bubble)'로 이끌게 되는 것이다. 자신이 좋아하는 목소리를 알려주고 추천해주는 인공지능의 알고리즘이 확증편향을 더욱 강화한다. 그러면서 소셜 미디어가 '양극단의 목소리를 위한 거대 플랫폼'이 된다.

그래서 소셜 미디어가 사회를 분열시키는 데 있어서 인류 역사상 가장 강력한 촉매제로 등장했다는 말마저 나오고 있다. 전 세계적으로 포퓰리즘과 국가주의가 확산하는 데에도 소셜 미디어의 영향이 크다. 소셜 미디어에 개입하여 여론을 조작하기가 쉬워졌기 때문이다. 몇몇 국가들은 국가가 조직적으로 국내외 여론 형성에 개입하여 영향력을 행사하고 있다.

　러시아는 오래전부터 자유세계의 공론장에 침투해 혼란을 야기하는 여론 조작을 해왔다. 우크라이나에 대한 러시아의 여론 공작을 분석한 티머시 스나이더 교수는 저서 『가짜 민주주의가 온다』*The Road To Unfreedom*에서 "러시아 정부는 서방의 민주주의가 자기 나라에서도 작동할 수 있다는 사실을 국민이 알아채지 못하도록" 서방 국가에 혼란을 부추겼다고 분석했다. 러시아는 소셜 미디어를 통해 2016년 미국 대통령 선거에 개입했다.[132]

　중국도 한국 사회에 다양한 방법으로 영향력을 행사하거나 댓글 활동 등이 이루어지고 있다는 것이 '차이나게이트' 사건으로 드러났다. 2020년 2월 국내에 유학 중인 조선족유학생들이 한국의 여론을 조작한다는 '어느 조선족의 고백'이라는 글이 인터넷 커뮤니티에 올라오면서 알려진 것이다.

　심지어 미국에서도 소셜 미디어가 사회 혼란을 부추긴 경우가 발생했다. 2021년 1월 트럼프 대통령 지지자들이 의회에 난입한 사건은 트위터와 같은 소셜미디어가 '디지털 선전 도구'가 되었음을 보여주었다. 그러자 트위터는 "트럼프 대통령의 게시물이 추가적인 폭력 선동의 위험이 있다"며 그의 계정을 영구 정지했고 여기에 페이스북·인스타그램·스냅챗 등이 잇따랐다.

　소셜 미디어는 '언론인'라는 인간 편집자가 아니라 '알고리즘'이라는 기계 편집자가 개입한다. 알고리즘은 인공지능으로 자동적으로 구현된다. 인공지능은 미디어의 제작, 유통, 이용의 모든 부문에 활용되어 미디어를 빠르게 변화시키고 있다. 이미 동영상이나 음악 이용에서 개인 맞춤형 서비스나 추천 서비스는 상당한 정도로 정확도의 수준을 높였다. 넷플릭스는 이용자 행동에 대한 광범위한 데이터를 사용해 동영상을 추천해주는 서비스로 이용자의 호응을 받고 있다. 인공지능 알고리즘은 콘텐츠 제작자가 프로그램을 선정하는데도 도움을 준다. 풍부한 데이터와 트렌드를 분석해 인기 콘텐츠를 제작할 확률을 높인다. 콘텐츠 제작 자체에도 이미 인공지능이 도입되었다. 인기 있는 테마나 트렌드를 작가에게 알려주어 도움을 주기도 하며, 음악 창작 등에서 협업이 이루어지고 있다. 유튜브는 수십억 개의 자동 캡션 비디오를 가지고 있는데, 그 정확도가 비약적으로 증가하고 있다. 이용자 행동 분석을 기반으로 한 광고 최적화에도 인공지능이 역할을 한다.

이렇게 인공지능이 미디어에 커다란 영향을 미치면서 인공지능(AI) 미디어 개념도 등장했다. AI 미디어는 미디어의 제작과 이용의 주체가 사람과 기계로 확장되어, 사람과 사람, 기계와 기계, 사람과 기계간의 소통을 매개하는 역할을 하는 미디어다. 인공지능 알고리즘을 활용하여 생성, 인식, 분류, 예측하여 이용자에게 제공하는 미디어로, 생성 및 소비의 주체가 기계(AI)로 확장된 개념이다. 인공지능 기술이 인간의 지적 활동, 즉 시각, 언어, 감각, 이해, 학습, 추론 등의 능력을 구현하거나 재현함으로써 미디어의 생산과 소비 과정에 인간을 돕거나, 인간을 대체하거나, 혹은 인간을 능가하여 미디어를 변화시키는 것이다.[133]

AI 미디어는 콘텐츠의 다양성과 미디어 제작의 효율성을 증가시켜서 미디어 생태계를 더욱 확대시킨다. 미디어 분야가 인공지능에 의해 달라지고, 미디어 기업과 저널리스트가 달라진다.

인공지능은 일상적 보도를 자동화한다. 저널리즘에 인공지능을 적용하여 보도 건수를 크게 늘릴 수 있다. 인공지능은 어떤 사안의 개요를 실시간으로 빠르게 처리할 수 있다.

예컨대 대기업의 연차 보고서 같은 것은 정리하는 데만 며칠이 걸린다. 그런데 인공지능은 이를 몇 분 만에 해낸다. 또한 인포그래픽이나 비주얼 자료로 전환하는 것도 실시간으로 처리할 수 있다. 로이터 통신사는 데이터 시각화 서비스를 인공지능 기업인 그래픽 (Graphic)에게 제공받고 있다.

인공지능은 저널리즘의 진입 장벽을 줄인다. 기존에는 언론인이 일일이 현장이나 출입처를 찾아다니며 취재하거나, 모두 사람 손을 거쳐 기사를 작성하고 편집해야 했다. 그런데 이런 분야에 인공지능을 활용하면 적은 수의 인원으로도 충분히 질 높은 보도를 할 수 있다.[134]

물론 AI 미디어의 확산은 미디어와 언론 환경에 긍정적인 효과와 부정적인 영향을 동시에 끼칠 수 있다. 개인 취향에 맞춘 맞춤형으로 콘텐츠를 소비할 수 있고 미디어 생산자의 역할이 늘어날 수 있지만, 유해한 콘텐츠의 생산도 쉽게 이루어질 수 있다. 개인이 자유민주주의 사회의 일원으로 자신의 의사를 적극 표현하고 여론 형성이나 정책 활동에 참여할 수 있게 하여 민주주의를 강화할 수 있지만, 모든 정보를 장악한 빅브라더가 통제할 수 있는 양면성을 가지고 있다.

그동안 소셜 미디어가 여론 양극화와 갈등을 조장한다는 문제는 끊임없이 지적되어 왔다. 그러나 정작 소셜 미디어 기업들은 문제가 된 게시 글을 숨김으로 처리하거나 극단주의와 관련한 계정을 정기적으로 차단하는 정도에 그쳤었다. 그런데 소셜 미디어에 대한 책임성(accountability) 문제가 본격화되었다. 소셜 미디어가 단지 정보와 뉴스를 유통하는데 머물지 않고 그러한 유통이 가져오는 사회적 결과에 책임을 져야 한다는 것이다.

세계적인 이슈가 되고 있는 가짜 뉴스(fake news) 문제에 대해서도 책임성의 실현과 제도화가 요청되고 있다. 2016년 미국 대선에서 페이스북을 통해 퍼진 가짜 뉴스가 영향을 준 것으로 판명되어 '가짜 뉴스와의 전쟁'이 중요한 화두로 떠올랐다. 그래서 소셜 미디어 기업들은 가짜 뉴스를 걸러 내기 위해서 인공지능을 활용하는 방안을 찾고 있다. 특히 논란이 된 페이스북은 인공지능 시스템을 적용하여 가짜 뉴스를 판별하겠다고 밝혔다. 인공지능 기반 대화 서비스 챗봇에 활용하는 인공지능 기술을 뉴스 피드에 적용한다는 것이다. 진정성 있는 정보와 그렇지 않은 정보를 구분하는 것이 대단히 중요해지고 있다.[135]

인공지능 알고리즘의 악용을 막기 위한 알고리즘의 투명성을 확보해야 하고, AI와 인간 간의 저작권 이슈 등도 등장할 수 있으므로 이에 대한 윤리 문제와 법제도 정비가 필요하게 되었다.

전통 미디어와는 완전히 다른 대안 미디어에 대한 거버넌스가 필요한 현실이다.

미디어는 역사의 흐름 속에서 계속 변해왔다. 신문에서 방송으로, 그리고 인터넷과 모바일로, 이제 인공지능이 미디어와 결합되는 상황까지 왔다. 특히 인공지능은 알고리즘이 개입함으로써 인간을 보완하거나 대체할 수 있게 되었다. 따라서 이것도 개인이 주체가 되어 인공지능을 활용하는 가운데 인간과 인간, 인간과 기계간의 소통을 매개하는 역할을 할 수 있도록 해야 한다. 그렇지 않으면 인공지능 미디어가 여론을 조작, 통제하는 빅브라더가 될 가능성이 있다. 인공지능 미디어로의 변화가 인간을 위한 도구가 되기 위해서는 개인의 자유를 보장하는 자유민주주의가 뒷받침되어야 한다.

에필로그

AI 자유민주주의를 위하여

2020년대 새로운 10년을 시작하면서 세계를 강타한 코로나19 팬데믹 사태는 단순히 전염병 수준을 넘어서 세계에 새로운 질서를 가져왔다. 각국이 국경을 봉쇄하면서 이동과 교역이 줄고, 국내·외에서 '사회적 거리두기'를 통해 생활 방식이 달라졌다. 사람들을 모이지 않게 하고 격리하는 방식은 1, 2차 세계대전과 같은 전쟁 시기에도 하지 않았던 것이었다. 당연히 경제, 사회, 정치, 문화 모든 면에 커다란 영향을 미쳤다. 더욱이 이번 사태의 본질은 이런 비상사태 때문에 취해진 일들이 그 이후에도 고착될 것이라는 점이다. 세계사를 '코로나 이전(BC, Before Coronavirus)'과 '코로나 질병 이후(AD, After Disease)'로 구분할 것이라는 말이 나올 정도였다. 인류가 '코로나와 함께(WC, With Coronavirus)' 살아야 하는 시대가 됐다.

코로나19 사태는 특히 경제 전반에 커다란 충격을 주었다. 세계 경제가 거의 멈춰 섰다. 생산 공장을 포함한 글로벌 공급망이 타격을 받으며 경제 전체를 마비시켰다. 많은 경제 전문가들이 코로나

19가 전 세계에 경기침체를 가져올 것이며 이는 글로벌 금융위기보다 더 심할 수 있다고 전망했다. 국제통화기금(IMF)과 세계은행(WB) 그룹 총재 모두 세계 경제가 심각한 경기침체에 빠졌다고 보았다. 2020년 세계는 모두 마이너스 성장률을 기록했다.

경제 분야에서는 크게 두 가지 양상이 나타났다. 한편에서는 항공, 교통, 관광, 음식 등의 분야와 자영업, 중소기업이 커다란 타격을 받았다. 항공업계는 국제선 이용자가 95%나 줄고, 비행기가 87% 운항을 하지 않는 등 거의 폐쇄 수준의 생존 위기까지 내몰렸다. 자영업자들은 최소임금제 등으로 이미 추락하고 있는 상황에서 더욱 강한 타격을 받았다.

반면에 다른 한편에서는 온라인 쇼핑과 온라인 미디어 이용 등이 성장하며 유통산업의 주도권이 바뀌었다. 소비자들이 가정에 머물면서 온라인으로 상품과 서비스를 구매함에 따라 온라인 유통 산업이 오프라인을 추월한 것이다. 배달시장도 성장했다. 비대면 소비를 뜻하는 '언택트 소비'가 확산되어 온라인을 통한 소비가 뉴노멀이 되었다. 비대면 경제와 소비가 일시적인 현상이 아니라 경제 구조의 변화를 가속화시키는 계기가 되었다.

코로나19 사태는 세계에 새로운 질서를 가져왔다. 헨리 키신저 전 미국 국무장관은 "코로나19 팬데믹이 끝나도 세계는 그 이전과 전혀 같지 않을 것이며 코로나19가 세계질서를 영원히 바꿔 놓을 것이다. 바이러스를 박멸하고 경제를 살리는 동시에 새로운 시대를 계획하는 작업을 서둘러야 한다"고 말했다.[136]

히브리대학의 역사학자 유발 하라리(Yuval Harari)는 더 나갔다. 코로나 사태를 해결하기 위한 많은 단기적 비상 대책들이 그대로 뉴노멀이 될 것이라고 보았다. 그러면서 '전체주의적 감시'와 '시민의 권한' 사이의 문제와 '국수주의적 고립'과 '글로벌 연대' 사이의 문제를 근본적으로 변화시킬 것이라고 보았다.[137]

우리는 무엇보다도 디지털 세계가 앞당겨진 것을 실감했다. 코로나19 사태를 디지털 전환(digital transformation)을 정착시킬 수 있는 기회로 삼을 수 있다는 점은 그나마 다행이다. 비대면화, 원격화는 디지털 기술이 있음으로써 가능해졌다. 개인의 데이터가 비상시 바이러스 전파 경로를 추적할 수 있게 하는 긴요한 정보가 됨을 알았다.
사물인터넷 등을 활용하여 수집한 데이터를 어떻게 분석하고 활용하는지가 감염병 예방뿐 아니라 국가 및 산업 경쟁력을 좌우할 수 있음을 경험했다. 사회적으로는 무인 서비스가 일반화하여 드론, 자율주행 자동차와 같은 이동 수단은 물론, 공장, 콜센터 서비스 등에서도 로봇과 인공지능의 사용이 대폭 늘어날 것이다. 극장, 스포츠, 해외여행의 대용품으로 가상현실(VR), 증강현실(AR) 기술을 이용한 홈 엔터테인먼트와 가상 여행이 인기를 얻을 것이다. 이처럼 코로나19 사태는 4차 산업혁명을 가속시켜 디지털 사회를 앞당기게 해주었다.
우리는 생활의 많은 부분이 비대면으로 이루어질 수 있다는 것을 경험했다. 이미 쇼핑 등에서는 온라인 쇼핑이 활성화되어 있었지만, 그렇지 않은 경우도 많았다. 예컨대 사회적 삶의 대부분의 시간을 차지하는 직장에서는 직접 만나서 하는 회의가 필요한 경우도 있지만, 그렇지 않은 경우도 많다. 그런데도 이미 영상회의 기술이 있음에도 불구하고, 문화적인 이유로 영상회의를 기피하고 대면 회의를 선호했었다. 직장에는 직접 만나지 않으면 무언가 손해 본다는 문화가 팽배해 있었다. 그러나 이제 비대면 회의와 비대면 일이 자연스럽게 받아들여지게 되었다. 문화가 바뀌는 것이다.

낡은 규제로 막혀 있던 기술의 상용화와 확산도 빨라졌다. 온라인 교육과 원격 의료, 재택근무 등이 대표적이다. 온라인 교육 만해도 20여 년 전부터 시작했지만, 본격적인 온라인 교육이 일어나지 않았는데, 이번 코로나19 사태로 인해 온라인 교육이 공식화되어 상황이 달라졌다. 온라인 교육의 다양한 방식을 실험해 보니 온라인 교육이 오히려 더욱 창의적인 교육 방식이 될 수 있다는 것도 알게 되었다. 원격 의료도 자연스럽게 등장했다. 이제는 단지 원격 의료 정도가 아니라 인공지능이 결합된 새로운 디지털 의료로 도약할 수 있다는 것도 알게 되었다.

재택근무도 보편화되게 되었다. 많은 기업이나 조직들이 출근과 재택근무를 선택할 수 있는 '상시 디지털 워크' 방식을 도입했다. 재택근무로 노동 환경이 달라지면 근로자의 평가와 고용 방식이 달라질 수 있다. 기존의 보상체계가 아직도 연공서열에 따른 호봉제 중심이 대부분인데, 이것을 성과 중심의 보상제도로 바꾸는 속도가 빨라질 것이다. 그러면서 노동의 자유화가 진행되고 노동조합이 바뀌고 디지털 경제의 노동 방식이 정착될 것이다.

그러나 코로나19 사태 이후 정부의 개입과 관여도 크게 늘었다.

여기에 포퓰리즘이 결합하면 국가 경제가 하락하게 된다. 한국도 벌써 정부 부채가 증가하고, 민간 경제의 효율이 떨어지고, 정부의 비능률과 부패가 곳곳에서 등장했다. 신라젠 사태, 라임 사태, 옵티머스 사태 등 금융 관련 부정부패가 속속 밝혀졌다. 심지어 공공기관이 이런 비정상적인 부패 연결고리에 기금을 투자하는 일이 일어났다.

문 대통령이 그동안 지켜오던 국가부채비율 40%를 지킬 필요가 없다고 하면서, 부채가 늘어 문 정권 임기 말에 국가 부채는 1,000조 원, 부채비율은 50%를 넘게 되었다. 역대 정부가 지켜오던 재정 건전성은 무너졌다. 국민의 세금으로 운영되는 공공부문은 일자리만 늘리며 국가의 짐이 되고 있다. 공공조직은 한번 늘리면 나중에 할 일이 없어져도 쉽게 없애기 힘들다. 문 정권 출범 이후 2020년까지 공무원은 9만 명이나 늘었다. 340개 공공기관 정원도 10만 명이나 늘었다. 신규 채용 규모도 확대되고 있다. 인구가 감소하는 시대에 역행하는 일이다.

더욱이 2019년은 사상 처음으로 인구가 감소하는 시대로 접어든 전환점이 되었다. 출생아가 27만 5,800명으로 1년 전보다 10.7% 감소한 반면, 사망자는 3% 늘어난 30만 7,700명으로, 사망이 출생보다 3만여 명이 많은 '데드 크로스(dead cross)'가 벌어진 것이다. 한국은 이제 세계에서 인구가 가장 빠르게 감소하는 국가가 되었다. 한국의 합계 출산율(0.84명)은 세계 최저다.

이런 인구 감소 시대에 오히려 공무원과 공공부문 일자리를 크게 늘리는 잘못된 방향으로 가고, 반면에 공공기관의 실적은 반비례로 움직였다. 탈원전, 공공부문 비정규직 제로 등에 따른 비용이 크게 증가하여 공공기관의 당기순이익이 크게 줄어들었다.

공공부문은 커지는데 거꾸로 한국은 점점 기업하기 어려운 나라가 되고 있다. 정부의 반기업 정책과 강성 노조의 행태로 인해 한국에 진출해 있는 외국인 투자 기업들이 한국을 떠나고 있다. 한국경영자총협회의 2020년 조사에 따르면 외국인 투자기업들은 조사 대상기업의 40%가 한국의 경영 환경이 친화적이지 않으며, 그러한 주요 원인으로 경직된 고용 노동정책과 노사관계를 들었다. 여기에는 경직된 근로시간제도, 비정규직 고용규제, 해고관련 규제, 정치권의 기업 노사관계 개입, 투쟁적인 노동운동, 파업 등의 요인들이 포함된다. 그러면서 시장경제에 입각한 규제 완화와 글로벌 스탠다드에 부합하는 입법이 시급하다고 지적했다.[138]

문 정권의 사회주의 실험은 이미 40년 전 실패가 역사적으로 증명된 프랑스의 미테랑 대통령의 사회주의 실험을 놀랍게도 그대로 답습한 것이다. 1981년 집권한 사회당의 미테랑 대통령은 급진적인 개혁을 추진했다. 최저임금 인상, 주 39시간으로 노동시간 단축, 연 5주간의 유급휴가, 노동자의 경영권 참여 보장, 공공기관의 20만 명 신규 채용, 주택수당, 가족수당, 노령연금을 대폭 올리며 사회보장도 강화했다. 그런데 현실은 가중되는 실업과 인플레이션 압박, 성장 없는 분배에 따른 재정적자로 중산층의 불만에 가로 막혔다. 대중의 저항에 부딪치자 그는 미련 없이 사회주의 정책을 포기하고 시장경제로 전환했다. 좌로 집권하고 우로 통치한다는 치욕적인 비판도 감수했다. 그리고 프랑스의 부활을 가져왔고, 유럽의 통합을 이끌었다.

역시 40년 전, 영국의 대처 총리도 그 이전까지 영국을 지배해
오던 사회민주주의적 제도를 자유민주주의 제도로 개혁했다. 국가
의 개입을 줄이고 노동조합을 개혁하고 비대했던 공공 부문을 자유
화하여 영국 사회를 다시 일으키고 회복시켰다.

긴 터널 끝에 한국도 이러한 변화의 단초가 보이기 시작했다.
2021년 4월 7일 서울과 부산시장 보궐선거에서 우파 야당 후보들
이 좌파 집권당 후보를 누르고 당선되었다. 선거 결과의 주요 원인
은 당이나 후보 개인의 역량보다는 문 대통령과 문 정권의 국정에
대한 심판이었다. 4년 집권 동안의 수많은 불공정과 불의의 사례들
이 축적된 것이 선거에 반영되기 시작한 것이다. 한국토지주택공사
(LH) 직원들의 신도시 땅 투기는 불쏘시개였다. 25번의 부동산 대책
을 내놓았던 문 정권의 공직자와 여당 의원들이 정작 앞장서서 투
기를 했다는 사실이 국민의 공분을 일으켰다. 미국 뉴욕타임스(New
York Times)는 이에 대해 "여당 참패는 문 정권 인사들의 위선 때문"
이라며 "한국에선 내로남불(naeronambul)이라고 한다"고 보도했다.

특히 2030 세대의 반란이라고 할 정도로 젊은 세대들은 문 정권
의 불공정에 등을 돌렸다. 이들은 불과 1년 전에는 문 정권을 지지
했었다. 이것은 2030세대가 단일한 정치이념에 따라 정당이나 세력
을 추종하지 않고, 개인이 의제를 판단하고 독립적으로 투표한다는
것을 보여주었다. 따라서 서울시장 선거에서 우파를 지지했다고 대
통령 선거에서도 그대로 우파를 지지하지는 않는다. 선거 이슈의

의제와 특성에 따라 투표 선택을 달리할 것이다. 다시 '성좌의 게임'
이다.

그러므로 서울시장 보궐선거 결과를 2022년 3월 대통령 선거의
전초전으로 보아서는 안 된다. 더욱이 2022년 대통령 선거는 보궐
선거와 차원이 완전히 다르다. 그것은 단지 정권 유지냐 교체냐 하
는 차원의 선거가 아니다. 과거로 후퇴한 한국을 다시 복귀시키고
미래로 향할 것인가 아닌가를 결정하는 역사적 의미를 갖고 있다.
대통령 선거에 정치공학적으로 접근하면 안되는 이유다. 자유민주
주의의 콘센서스를 갖추고 인공지능 시대를 대비하는 미래 지향적
인 명확한 의제를 가지고 국민의 지지를 이끌어내야 한다.

특히 서울시장 선거에서 공정의 가치로 문 정권을 심판한 2030
세대들에게 그 불공정의 근원이 되는 반(反)자유주의적 정치와 경
제, 친북·친중·반미의 반(反)역사적 외교 안보의 문제점을 일깨우고,
한국을 위태롭게 하는 정권이 다시 등장해서는 안된다는 분명한 메
시지로 접근해야 한다. 그래서 미국과 중국의 패권 전쟁이 전방위
적으로 벌어지고 세계화가 자유민주주의 대 전체주의 진영으로 확
실하게 재편되는 이때, 자유민주주의 진영에 적극 참여하는 것이
세계사적으로도 국가적으로도 이익을 위한 것이라는 공감을 얻어
야 한다. 쿼드(Quad), 인도태평양전략, 민주주의 10, '경제번영네트
워크(EPN)' 5G와 반도체 등의 민주주의 기술 동맹에 참가하는 것이
한국의 안보, 경제, 미래를 위해 필수적이라는 것을 국민들이 공감
할 수 있도록 해야 한다.

또한 한국 사회 전체에 퍼져있는, 그리고 점점 제도화되고 있는

사회주의적 체제를 바꾸어야 한다는 공감대를 확보해야 한다. 공공임대주택, 공공의대, 공공근로, 공영방송, 토지공개념, 이익공유제 등 '공공'이라는 이름으로 자행되는 많은 것들에 자유와 자율을 불러넣어야 한다. 민간 부문의 경제를 억압하고 반 시장적인 현재의 경제판을 완전히 바꾸어야 한다. 그리고 민간 부문의 역동성을 촉진하기 위한 판을 다시 짜야 한다. 돈 퍼주기가 그 순간에는 잠깐 좋을지 몰라도 세금을 늘리고 국가의 채무를 급증시켜 결국 국가와 사회, 개인 모두에게 짐이 된다는데 공감하는 깨어있는 시민들과 함께 해야 한다. 기업가 정신을 회복하고 자유경제를 회복하는 것이 일자리를 늘리고 인공지능 시대에 대처할 수 있다는 생각을 널리 알려야 한다.

대통령 선거에서는 대한민국의 헌법적 자유민주주의 체제를 지키는 생각과 프로그램으로 지지자들을 얻도록 해야 한다. 그래서 특정 정당에 대한 선호를 갖지 않는 국민들까지 공감할 수 있도록 해야 한다.

지금 한국은 분기점에 와 있다. 자유민주주의 전환과 디지털 전환으로 한국을 혁신할 기회를 맞고 있다. 우리는 자유민주주의적 사고와 그 가치를 회복해야 한다. 심하게 왜곡되어 있는 시장경제를 제대로 다시 살려야 한다. 디지털 전환에 앞장서서 4차 산업혁명을 선도해야 한다. 모든 기술은 항상 양면성을 가지고 있는 만큼 디지털 전환을 추진하면서도 그것이 전체주의에 빠지지 않도록 해야 한다. 마침 그러한 기회가 예상보다 빠르게 다가왔다. 그 기회를 활용할 수 있는 국가는 많지 않다. 한국이 AI 자유민주주의의 국가로 자리 잡는다면 다시 한번 한국이 세계와 인류에 기여하는 모습으로 기억될 것이다.

새뮤얼 헌팅턴은 "모든 사회는 자신들의 존재를 위협하는 반복적인 도전에 직면하며, 결국에는 그것들에 굴복한다. 그러나 어떤 사회는 그와 같은 도전에 직면해서도 쇠락의 과정을 역전시키고 활력과 정체성을 회복해 붕괴의 시기를 늦추기도 한다"고 명쾌하게 설명했다.[139] 새뮤얼 헌팅턴은 미국이 그렇게 할 수 있다고 말했으나, 나는 한국이 그렇게 할 수 있다고 생각한다. 악은 선한 사람들이 일어나서 옳은 일을 하지 않기 때문에 번성한다고 했다. 개인의 자유에 대한 소중함을 느끼면서 동시에 자유를 지키기 위한 책임과 실천이 더욱 절실하게 요구되는 때다.

주석

1) 최장집(2020). 다시 한국 민주주의를 생각한다: 위기와 대안. 한국정치연구, 29(2). 서울대학교 한국정치연구소
2) 양선희(2020). 성좌의 게임… 보수재집권 시나리오?, 중앙일보, 2020.5.2.
3) 박효종(2009). 이념의 공론장에서 정명이 필요하다. 한국 좌파, 과연 진보인가 토론회. 바른사회시민회의. 2009.4.2
4) 김신영(2020). 코로나 시대, 정부가 뭘해도 된다는 논리는 위험, 조선일보, 2020. 5.4.
5) 박명림(2012), 동아시아를 넘는 방법: 이승만과 요시다 시게루의 국가건설 구상과 전략, 2차 우남학술회의, 2012.10.23.
6) Huntington, Samuel(2000). Culture matters : how values shape human progress, 이종인 옮김(2001). 문화가 중요하다. 김영사.
7) 김신영, 최원석, 신수지(2020). '코로나 이후의 세계' 글로벌 전문가 24人 인터뷰. 조선일보 2020.4.21.
8) Foreign Affairs. 2018년 5·6월호
9) 이미숙(2019). 문재인 정권과 '코리아 탈레반', 문화일보 2019.12.4.
10) Thatcher, Margaret(2003). Statecraft, 김승욱 옮김. 국가경영. 경영정신
11) Ziblatt, Daniel & Levitsky, Steven(2018). How Democracies Die. 어떻게 민주주의는 무너지는가. 어크로스.
12) 박제균(2020). 정권의 오만이 재앙을 키운다, 동아일보 2020.2.24.
13) 송평인(2019). 한 번 하고 마는 정치공작은 없다, 동아일보 2019.12.4.
14) 박정자(2020). 우리가 빵을 먹을 수 있는건 빵집 주인의 이기심 덕분이다. 기파랑.
15) Zakaria, Freed.(2003) The Future of Freedom, 나상원 외 옮김(2004) 자유의 미래. 민음사.
16) 박세일 외(2017). 민주주의 3.0. 한반도선진화재단.
17) Friedman, Milton (2002). Capitalism and Freedom, 변동열 외 옮김(2007). 자본주의와 자유, 청어람 미디어.
18) Ridley, Matt (2020). How Innovation Works, London: Harper Collins Publishers.
19) Allison, Graham(2017). Destined for War, 정혜윤 옮김(2018). 예정된 전쟁. 세종서적.
20) South Korea's Moon Becomes Kim Jong Un's Top Spokesman at UN. retrieved at https://www.bloomberg.com/news/articles/2018-09-26/south-korea-s-moon-becomes-kim-jong-un-s-top-spokesman-at-un
21) 문재인 대통령 연설문집 제1권. 하. 청와대.
22) 이하경(2020). 코로나 최고 숙주는 문재인 정부의 중국 눈치 보기다. 중앙일보 2020.2.24.

23) 김순덕(2020). 청와대가 펄쩍 뛴 '차이나게이트'. 동아일보 2020.3.5.

24) 한영익(2020). 조선족, 文호의적 여론 조작? SNS 달군 차이나 게이트 논란. 중앙일보 2020.3.2.

25) JTBC(2021). 뇌물 3000억, 내연녀 100명…중국 '최대 부패' 사형 선고, https://news.joins.com/article/23963431

26) 김명성(2020). 북, 이틀 연속 윤미향 두둔 "의혹 제기는 친일 세력 준동". 조선일보. 2020.6.1.

27) Cohen, J. and Fontaine, R. (2020). Uniting the TechnoDemocracies: How to Build Digital Cooperation, Foreign Affairs, November/December 2020

28) Rasser, M., Arcesati, R., Oya, S., Riikonen, A., and Bochert, M. (2020). Common Code: An Alliance Framework for Democratic Technology Policy, Center for a New American Security

29) 구해우(2019). 미중 패권전쟁과 문재인의 운명. 글마당

30) 조선민주주의인민공화국 사회주의헌법. 법제처 통일법제데이터베이스

31) 이종훈 (2019). 文대통령 대북정책의 종착역…"결국 '김정은 정권과의 연방제' 추진. 신동아 2019년 6월호.

32) Bolton, John(2020). The Room Where It Happened, 박산호 외 옮김. 그 일이 일어난 방. 시사저널

33) 지해범(2020). 중국은 북한을 어떻게 다루나: 북중동맹의 진화와 한국을 위한 제언, 기파랑.

34) 이용식(2020). 문 정권의 '북한化'를 우려한다. 문화일보 2020.6.22.

35) Wiesner, K. et. al., (2018) Stability of democracies: a complex systems perspective, European Journal of Physics, 40(1)

36) 구해우(2019). 앞의 책.

37) 황준국(2020). 북핵 협상보다 더 중요한 실존적 위험. 중앙일보 2020.8.20.

38) 김수경 외(2019). 북한인권백서 2019. 통일연구원.

39) US Department of State (2020). Trafficking in Persons Report 2020. 20th Edition.

40) 한반도인권과통일을위한변호사모임(2020). 정부(통일부)는 제2차 북한인권증진기본계획을 전면 재수립하라! 2020. 4. 27.

41) 이신우(2020). 文대통령의 본심은 어느 쪽인가. 문화일보 2020.7.22.

42) 조의준(2020). "탈북민 단체 법인취소, 한국에 설명 요구할 것". 조선일보, 2020.7.23.

43) 김은중(2020). 영국까지 뛴 전단금지법 파문. 조선일보 2020.12.21.

44) 김진명(2020). 정부만 모르는 북한? 조선일보 2020.8.31.

45) 김태우(2019). 9.19 남북군사분야 합의 1주년…남침대로(南侵大路) 열어주는 것이 평화의 길인가? 펜앤드마이크 2019.9.26.

46) 이도운(2020). 미국은 '한국 이탈'도 대비하고 있다. 문화일보 2020.2.10.

47) 유동열(2020). 북 정찰총국 환호할 대공수사권 이관. 문화일보 2020.9.25.

48) 김영호(2020). 북속국 된 듯한 문정권 '북한화 현상'. 문화일보 2020.7.1.
49) Freaser Institute (2020). 2020 Economic Freedom of the World.
50) 통계청(2021). 2020년 12월 및 연간 고용동향 보도자료.
51) 하현옥(2019). '예타 면제' 만능열쇠. 중앙일보 2019.1.28.
52) 조선일보 사설. 3조 일자리 자금 마구 퍼줬다는 실무자들 폭로. 조선일보 2019.1.17.
53) 청와대 제33주년 6·10민주항쟁 기념식 기념사. 2020.6.10.
54) 조선일보 사설. 하위 800만 가구 소득 충격적 감소, 민생 비상사태다. 조선일보 2019.2.22.
55) 청와대. 문재인 대통령 연설문집 제2권 상.
56) 이종화(2019) 지난 2년, 앞으로 20년, 위기의 한국 경제, 중앙일보 2019.5.2. 인용.
57) 성상훈(2020). 빈곤층 272만명…文정부서 55만명 급증. 한국경제신문. 2020.12.27.
58) 윤영신(2020). 기업인 대표가 도지사에게 꾸지람 듣는 나라. 조선일보 2020.3.26.
59) 정철환, 김은정(2019). 해외 투자 55조… 기업들 '脫한국'. 조선일보 2019.4.27.
60) 조미현(2021). 쿠팡, 미 투자자에 "한국만의 특수한 위험 있다" 경고. 한국경제신문. 2021.2.22.
61) 김세형(2020). 라임 · 옵티머스 진범은 누구냐?, 매경프리미엄 2020.10.20.
62) 고리1호기 영구정지 선포식 기념사. 2017.6.19. 청와대. 문재인 대통령 연설문집 제1권 상.
63) 조재길(2020). 1조3566억…한전, 11년 만에 최악 적자. 한국경제신문 2020.2.28.
64) 한삼희(2020). '월성1호 조작 은폐'의 정황 증거들. 조선일보 2020.8.5.
65) 고도예, 배석준(2020). '원전 자료 삭제' 산업부 공무원 3명 기소…'444건 아닌 530건 삭제', 동아일보 2020.12.23.
66) 박상용(2020). 2030년 세계 車 시장, 전기차 비중이 31%, 한국경제신문, 2020.10.20.
67) 주한규(2020). 탈원전 폐해, 유권자가 알아야 한다. 문화일보 2020.3.31.
68) 원세연(2020). 세계 에너지 화두 된 '탄소중립'…해외는 어떻게 대응하고 있나. 대한민국 정책브리핑 2020.12.4.
69) 안준호(2021). 세계가 '원전 르네상스' 선언… 한국은 역주행. 조선일보. 2021.1.5.
70) 이정재(2020). 부동산발 '고난의 행군' 시작되나. 중앙일보 2020.1.16.
71) 박철웅 외(2020). 이인영 "총선 이후 토지공개념·동일임금 개헌 논의…종교·언론 등 패권 재편될 것", 아시아경제. 2020.2.5.
72) 이옥진(2017). 추미애, 국가가 토지 소유하는 중국 방식지지? 조선일보 2017.10.10.
73) 윤성민(2018). 이해찬 "토지공개념 실체 만들지 않아 토지 공급 제한돼", 중앙일보 2018.9.11.
74) 박병원(2020). 부동산 투기와 전쟁서 이기고 싶은가. 조선일보, 2020.01.15.
75) 동아일보(2021). 법인세에 맞먹는 준조세. 동아일보 2021.2.19.
76) 이병태(2020). 코로나보다 위험한 포퓰리즘 바이러스. 조선일보 2020.4.6.
77) 세계는 법인세 인하 경쟁, 손 놓고 있는 한국. 매일경제신문, 2019.10.14. 사설.
78) 최준선 2020). 근시안적 기업 상속세제 시정할 때다. 문화일보 2020.10.29.

79) Goldwater, Barry(1960). The Conscience of a Conservative, 박종선 옮김(2019) 보수주의자의 양심. 도서출판 열아홉.

80) OECD(1990). Progress in Structural Reform. Supplement to OECD Economic Outlook.

81) 김연주(2020). 정규직 · 비정규직 임금격차도 더 벌어져, 월152만원. 조선일보 2020.11.3.

82) 최승노(2019). 베네수엘라와 한국. 자유기업원. 시장경제 길라잡이. 2019.7.29.

83) 김연주(2020). 중소기업도 50일 뒤면 52시간 시행. 조선일보 2020.11.13.

84) 전국민주노동조합총연맹 강령. http://nodong.org/apeal

85) 한국경영자총협회(2020). 10대 경제 · 노동법안에 대한 경영계 의견서

86) 노동조합 및 노동관계조정법. 제43조, 1,2항

87) 김태완(2020). 코로나가 되살린 스마트워크. 한국경제신문, 2020.9.3.

88) Goldwater, Barry(1960). 같은 책.

89) 국회예산정책처(2020). 4대 공적연금 장기 재정전망

90) 김정호(2020). 3월 주총, 연금 사회주의 문이 열린다. 펜앤드마이크, 2020.2.14.

91) 대한의사협회 의료정책연구소(2020) 의료정책포럼 18(2), 2020.6, 3-5

92) 김양균(2020). 선도와 낙오 갈림길에 선 K원격의료. 문화일보 2020.5.15.

93) 전병율(2020). 디지털 의료체계 구축은 거스를 수 없는 시대정신. 중앙일보. 020.7.16.

94) 안현실(2011). 코로나가 앞당긴 AI 혁명…이젠 '올 디지털' 시대. 한국경제신문 2021.1.11.

95) 박정일(2020). AI 시대 '플랫폼 정부'로 패러다임 바꿔야. 중앙일보. 2020.1.7.

96) Schwab, Klaus. (2018). Shaping the 4th Industrial Revolution. World Economic Forum.

97) Code red: Why China's AI push is worrying, The Economist, Leaders, 2017.7.29.

98) 관계부처합동(2019). 인공지능 국가전략. 관계부처합동(2019). 인공지능 국가전략.

99) 김정호(2020). 블록체인이 인공지능의 '치매'를 막는다. 조선일보 2020.10.7.

100) Mervis, J.(2017). Not so fast. Science. 358 (6369). 1370~1374.

101) 김동규(2020). 현대차가 그리는 미래 모빌리티는…, 연합뉴스 2020.5.17.

102) 남상욱(2019). 포스코, WEF 세계 등대공장으로 선정. 한국일보, 2019.7.3.

103) 전경운(2019). 한화에어로, 로봇이 24시간 누비며 엔진생산. 매일경제신문. 2019.5.20.

104) Tegmark, Max(2015). Life 3.0. 백우진 옮김(2017). 라이프 3.0. 동아시아.

105) http://feelsci.org/2020/12/성명서71호-정치가-과학가-뒤덮는-사회는-미래가-없다

106) Levitsky, Steven & Ziblatt, Daniel(2018). How Democracies Die?. 박세연 옮김(2018). 어떻게 민주주의는 무너지는가. 어크로스

107) 與 공수처법 강행 저지 총력. 동아일보 2020.12.7.

108) 동아일보 사설. 2020.12.4. 나랏빚 폭증 아랑곳없이 지역구 챙긴 與野 실세의 몰염치.

109) 동아일보 사설. 2020.1.1. 2020년, 공직사회가 달라져야 대한민국의 미래 열린다.

110) 남건우 외(2020). 조직내 불필요한 일 줄이자며, 불필요한 TF 만들어 또 회의. 동아일보 2020.1.14.

111) 공공기관 경영정보 공개시스템 알리오. http://www.alio.go.kr/home.do

112) 이주호(2020). 대학행정 교육부에서 분리해야. 중앙일보 2020.2.17.

113) 박세일(2002). 교육개혁의 기본과제와 방향

114) Dewey, John(1935). Liberalism and social action, 김진희 옮김(2011). 자유주의와 사회적 실천, 책세상.

115) 김철선(2019). 인헌고 학생단체 "일부 교사가 편향된 정치사상 강요", 연합뉴스 2019.10.23.

116) 남윤서, 전민희(2019). 30년 전 참교육으로 공감, 이젠 정치색 과해 교사도 외면, 중앙일보 2019.5.28.

117) 곽수근 (2021). 고교생 70%가 '천안함 폭침' 없는 교과서로 배운다. 조선일보 2021.1.18.

118) 이주호(2020). AI 개인교사와 공부한 학생, 꼴찌에서 최고로 도약. 중앙일보. 2020.7.27.

119) Stone, P., et al. (2016). "Artificial Intelligence and Life in 2030." One Hundred Year Study on Artificial Intelligence: Report of the 2015-2016 Study Panel. Stanford: Stanford University.

120) 권순활(2017). 한국 언론, 역사와 후손에 부끄럽지 않은가, 펜앤드마이크 2019.7.26.

121) Reuters Institute Digital News Report 2020, digitalnewsreport.org

122) 2020 Edelman Trust barometer, https://www.edelman.com/trust/2020-trust-barometer

123) 라시드, 라퍼엘(2020). 한국 언론을 믿을 수 없는 다섯 가지 이유_라파엘의 한국 살이 #7. Elle 2020년 3월호.

124) 안혜리(2020). '임대주택 쇼', 그리고 대통령의 홍보 강박. 중앙일보 2020.12.18.

125) Levitsky, S. and Ziblatt, D.(2018) How Democracies Die, 박세연 옮김(2018). 어떻게 민주주의는 무너지는가. 어크로스.

126) Diamond, Larry (2017) Defending Liberal Democracy from the Slide Toward Authoritarianism, Keynote Speech to the European Democracy Conference 2017 Bratislava, November 21, 2017

127) Volodzko, David (2019). Is South Korea Sliding Toward Digital Dictatorship? Forbes, 2019.2.25.

128) 박재영 외(2020). 언론사 출입처 제도와 취재 관행 연구. 한국언론진흥재단 지정 2020-02.

129) 조맹기 외(2020). 2020총선 100일의 기록. 시간의 물레.

130) 김동인(2020). 신문 대신 유튜브 보고, '성향 같아야 신뢰', 시사인 681,682호. 2020.10.9.

131) 양성희(2020). "공영방송 위기…시청자는 동정할 이유 없다", 중앙일보 2020.9.10.

132) Snyder, Timothy(2018). The Road To Unfreedom, 유강은 옮김(2019). 가짜 민주주의

가 온다, 부키.

133) 김성민 외(2018). 세상을 바꾸는 AI미디어. ETRI Insight Report, 2018-07.

134) Hall, S.(2018). Can you tell if this was written by a robot? 7 challenges for AI in journalism. World Economic Forum.

135) 손재권(2018). 3~5년 뒤 주류될 테크 트렌드는 '가짜 정보와의 전쟁', 매일경제신문, 2018.5.29.

136) Kissinger, Henry (2020). The Coronavirus Pandemic Will Forever Alter the World Order, Wall Street Journal 2020.4.3.

137) Harari, Yuval (2020). The world after coronavirus, Financial Times 2020.3.19.

138) 경총, 한국인사관리학회(2020). 외투기업 경영환경 장애요인 조사.

139) 김신영, 최원석(2020). 거대정부의 진격, 악수의 종말… 코로나 이후 달라질 10가지. 조선일보 2020.4.21.

AI시대
가치있는 것들

지은이 | 김대호
만든이 | 최수경
만든곳 | 글마당
책임 편집디자인 | 정다희

(등록 제02-1-253호, 1995. 6. 23)

만든 날 | 2021년 8월 5일
펴낸 날 | 2021년 8월 20일

주소 | 서울시 송파구 송파대로 28길 32
전화 | 02. 451. 1227
팩스 | 02. 6280. 9003
홈페이지 | www.gulmadang.com
이메일 | vincent@gulmadang.com

ISBN 979-11-90244-22-0(03300)   값 18,000원